Erzählen mit allen Sinnen

D1735025

Kinder
Gottesdienst
Gemeinde

Eine Buchreihe für die Praxis –
herausgegeben in Verbindung
mit dem Württ. Evang. Landesverband
für Kindergottesdienst

Bibliografische Information Der Deutschen Bibliothek

Die Deutsche Bibliothek verzeichnet diese Publikation in der
Deutschen Nationalbibliografie; detaillierte bibliografische Daten
sind im Internet über http://dnb.ddb.de abrufbar.

© 2004 Verlag Junge Gemeinde
Leinfelden-Echterdingen
1. Auflage
Umschlag: Gerd Ulmer / Dieter Kani
Typografie und Herstellung: Dieter Kani, Stuttgart
Illustrationen: Dorothea Layer-Stahl, Winnenden
Druck und Bindung: Fuldaer Verlagsagentur, Fulda

ISBN 3-7797-0433-1 (Verlag Junge Gemeinde)
ISBN 3-932595-59-9 (buch & musik ejw-Service GmbH)

ERZÄHLEN MIT ALLEN SINNEN

Ein Kreativbuch mit über 50 Methoden und biblischen Erzählbeispielen

Herausgegeben im Auftrag des Rheinischen Verbandes für Kindergottesdienst von Birgit Brügge-Lauterjung, Rüdiger Maschwitz, Brigitte Messerschmidt und Heidrun Viehweg

VERLAG JUNGE GEMEINDE

Inhalt

Abkürzungen

EG = Evangelisches Gesangbuch
KG = Kindergesangbuch, Claudius Verlag, München
LJ = Liederbuch für die Jugend, Quell im Gütersloher Verlagshaus
MKL = Menschenskinderliederbuch, Beratungsstelle für Gestaltung von Gottesdiensten und
anderen Gemeindeveranstaltungen, Solmsstraße 2, 60486 Frankfurt/Main

Einführung

Das Erzählen biblischer Geschichten ist und bleibt der größte Schatz in der Kirche mit Kindern.

Und wie das mit einem Schatz so ist: Ich kann ihn vergraben oder verstauben lassen, dann ist er unbrauchbar. Oder ich kann ihn ausgraben und ihn sich in seiner ganzen Fülle entfalten lassen.

Darum geht es in diesem Buch. Der Schatz des Erzählens soll auf vielerlei Weise zur Entfaltung gebracht werden.

Schon Jesus hat Gegenstände und Situationen aus dem Alltag und aus der Natur in seinen Geschichten verwendet, um die Botschaft von Gott und seinem Reich anschaulich zu vermitteln. Er spricht vom Senfkorn, vom Schaf, von der Drachme oder vom Hausbau.

Es gibt unzählige Möglichkeiten das Erzählen mit Gegenständen und Symbolen, mit Puppenspiel und anderen kreativen Ideen zu verbinden. Gleichzeitig will dieses Buch das Erzählen mit Medien, Materialien und anderen Hilfsmitteln unterstützen. Bei allen Vorschlägen wird in Verbindung mit einer »Handlung« erzählt. Erzählen ist mehr als gesprochenes Wort und muss – vor allem mit Kindern – immer möglichst anschaulich sein. Und so sollen die hier vorgeschlagenen Methoden dazu dienen, biblische Geschichten zu entfalten, zu vertiefen, ihre Botschaft zum Klingen zu bringen, sie anschaubar, fühlbar und erfahrbar zu machen.

Neue und unbekannte Arbeitsformen stehen dabei neben altbewährten, so dass ein kleines Handbuch des Erzählens entstanden ist.

Methodische Hinweise

Die Vorschläge sind in sechs Abschnitte gegliedert, die das Auffinden der einzelnen Methoden erleichtern:

- Erzählen mit Gegenständen
- Erzählen mit Symbolen und Zeichenhandlungen
- Erzählen mit Bildern
- Erzählen mit darstellendem Spiel, Chor und Bewegung
- Erzählen mit Puppen
- Erzählen mit Musik und Klang

Die jeweiligen Arbeitsvorschläge sind nach einem einheitlichen Raster aufgebaut und normalerweise an Hand eines Beispiels (mit Angabe des biblischen Textes) beschrieben:

▷ 1. Methode
▷ 2. Geeignete Altersgruppe
▷ 3. Material und Aufwand
▷ 4. Zeitdauer (Vorbereitung und Durchführung)
▷ 5. Beteiligungsmöglichkeiten

Welche Methode ist nun für welche Geschichte geeignet?
Text und Methode müssen zusammen passen, damit es beim Erzählen keine Pleite gibt. Dazu eine Grundregel:

> Zuerst die Geschichte und ihren Inhalt anschauen, durcharbeiten und verstehen. Erst dann kann man – auch mit Hilfe dieser Sammlung – eine dazu passende Methode aufgreifen und umsetzen.

Die Textarbeit kann also nicht durch den Einsatz einer Technik ersetzt werden. Nur ein Weg, der der Erzählerin oder dem Erzähler einleuchtet und Freude macht, führt zu einer Erzählung, die die Kinder fasziniert.

Die Kunst des Erzählens

Erzählen will geübt sein. Beim »Erzählen mit allen Sinnen« verteilt sich die Aufmerksamkeit auf zwei Dinge: Sprache und Arbeitsmittel/Medien. So wird das Erzählen eigentlich schwieriger. Und trotzdem ist für viele »begleitetes Erzählen« auch einfacher, weil Unsicherheiten im Sprechen durch das Arbeitsmittel/Medium aufgefangen werden. Oft sind Erzählende so von dem Material fasziniert, dass sie ihre Hemmungen beim Erzählen abbauen können. Sie haben etwas, an das sie sich beim Erzählen »halten« können.

Wie kann ich erzählen? Fünf kleine Regeln!
— Erarbeiten Sie die Kernaussage, die für Sie persönlich in der Geschichte wichtig ist. Bringen Sie die Geschichte so auf den Punkt.
— Erarbeiten Sie die Kernaussage, die Ihnen für die Kinder wichtig und vermittelbar ist. Sie kann und wird öfter von Ihrem eigenen Kernpunkt abweichen. Dazu gestalten Sie nun die Geschichte.
— Sie brauchen vor dem Erzählen ein inneres Bild, eine innere Vorstellung von der Geschichte, von ihren Personen, Orten, Landschaften ...
— Haben Sie den Mut, kurz und prägnant zu erzählen.
— Benutzen Sie immer die wörtliche Rede.
— Üben Sie im Mitarbeiterkreis, bevor Sie mit oder vor Kindern ganz praktisch »loslegen«!
Legen Sie sich alle Dinge, die Sie brauchen, vorher griffbereit zurecht. Das gibt Ihnen Sicherheit. Diese kleine *Vorbereitung* ist notwendig, damit das »Erzählen mit allen Sinnen« gelingt.

Viele beschriebene und von Ihnen einmal hergestellte *Arbeitsmittel* sind wieder verwendbar. Darum lohnt es sich, sie zu sammeln.

In dieser Arbeitshilfe sind so viele Vorschläge und Varianten enthalten, dass fast an jedem Sonntag eine Geschichte anders erzählt werden kann. Die verschiedenen *Methoden* des »Erzählens mit allen Sinnen« sind aber immer wieder einsetzbar und bekommen durch jede weitere Geschichte eine neue Form und Lebendigkeit.

Wir wünschen allen Leserinnen und Lesern viel Freude beim Ausprobieren und ermutigende Impulse, eigene kreative Ideen umzusetzen.

Birgit Brügge-Lauterjung, Rüdiger Maschwitz, Brigitte Messerschmidt für den Rheinischen Verband für Kindergottesdienst

Wir danken den Autorinnen und Autoren dieses Buches:

Susanne Aumann
Birgit Brügge-Lauterjung
Christina Brüll
Ulrike Buhren
Daniel Cremers
Wilfried Diesterheft-Brehme
Gabi Fischer
Sarah Franz
Claas Christian Germelmann
Rüdiger Gerstein
Hanne Grates
Andrea Hänsel
Sigrid Jagdmann
Annette Klein
Botho E. Kurth
Stephan Lütz
Petra Marsann
Rüdiger Maschwitz

Brigitte Messerschmidt
Ulrike Rau
Hermann Saenger
David Scheier
Birgit Schniewind
Ewald Schulz
Katja Sember
Uwe Staudt
Christine Stoppig
Wolfgang Struß
Heidrun Viehweg
Ellen Voigt
Verena Waeger
Ulrich Walter
Lothar Wand
Dieter Witt
Christiane Zimmermann-Fröb

Erzählen mit Gegenständen

Erzählen mit dem Sandkasten

VORBEMERKUNGEN

Methode:

Eine Geschichte wird erzählt, während die Szene von den Kindern mit Figuren im »Sandkasten« dargestellt wird. Es eignen sich alle Geschichten, in denen mehrere Personen in Bewegung sind und verschiedene Schauplätze vorkommen. (Längere Dialoge sind nicht so geeignet.) Erzählt wird in einer Kleingruppe. Alle Kinder müssen zum Spielen genügend Platz um den Sandkasten haben. Wichtig ist, dass jedes Kind eine Figur/Rolle zu spielen hat. Die Methode ist nicht dazu geeignet, anderen etwas vorzuspielen; vielmehr sollen alle beteiligt sein.

Geeignete Altersgruppe: 5–10 Jahre

Material und Aufwand:

1. Sandkasten

Man kann ihn selbst bauen, es eignet sich aber auch jede beliebige Holz- oder Kunststoffkiste (z.B. alte Schubladen).
Die Größe soll etwa 40 x 60 cm betragen. Wenn die Kiste nämlich zu groß ist, können die Kinder nicht mehr den ganzen Spielplatz erreichen.

2. Inhalt des Sandkastens

Als Untergrund ist Vogelsand besonders empfehlenswert (mehrfach verwendbar!). Preislich günstiger ist es natürlich, einfach Sand oder Erde zu nehmen. Den Sand einige Zentimeter dick auf den Boden streuen, dabei eventuell schon Täler und Berge formen. Auf dieser Unterlage wird dann – passend zur Geschichte – die eigentliche Landschaft gestaltet. Am schönsten kann man dies mit Naturmaterialien machen, z.B. Steine, Stöckchen, Moos, Blätter, Blumen, Rinde, Gras, Farn und was sich noch so findet. Häuser lassen sich einfach mit ein paar senkrecht stehenden Steinen und einem Stück Rinde als Dach bauen. Da sich das Dach abnehmen lässt, kann man auch im Haus spielen. Natürlich können auch normale Bauklötze verwendet werden.

3. Spielfiguren

Im Prinzip kann man alle Arten von Spielfiguren in der Größe von ca. 3-7 cm benutzen. Schön ist es, wenn man die Figuren selbst gestaltet. Gut eignen sich Holzkegel mit Kugelköpfen, die angemalt oder mit Stoff, Filz und Wolle beklebt werden können.
Die Figuren lassen sich immer wieder einsetzen. Wenn ein Sandkasten und ein paar Figuren einmal angeschafft sind, braucht man nicht mehr viel Vorbereitung, außer um das Erzählen der biblischen Geschichte vorzubereiten.

▶ *Tipp:* Der Verlag Junge Gemeinde bietet ein Set von zwölf Holzkegelfiguren an: acht Figuren mit 7 cm Höhe und vier Figuren mit 5 cm Höhe (Best.-Nr. 0426-9).

Zeitdauer

Für das Sammeln der Naturmaterialien und das Bauen der Landschaft muss ausreichend Zeit vor dem Gottesdienst oder der Gruppenstunde eingeplant werden. Man benötigt für die Darstellung einer Geschichte im Sandkasten etwa doppelt so lange, wie das Erzählen alleine dauern würde, da die Kinder Zeit zum Umsetzen brauchen.

Beteiligungsmöglichkeiten

Beim Spiel sollte jedes Kind mindestens eine Figur spielen, so dass alle eine Weile beteiligt sind. Natürlich kann auch die gesamte Vorbereitung mit den Kindern gemeinsam gemacht werden: Sand holen, Baumaterial sammeln, die Landschaft gestalten, Figuren aussuchen und/oder herstellen, Rollen verteilen. In einer selbst gebauten Landschaft spielt es sich viel lieber!

Beispiel: Der barmherzige Samariter (Lukas 10, 25–37)

Erzählt wird das Gleichnis samt Rahmengespräch zwischen Jesus und den Schriftgelehrten, gespielt wird nur das Gleichnis. In der Landschaft braucht man auf jeden Fall einen langen Weg durch die Berge, ein Versteck für den/die Räuber und eine Herberge, wo der Verletzte hingebracht wird. Der Räuber wird schon vor Beginn des Spiels in seinem Versteck verborgen, auch der Wirt kann schon in der Herberge warten, die anderen Spielfiguren werden dann, wenn sie gebraucht werden, in das Spielfeld gesetzt.

SPIELFIGUREN
Der Reisende (Thomas)
Räuber *(können auch mehrere sein)*
Priester
Levit
Samariter
Wirt
(Bei dieser Geschichte kann man auch noch einen Esel gebrauchen, aber das ist nicht unbedingt nötig.)

Eines Tages, als Jesus sich mit seinen Freunden unterhielt, kamen einige Schriftgelehrte dazu und hörten ihm neugierig zu. Nach einer Weile beschloss einer von ihnen, Jesus auf die Probe zu stellen. Er wollte wissen, ob Jesus auch wirklich wusste, wovon er sprach. Deshalb fragte er ihn: »Meister, was muss ich tun, damit ich das ewige Leben bekomme?« Statt ihm zu antworten, stellte Jesus ihm

eine Gegenfrage und sagte: »Weißt du denn nicht, was dazu in der Bibel steht?«
– »Doch!«, antwortete der Schriftgelehrte. »Es steht geschrieben, du sollst Gott
lieben, mit deinem ganzen Herzen, mit deiner ganzen Person und mit all deiner
Kraft, und du sollst deinen Nächsten lieben wie dich selbst.« – »Siehst du«, sagte
Jesus, »jetzt hast du deine Frage selbst beantwortet. Liebe Gott und liebe deinen
Nächsten, dann wirst du leben.« Aber so schnell gab der Schriftgelehrte nicht
auf. Er fragte weiter: »Woher soll ich denn wissen, wer das ist, mein Nächster?
Ist das immer derjenige, der am dichtesten neben mir sitzt oder steht?« Jesus
lehnte sich gemütlich zurück und sagte: »Hört zu! Ich werde euch eine Ge-
schichte erzählen« *(ab hier wird gespielt)*:

Eines Tages war ein Mann – er hieß Thomas – unterwegs auf der Straße von
Jerusalem nach Jericho. Sein Weg führte ihn durch die Wüste, rechts und links
von ihm ragten steinige Berge empor. Er hatte eine Menge Gepäck bei sich, und
die Sonne brachte ihn ganz schön ins Schwitzen.
Plötzlich merkte Thomas, dass ihm jemand folgte, und ehe er noch begriff, was
eigentlich los war, bekam er einen Schlag auf den Kopf und fiel zu Boden. Noch
ganz benommen sah er, dass ein Räuber sein Gepäck aufsammelte, ihm noch
rasch den Geldbeutel aus der Hand riss und dann, so schnell wie er gekommen
war, wieder verschwand.
Thomas blieb schwer verwundet liegen. Aus seiner Kopfwunde blutete es, und
er fühlte sich so schwach, dass er nicht mehr aufstehen konnte. Nicht einmal um
Hilfe rufen konnte er.
Da kam ein Mann die Straße entlang. Es war ein Priester, der auf dem Weg nach
Jerusalem war. Er sah den verletzten Thomas am Wegesrand liegen, aber da er
im Tempel erwartet wurde, ging er schnell weiter. Eine halbe Stunde später kam
wieder jemand vorbei. Es war ein Levit, ein Tempeldiener, der im Gottesdienst
zu helfen hatte. Als er den Verletzten sah, zögerte er und blieb stehen. Dann erinnerte er sich jedoch, dass er auf jeden Fall pünktlich in Jerusalem sein musste.
Da er sowieso schon spät dran war, lief auch er schnell weiter.
Thomas lag immer noch in der prallen Sonne. Da kam ein dritter Mann mit einem Esel die Straße entlang. Dieser Mann kam aus Samarien. Als sein Blick auf
Thomas fiel, sah er sofort, dass dieser dringend Hilfe brauchte. Rasch lief er zu
ihm und untersuchte seine Wunde. Er goss Wein und Öl darauf, dann verband er
sorgfältig die Kopfwunde des Verletzten. Da Thomas nicht laufen konnte, hob
er ihn auf seinen Esel und machte sich auf den Weg. Er wusste, dass in der Nähe
eine Herberge war, wo er den Verwundeten hinbringen konnte.
Am nächsten Morgen verabschiedete sich der Samariter, weil er dringend weiter
musste. Er gab dem Wirt zwei Silbergroschen und sagte: »Gib ihm zu essen und
pflege ihn, bis er wieder gesund ist. Falls das Geld nicht reicht, bezahle ich den
Rest, wenn ich auf der Rückreise wieder hier vorbeikomme.« Und dann ging er
seines Weges. *(Ende des Spiels.)*

Jesus schwieg einen Moment. Dann schaute er den Schriftgelehrten an und fragte: »Was meinst du? Wer von den Dreien ist für den verletzten Thomas der Nächste gewesen?« Der Schriftgelehrte antwortete leise: »Derjenige, der ihm geholfen hat.« »Richtig!«, sagte Jesus. »Dann weißt du ja, was du zu tun hast. Verhalte du dich genauso!«

Christina Brüll

Erzählen mit Bauklötzen

VORBEMERKUNGEN

Methode:
Bei dieser Erzählform werden handelsübliche Holzbauklötze verwendet. Die Bauklötze können naturbelassen oder bunt sein.
Während der Erzählung wird mit den Bauklötzen gebaut und damit die Geschichte von den Kindern veranschaulicht. Man muss darauf achten, dass man beim Erzählen genügend Pausen lässt, damit die Kinder den Bau bewerkstelligen können.
Es eignen sich dafür alle Geschichten, in denen z.B. Bauwerke oder Städte im Mittelpunkt stehen. Man kann diese Gestaltungsform auch in andere Erzählmethoden einbauen, z.B. Erzählen mit dem Sandkasten (s. Seite 10) oder Erzählen mit Legematerialien (s. Seite 17).

Geeignete Altersgruppe: 3 – 9 Jahre

Material und Aufwand:
Sie brauchen eine Kiste voller Bauklötze. Für manche Aktionen bieten sich große Bauklötze an, die man sich vielleicht aus dem Kindergarten ausleihen kann. Der Aufwand für diese Erzählform ist gering. Gebaut werden kann auf dem Fußboden oder auf einem leeren Tisch.

Zeitdauer:
Wenn Kinder selbst mit bauen, ist der Zeit keine Grenze gesetzt. Wenn nur ein Erzähler die Geschichte darbietet, sollten allerdings zehn Minuten nicht überschritten werden.

Beteiligungsmöglichkeiten:
Alle drei Grundformen des Erzählens sind möglich:
— einzeln vor der Gruppe;
— mit einigen vor der Gruppe;
— die ganze (Klein-)Gruppe ist beteiligt.

Beispiel: Die Turmbaugeschichte (1. Mose 11,1–9)

1. Variante: Vor der Gruppe erzählt
(Auf dem Boden oder einem Tisch liegen Bausteine.)

Vor langer Zeit begannen die Menschen, einen Turm zu bauen. Sie setzten Stein auf Stein. *(Die Kinder beginnen während des Erzählens mit dem Bau des Turms.)* Der Turm wuchs höher und höher. Immer mehr Steine wurden aufeinander gesetzt.

Die Menschen versuchten, so hoch wie sie konnten zu bauen. Sie wollten bis zum Himmel bauen.
Sie bauten und legten immer wieder einen neuen Stein auf den Turm. Manchmal schwankte der Turm bedrohlich. Dann hielt er wieder.
Aber irgendwann *(dies ergibt sich aus der Phase des Bauens)* lag ein Stein zuviel auf dem Turm. Der Turm fiel um. Die Menschen waren unzufrieden. Sie begannen miteinander zu streiten, wer schuld daran war, dass der Turm zusammenfiel. Einige sagten:»Wir sind selbst schuld. Wir haben einen Stein zuviel auf den Turm gelegt. Wir wollten zu hoch hinaus.«
Andere sagten:»Nein, Gott ist daran schuld. Er wollte nicht, dass wir bis in den Himmel bauen.«
Noch andere meinten:»Es gibt Wichtigeres zu tun, als hohe Türme zu bauen. Wir sollten lieber unsere Äcker bestellen.«

Anmerkung zum Inhalt:

Mit der Erzählung und ihrer Umsetzung im Turmbau der Kinder habe ich eine inhaltlich-theologische Entscheidung getroffen: Der Turm fällt zusammen, weil ich *einen Stein zuviel* darauf gelegt habe. Für mich geht es in dieser Geschichte um Wahnsinn und Hochmut des Menschen und nicht um einen strafenden Gott. Gott begleitet auch die Menschen, die Türme bauen. Aber er zerstört nicht. Dies machen wir selbst. In dieser Deutung verweist die Geschichte auf unsere eigene Verantwortung.
Wenn Sie diesem Gedankengang nicht zustimmen, sollten Sie die Geschichte anders erzählen.

2. Variante: Mit einigen vor der Gruppe erzählt

Ich habe die Bauklötze auf dem Tisch liegen, bitte dann zwei Kinder oder gar (in einem Familiengottesdienst) zwei Gruppen/Familien nach vorne und rege sie an, so hohe Türme wie möglich zu bauen. Die Geschichte erzählt sich im Geschehen selbst. Meistens stürzt ein Turm zusammen.
Es wird deutlich, dass es immer an dem Stein zuviel liegt. Wenn die Menschen rechtzeitig innehalten, greife ich dies würdigend auf.
Im Gespräch kann die Verbindung zum Turmbau zu Babel sofort hergestellt werden.

Beispiel: Jerusalem wieder aufbauen (Sacharja 8,3–7)

In diesem Text wird erzählt, dass die Israeliten aus der babylonischen Gefangenschaft nach Hause kommen. Es ist schwierig, diesen abstrakten Text für Kinder verständlich zu erzählen. Ich kam deshalb auf die Idee, ihn mit Bauklötzen darzubieten. Dazu nahm ich zur Größe der Bauklötze passende Kegelfiguren, die

Menschen darstellen. Die Figuren können vorher angemalt oder mit Stoff, Filz und Wolle beklebt werden.

▶ *Tipp:* Der Verlag Junge Gemeinde bietet ein Set von zwölf Holzkegelfiguren an: acht Figuren mit 7 cm Höhe und vier Figuren mit 5 cm Höhe (Best.-Nr. 0426-9).

Ich schüttete meine Kiste mit Bausteinen einfach auf den Fußboden/Spielteppich und setzte mich mit den Kindern (Kleingruppe) um die Bausteine herum. Mit den Kegelfiguren wanderte ich auf den »Schutthaufen« aus Bausteinen zu und begann, mit den Kindern die Stadt Jerusalem wieder bewohnbar zu machen und aufzubauen. Weitere Tier- und Menschenfiguren fanden Platz und Raum.
Während der gemeinsamen Bauaktion erzählte ich kurz die Geschichte und verdeutlichte so die Hoffnung dieses prophetischen Textes.

Rüdiger Maschwitz

Erzählen mit Legematerialien

In Anlehnung an die sogenannte »Kett-Methode«

VORBEMERKUNGEN

Methode:

Das Erzählen mit religionspädagogischen Legematerialien nach Franz Kett ist eine anspruchsvolle Methode, die eine intensive inhaltliche Vorbereitung und eine konzentrierte Ausführung erfordert.

Es geht darum, biblische Geschichten sinnenhaft und ganzheitlich erfahr- und erlebbar werden zu lassen. Mit Hilfe von Tüchern und Legematerialien entstehen Bilder, die die Botschaft eines Textes symbolisieren. Eine biblische Erzählung wird dabei so vorbereitet und gestaltet, dass eine Atmosphäre entsteht, in der der Bibeltext wirken kann. Um die andächtige Stimmung zu wahren, ist es gerade für Anfängerinnen und Anfänger wichtig, mit kleineren Bildern bzw. mit wenigen Materialien zu beginnen und sich erst langsam vom Einfachen zum Komplizierteren hin zu steigern.

Die Mitte spielt dabei eine große Rolle, von ihr her ordnet sich der Kreis der Teilnehmenden. Das Bild, das während der Erzählung entsteht, orientiert sich an dieser Mitte, auch wenn es selbst keine Kreisform haben muss.

Die Leiterin/der Leiter muss sich darüber im Klaren sein, warum sie/er diesen Bibeltext erzählen möchte. Die Leitfragen dabei sind:

— Worum geht es in diesem Text?
— Was ist mir dabei besonders wichtig?
— Was spricht mich besonders an?
— Was will ich davon vermitteln?

In einem zweiten Schritt werden mit den Teilnehmerinnen und Teilnehmern die wesentlichen Symbole erarbeitet, die in der Geschichte vorkommen. Dazu werden Wahrnehmungs- oder Körperübungen ausgewählt, die die Teilnehmerinnen und Teilnehmer als Gruppe sammeln und auf das Thema vorbereiten.

Erst jetzt beginnen die Überlegungen zur konkreten Ausgestaltung einer Geschichte:

— Wie lege ich die Geschichte mit den mir zur Verfügung stehenden Materialien?
— Wie gehe ich mit der Mitte um?
— Wo kann ich Möglichkeiten zur Beteiligung schaffen?
— Welches Bild soll am Ende entstehen?

Der Fantasie sind hierbei keine Grenzen gesetzt. Die Darstellung eines Bibeltextes wird bei jeder Leiterin/jedem Leiter anders ausfallen!

Auch während der Erzählung sollen möglichst alle Sinne angesprochen werden: Anfassen, riechen, anschauen, hören, singen ...

Die Teilnehmerinnen und Teilnehmer können dabei auf verschiedenste Weise beteiligt werden. Um Verhaltensunsicherheiten zu vermeiden, sollte die/der Anleitende allerdings auf präzise Anweisungen achten.

Eine Besonderheit der Legemethode nach Franz Kett sind die sog. Gestaltungsphasen: Während einer Erzählung werden immer wieder Phasen eingebaut, in denen die Teilnehmerinnen und Teilnehmer das Bodenbild mitgestalten können. Entweder

gemeinsam auf den bereits gelegten Tüchern oder jede/jeder für sich auf einem kleinen Deckchen, auf dem sie/er ihre/seine Gedanken und Gefühle zum Erzählten gestalten und ausdrücken kann.
Es ist unverzichtbar, das eigene Konzept vorher nochmals auszuprobieren:
— Entsteht am Ende wirklich das Bodenbild, das ich angestrebt habe?
— Passt dieses Bild zu meiner Aussage?
— Was muss ich verändern?
— An welchen Stellen kann das, was ich mir überlegt habe, so nicht realisiert werden?

Die Durchführung selbst gestaltet sich in drei Phasen:

1. Hinführungs- oder Sammlungsphase: Die Teilnehmerinnen und Teilnehmer nehmen sich zunächst selbst wahr, dann die anderen im Raum und zuletzt alle als eine Gruppe, die zusammengehört. In dieser Phase werden Übungen gemacht, die das Thema vorbereiten bzw. in der eigenen Lebenswelt erfahrbar machen.
2. Darstellungsphase oder Anschauung: Hier wird die biblische Geschichte mit Hilfe der Legematerialien erzählt. Während der Erzählung entsteht nach und nach ein Gesamtbild, zu dem jede und jeder etwas beigetragen hat.
3. Aufräumphase oder Aufhebung: Am Schluss betrachten alle noch einmal das entstandene Bild. Jede/jeder nimmt symbolisch das für sich mit, was ihr/ihm dabei etwas bedeutet hat. Danach räumen alle die Gegenstände des Bodenbildes gemeinsam auf.

Geeignete Altersgruppe:

Die Kinder sollten mindestens 3 – 4 Jahre alt sein. Gerade die kleineren Kinder lassen sich leicht vom Gesamtgeschehen fesseln.

Material und Aufwand:

Die Methode ist sehr materialaufwändig. Es werden viele große, verschiedenfarbige Tücher (ca. 80 x 80 cm) gebraucht: mindestens aber in den Farben schwarz, braun, blau, grün, rot, gelb. Dazu kommen die Materialien, um die Geschichten selbst zu gestalten: Klötze, Plättchen und Ringe aus Holz in verschiedenen Größen, Perlen in verschiedenen Farben, Seile, Halbedelsteine, Glastropfen, Kerzen, Chiffontücher sowie Naturmaterialien wie Steine, Muscheln, Federn, Kastanien usw.
▶ *Tipp:* Der RPA Verlag (Gaußstraße 8, 84030 Landshut, Telefon 0871/7 32 37, www.rpa-verlag.de) bietet eine reichhaltige Auswahl an Legematerial, das dort bestellt werden kann.
Zugeschnitten auf Themen im Kindergottesdienst gibt es im Verlag Junge Gemeinde eine preiswerte *Kreativtasche* mit Legematerial. Sie enthält: sechs Tücher (ca. 70 x 70 cm) in den Farben rot, gelb, grün, blau, violett und schwarz, zwölf Holzkegelfiguren zum Erzählen (8 Stck. mit 70 mm und 4 Stck. mit 50 mm Höhe), 20 Holzstäbe (60 mm lang), ca. 70 Glasnuggets im Netz, ein Holzkreuz, eine Rose von Jericho, zwei Glastropfen, eine Kerze. In der Tasche ist auch ein Buch mit Modellen zu ausgewählten Einheiten des Plans für den Kindergottesdienst 2004-2006. (Weitere Informationen bei: Verlag Junge Gemeinde, Postfach 10 03 55, 70747 Leinfelden-Echterdingen, Telefon 0711/9 90 78-0, www.junge-gemeinde.de.)
Da das verwendete Material eine starke optische Wirkung hat, sollte in der Gestaltung darauf geachtet werden, hochwertige und schöne Dinge zu verwenden. Außerdem

gehen Kinder, Jugendliche und Erwachsene behutsamer und respektvoller mit wertvollen Materialien um.

Zeitdauer:

Je nach Ausgestaltung dauert eine Erzählung zwischen 30 und 60 Minuten. Es muss auf jeden Fall Zeit genug sein, die einzelnen Schritte in Ruhe durchgehen zu können. Für das Gespräch nach der Einheit sollte Zeit mit einkalkuliert werden.

Beispiel: Elisa hilft der armen Witwe (2. Könige 4,1–7)

Für das Legen der Geschichte wird folgendes Material benötigt:
— vier Tücher in hell- oder dunkelbraun
— Bausteine
— je ein kleines Deckchen für jede Teilnehmerin/jeden Teilnehmer
— unterschiedliches Gestaltungsmaterial (z.B. kleine Plättchen, Kugeln)
— je ein Tongefäß für jede Teilnehmerin/jeden Teilnehmer
— je ein Chiffontuch für jede Teilnehmerin/jeden Teilnehmer

Vorübungen

(Im Raum liegen verschiedene Gegenstände aus, z.B.: Halbedelsteine, bunte Glasnuggets, Blütenblätter, Muscheln u.ä.).

Leiterin/Leiter: »Geht hier im Raum herum und schaut euch alles genau an. Was gefällt euch gut, was weniger? Was würdet ihr am liebsten anfassen? Was möchtet ihr gern haben? Was würde euch gut tun?«

(Die Teilnehmerinnen und Teilnehmer gehen umher und schauen sich die ausliegenden Gegenstände an.)

»Und jetzt setzt euch wieder hin. Schließt die Augen und stellt euch den Gegenstand vor, den ihr gerne haben wollt. Haltet die Hände wie eine offene Schale, in der euer Gegenstand gut liegen kann.«

(Stille. Mit einem Gong oder Triangelschlag kann man die Stille beenden.)

»Jetzt öffnet die Augen: Eure Hände sind leer! Der Gegenstand ist noch dort, wo er gewesen ist. Wie fühlt es sich an, plötzlich mit leeren Händen dazustehen? Was könnt ihr tun? – Gibt es jemanden, den ihr um Hilfe fragen könnt, der euch den Gegenstand bringen würde?«

(Die Teilnehmerinnen und Teilnehmer äußern sich.)

(Anschließend wird eine Runde gemacht, in der jeder/jedem das gebracht wird, was er/sie sich wünscht.)

»Jetzt sitzt ihr wieder da: Mit eurem Gegenstand in den Händen. Eure Hände sind gefüllt!«

Anschauung

(L. = Leiterin/Leiter, Tln. = Teilnehmerin/Teilnehmer; L. macht das Erzählte vor.)

Es ist schon viele Jahre her.
Unsere Geschichte spielte sich in einem kleinen Dorf in Israel ab. Es war ein typisches kleines Bauerndorf, und die Menschen dort wohnten in ihren Lehmhäusern.

Vier hell-, dunkelbraune und beige
Tücher im Quadrat auslegen;
die Tln. beteiligen.

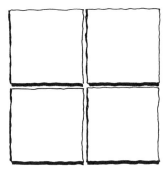

In dem Dorf wohnte eine Familie: Ein Mann, eine Frau und ihre beiden Söhne.
Die Familie war sehr arm; sie hatten kaum das Nötigste zum Leben. Sie mussten oft sogar Schulden machen, um sich Essen kaufen zu können.
Diese Familie wohnte in einem einfachen Haus mitten im Dorf.

Aus Bausteinen wird mit den Tln.
in der Mitte ein Haus gebaut;
eine Türöffnung freihalten.

In dem Dorf wohnten noch viele andere Familien. Manche waren reicher, manche ärmer. Die einen wohnten in prächtigeren Häusern, die anderen in schlichteren. Jedes Haus sah ein bisschen anders aus.

*Individualgestaltung der Häuser
im Dorf auf kleinen Deckchen in
dunklen Farben um das Haus
in der Mitte herum.
Gestaltungsmaterial dazu legen.*

Jede Familie hatte in ihrem Haus Gefäße stehen, in denen normalerweise das Öl aufbewahrt wurde.

*Jeder Tln. stellt ein Gefäß neben
sein »Haus«.*

Eines Tages starb der Mann. Und die Witwe stand plötzlich mit den ganzen Schulden alleine da. Was sollte sie jetzt tun?
Nach damals geltendem Recht schien es nur eine Lösung zu geben: Sie war gezwungen, ihre Söhne als Sklaven zu verkaufen, um ihre Schulden begleichen zu können.
Sechs Jahre lang mussten die Söhne als Sklaven dienen, bevor sie wieder ausgelöst werden konnten.
Ein schrecklicher Gedanke: Ihre Söhne als Sklaven zu verkaufen? Unvorstellbar! Unmöglich!
Doch wie sollte sie das verhindern, wenn sie die Schulden nicht begleichen konnte? Die Frau überlegte hin und her. Es musste einfach eine andere Lösung geben.

Als ihr Mann noch gelebt hatte, war er ein Jünger des Elisa gewesen, der damals ein ganz bekannter Prophet war. Ihr Mann war mit ihm herumgezogen und hatte das, was Elisa sagte, immer sehr ernst genommen.

Wenn überhaupt jemand, dann konnte nur Elisa ihr jetzt helfen. Schließlich hatte ihr Mann sein ganzes Leben nach Elisas Botschaft ausgerichtet.

In ihrer Not wandte sich die Witwe also an Elisa. Sie sprach: »Elisa, mein Mann ist gestorben. Und du weißt, dass er zeitlebens Gott treu gedient hat. Aber jetzt stehe ich alleine da mit all den Schulden.

Hilf mir, sonst muss ich meine Söhne als Sklaven verkaufen. Der Gläubiger ist schon bei mir gewesen, um sein Geld einzutreiben.«

Elisa antwortete ihr: »Das ist schlimm. Da müssen wir etwas tun. Aber wie kann ich dir nur helfen?« Und Elisa fragte sie: »Frau, was hast du denn noch im Haus?«

Die Frau wurde ganz traurig: »Fast nichts mehr. Nur noch einen kleinen Krug mit Olivenöl.«

»Dann geh jetzt zu allen deinen Nachbarn und leih dir ihre Gefäße aus. Bringe die Gefäße in dein Haus, und schließe hinter dir und deinen Söhnen die Tür ab. Dann gieß von deinem Olivenöl etwas in die anderen Gefäße hinein.«

Die Frau wunderte sich zwar, machte aber alles so, wie Elisa es ihr empfohlen hatte.

Sie lief durch das Dorf und lieh sich von ihren Nachbarn alle möglichen Gefäße aus.

»Ich brauche eure Ölgefäße. Könnt ihr sie mir geben?«, sagte sie.

Die Tln. werden gebeten, ihre Becher
in das Haus der Witwe zu stellen.
L. verschließt dann das Haus mit
einem Baustein.

Und sie verschloss die Tür hinter sich und ihren Söhnen.

Dann nahm sie den Krug und füllte das Öl in das erste Gefäß. Und dann in das nächste, und das nächste ...

Und das Gefäß wurde voll.

Nach und nach wurden alle Gefäße voll.

Nacheinander erhält jeder Tln. ein
zusammengeknülltes Chiffontuch
in die geschlossenen Hände.

Obwohl es nur ein kleiner Krug mit Öl gewesen war, wurden doch alle Gefäße damit voll. Aus dem kleinen Rest Öl war ganz viel geworden!

Die Hände werden nacheinander
geöffnet, die Tücher »quellen über«.

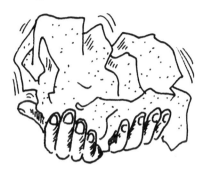

Die Frau konnte ihr Glück kaum fassen. Sie rannte zu Elisa, um ihm alles zu erzählen.
Auch er war glücklich, dass er der Witwe hatte helfen können.

Die Tln. gehen zu ihren Gefäßen und lassen ihr Tuch aus den Bechern quellen.

»Geh mit den Krügen zum Markt und verkaufe sie dort zu einem guten Preis, dann hast du bestimmt genug Geld, um deine Schulden zu bezahlen. Außerdem wird noch etwas übrigbleiben, wovon du und deine Söhne in Zukunft leben können.«
Und es kam alles so, wie Elisa es ihr gesagt hatte.

Christine Stoppig

Erzählen und Legen einer Geschichte

VORBEMERKUNGEN

Methode:

Der folgende Vorschlag ist in Anlehnung an die Kett-Methode entstanden. Die für den Kindergottesdienst entwickelte Legemethode hat vor allem drei Elemente übernommen: den Kreis, das Naturmaterial und die Stille.

Der Kreis ist das Symbol für Einheit, Zusammengehörigkeit und Gemeinschaft. Die Gruppe sitzt um eine gestaltete Mitte herum und erlebt gemeinsam eine Geschichte. Durch das Naturmaterial wird die Erzählung mit allen Sinnen erfahren. Alte, vertraute Geschichten werden neu entdeckt. Die Stille hilft Eindrücke und Empfindungen wahrzunehmen und in Bilder umzusetzen. Instrumentale Musik kann das Legen untermalen und die Phantasie anregen.

Jede/r kann ein eigenes oder alle können ein gemeinsames Bild legen. Beim gemeinsamen Legen eines Bildes erfolgen keine Absprachen. Es spielt keine Rolle, ob ein Motiv oder eine Aussage mehrfach vorkommt. Die Bilder der anderen können für das eigene oder das gemeinsame Bild eine Anregung sein. Das zur Verfügung stehende Material liegt in der Mitte und wird geteilt. Die Legephase ist erst beendet, wenn alle mit dem Legen fertig sind.

Dann folgt eine Austauschphase. Wer möchte, kann etwas zu seinem/ihrem Bild oder Motiv sagen oder andere zu ihrem gelegten Bild befragen. Wenn sich jemand nicht äußern oder beteiligen möchte, sollte das respektiert werden. Die Austauschphase kann mit einem Gebet oder Lied abschließen. Danach wird das Material gemeinsam wieder weggeräumt.

Bevor die Kinder selbst ein Bild oder Motiv legen, wird die Geschichte einmal von Mitarbeitenden erzählt und eventuell vorgelegt.

Geeignet sind Geschichten, die einen klaren, nicht allzu langen Handlungsablauf mit einer überschaubaren Anzahl von handelnden Personen haben. Gleichnisse oder Bilder bieten sich ebenfalls an.

Das gelegte Bild kann auch einen Kreislauf oder einen Weg beschreiben. Musik unterstützt und vertieft die Aussage der Geschichte.

Jede Gruppe ist anders und hat ihren eigenen Charakter. Was in einer Gruppe reibungslos funktioniert, muss in einer anderen Gruppe nicht unbedingt auch klappen. Es kann hilfreich sein, sich schrittweise an diese Methode heran zu tasten. Die gemeinsame Mitte im Kreis ist ebenso geeignet, sich auf das Neue einzulassen. Die Legemethode will alle Sinne ansprechen und eine Geschichte zu einem gemeinsamen Erlebnis machen.

Geeignete Altersgruppe:

Die Kinder sollen mindestens 3–4 Jahre alt sein. Nach oben hin ist keine Grenze gesetzt.

Material und Aufwand:

Gearbeitet wird mit Naturmaterialien, z.B. Zapfen, Moos, Blätter, Rinde, Zweige, Eicheln, Bucheckern, Kastanien, Watte, Wolle, Holzperlen, Filz, Stoffreste etc. Ob auch Nahrungsmittel (z.B. Nudeln, Hülsenfrüchte o.ä.) dazu zählen können, ist eine heikle Frage. Das sollte jede/r für sich entscheiden. Das Material wird am besten in kleinen Körbchen (aus Bast oder Peddigrohr, o.ä.) aufbewahrt. Was gebraucht wird, kann gemeinsam zusammengetragen werden, z.B. bei einem Spaziergang. Jede/r kann mitbringen, was sie/er zu Hause findet.

Da das Bild auf einem (runden) Tuch gelegt wird, müssen genügend Tücher vorhanden sein. Die Tücher werden rund wie ein Kreis gelegt. Entweder werden die Tücher gleich rund geschnitten oder man legt ein eckiges Tuch entsprechend zurecht. Die Kinder können selbst von zu Hause Tücher mitbringen, falls die vorhandenen Tücher nicht ausreichen sollten. Die Farbe der Tücher kann die Phantasie anregen und das Legen beeinflussen. Der gemeinsame Kreis hat eine gestaltete Mitte (Kerze, grüne oder blühende Zweige, Duftlampe o.ä.) Das Legematerial und die Tücher werden um die Mitte herum ausgelegt. Ein/e Mitarbeitende/r kann diese Arbeit allein tun. Stehen mehrere Mitarbeitende zur Verfügung, kann man sich die Arbeit teilen. Das verkürzt die Vorbereitungszeit. Bei mehreren Mitarbeitenden sind genaue Absprachen bei der Vorbereitung erforderlich (Näheres unter »Zeitdauer«).

Zur Geschichte muss eine passende Musik ausgewählt werden. Meistens ist für die Legephase ein Stück zu kurz. Es empfiehlt sich deshalb, mindestens zwei oder drei passende Musikstücke auszusuchen oder das Musikstück zu wiederholen.

Zeitdauer:

Die Vorbereitung braucht ca. 60 Minuten. Eine Musik, die zur Geschichte passt, wird ausgewählt. Die Geschichte muss aufmerksam gelesen und eventuell – der Musik angepasst – neu aufgeschrieben werden. Das Legematerial wird gesichtet. Es wird entschieden, mit welchen Materialien das Legebild gestaltet wird.

Die Geschichte wird probeweise mit der Musik erzählt und gelegt. Eventuell werden Korrekturen vorgenommen. Wenn mehrere Mitarbeitende die Geschichte erzählen und legen, müssen der Inhalt der Geschichte und der Erzähl- und Legevorgang genau abgesprochen und abgestimmt werden.

Die Mitte sollte gestaltet und das Material ausgelegt sein, bevor die Kinder kommen. Für diese Vorbereitungen im Raum sollte man wenigstens 10–15 Minuten einplanen. Die Durchführung braucht je nach Legebild 30–45 Minuten.

Beteiligungsmöglichkeiten:

Alle Kinder und Mitarbeitende können sich beteiligen.

Beispiel: Josef träumt (nach 1. Mose 37,9–11)

Material:

— Ein Tuch (rund gelegt)
— Josef (1), seine Brüder (11), sein Vater (1) = 1 + 11 + 1 = 13 Holzperlen
— Sonne, Mond, 11 Sterne
— 13 verschieden große Filz- oder Stoffschnipsel

Musik:
z.B. Morning prayer (aus der CD »Best of Kitaro, Volume 1«; bestellbar über den Buch- und Musikalienhandel)

Josef *(Eine Holzperle wird aufs Tuch gelegt.)* und seine Brüder *(Elf Holzperlen werden in deutlicher Distanz von Josef aufs Tuch gelegt.)* verstehen sich nicht. Die Brüder sind eifersüchtig und neidisch auf Josefs Träume *(kurze Pause)*.
Eines Tages hat Josef wieder einen Traum *(Pause)*. Er erzählt ihn seinen Brüdern:
»Hört, Brüder, ich träumte: Die Sonne *(Die Sonne wird über Josef gelegt.)* – der Mond *(Der Mond wird daneben gelegt.)* – und elf Sterne *(Die Sterne werden neben Mond und Sonne gelegt.)* verbeugen sich vor mir *(Pause)*.
Die Brüder werden wieder wütend. Aber Josefs Vater *(Die letzte Holzperle wird zwischen Josef und seine Brüder gelegt.)* behält den Traum in Erinnerung.
(Musik. Das fertige Bild noch etwas wirken lassen.)
Langsam wird die Musik ausgeblendet. Dann beginnt die Musik von vorn. Nun haben alle die Gelegenheit, etwas zur Geschichte zu legen *(Einzelbilder oder ein gemeinsames Bild)*.
Sind alle mit dem Legen fertig, wird die Musik ausgeschaltet. Es wird über die Bilder und Motive gesprochen. Ein Lied oder ein Gebet kann die Austauschphase abschließen. Dann wird zum gemeinsamen Aufräumen des Materials die Musik noch einmal eingeschaltet.

Hanne Grates

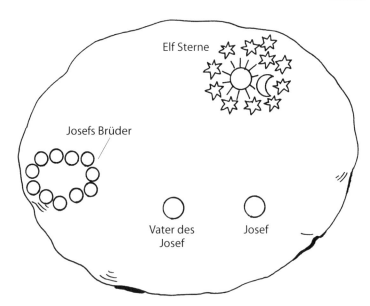

Erzählen mit Fußsohlen

VORBEMERKUNGEN

Methode:
Bei dieser Erzählform werden die Personen der Geschichte auf eine sehr reduzierte Weise »sichtbar«, nämlich in ihren Fußsohlen.
Den entscheidenden Personen bzw. Personengruppen werden Fußsohlen in verschiedenen Farben zugeordnet. Parallel zum Erzählen werden ihre »Standorte«, ihr Verhältnis zueinander usw. sichtbar gemacht. Die Bewegung und Anordnung der Fußsohlen ist zugleich ein Abbild der inneren Bewegungen in der Geschichte. Ein besonderes Gestaltungselement ist dabei zusätzlich die unterschiedliche Größe der Fußsohlen. (Siehe das nachfolgende Beispiel.)

Geeignete Altersgruppe:
Ab 6 Jahre. Durch die Abstraktion auch für Ältere gut geeignet.

Material und Aufwand:
Die Fußsohlen in entsprechenden Farben und Größen sind aus stärkerem Papier vorher auszuschneiden. Ihre Form kann sehr vereinfacht sein.
Die Erzählung braucht eine einfache Sprache und einen klaren Aufbau, der sich an den Bewegungen und Standorten der Fußsohlen orientieren muss. Wer erzählt, der sollte nicht auch das Legen übernehmen. Dafür sind eine oder mehrere Personen notwendig. Ihr Zusammenspiel muss geübt sein. Wichtig für die Wirkung der Fußsohlen-Geschichte ist es, Sprache und Bewegung möglichst nicht parallel, sondern nacheinander auszuführen. Bei den Bewegungen sind Ruhe und Geduld erforderlich, um wirklich alle Bewegungen nacheinander zu machen. Es sind Schritte, und als solche werden sie gelegt. Die Kinder sitzen im Kreis, damit alle einen guten Einblick in das Geschehen haben.

Zeitdauer:
Für die Erzählung ca. 15 Minuten

Beteiligungsmöglichkeiten:
Die Kinder sind hier primär Zuschauer. Sie können allerdings anschließend selbst Fußsohlenbilder legen und damit Teile der Geschichte vertiefen.

▷ ▷ ▷

Beispiel: Obadjas Schritte zum Vertrauen auf Gott
(nach 1. Könige 18,1–16)

Material:
— Fußsohlen (jeweils in einer anderen Farbe)
  für: Ahab, Elia, fünf Soldaten, Obadja.
— Außerdem werden in Obadjas Farbe noch Fußsohlen in zwei kleineren Ausführungen benötigt.

Da ist der mächtige **König Ahab**.
(Die Fußsohlen von König Ahab legen.)

Er hat vor nichts – aber auch gar nichts – Angst.
Außer vor dem Propheten Elia. Den hasst er.
Er fürchtet ihn, weil der ihm immer die Wahrheit sagt.

Und das sind seine **Soldaten**.
(Die Fußsohlen der Soldaten werden nacheinander im Kreis um den König angeordnet.)

Die gehorchen ihm. Die tun alles, was er sagt.

Und das ist sein oberster Minister **Obadja**.
(Die Fußsohlen des Obadja in den Kreis legen.)

Der hat ein Geheimnis.
Denn er hat dem Elia einmal, ohne Wissens des
Königs, geholfen. Er hat hundert Freunde des Elia
versteckt und sie so vor dem Tod gerettet.
Obadja hat große Angst, dass König Ahab einmal
von diesem Verrat erfährt.

Eines Tages schickt der König alle seine Soldaten
los, um den Elia zu suchen.

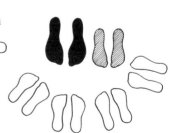

Den **Ersten** schickt er auf das Land.
Dort soll er bei allen Bauern nachschauen
und fragen, ob sie den Elia gesehen haben.
*(Fußsohlen-Paar eines Soldaten entsprechend
bewegen, dabei Zeit lassen.)*

Und so geht der **Erste** los.
Er schaut in alle Bauernhäuser, in alle Ställe,
hinter alle Hecken ...
Aber er findet den Elia nicht!
(Fußsohlen-Paar des ersten Soldaten
entsprechend bewegen.)

Den **Zweiten** schickt er in die große Stadt ...
Der schaut in allen Häusern nach, fragt an allen Straßen ...
Aber er findet den Elia nicht!
(Fußsohlen-Paar des zweiten Soldaten
entsprechend bewegen.)

Den **Dritten** schickt er in die Berge ...
Der schaut auf allen hohen Gipfeln und in allen
tiefen Tälern nach ...
Aber er findet den Elia nicht!
(Fußsohlen-Paar des dritten Soldaten
entsprechend bewegen.)

Den **Vierten** schickt König Ahab zum großen Fluss.
Der schaut auf allen Inseln nach, auf den Schiffen
und Flößen ...
Aber er findet den Elia nicht!
(Fußsohlen-Paar des vierten Soldaten
entsprechend bewegen.)

Den **Fünften** schickt er in die Kirchen, Tempel und Museen ...
Der schaut hinter die Bänke und Türen ...
Aber er findet den Elia nicht!
(Fußsohlen-Paar des fünften Soldaten
entsprechend bewegen.)

»Irgendwo muss Elia doch sein«, denkt sich
König Ahab und wird furchtbar wütend.
(Die Fußsohlen des Königs Ahab werden
so umgedreht, dass er Obadja und dem ganzen
Spielfeld den Rücken zukehrt.)

Er dreht sich um und ruft: »Bevor ich den Elia
nicht hier habe, rede ich mit keinem Menschen
mehr ein Wort.«

Und dann schickt er **Obadja**, seinen obersten
Minister, los, um den Elia zu suchen.
*(Fußsohlen-Paar des Obadja entsprechend
bewegen.)*

Obadja geht in die Wüste.
Er sieht in der Oase nach, hinter allen Dünen,
hinter Kakteen und Palmen, doch überall findet
er nur Sand. Kein Elia zu sehen.
Doch plötzlich steht **Elia** vor ihm.
(Fußsohlen des Elia zu Obadja legen.)

Obadja erschrickt.
Er ist ganz entsetzt.
Und wird ganz klein.
*(Obadjas Fußsohlen gegen kleinere austauschen.
Immer wenn im folgenden Gespräch Elia
um Vertrauen wirbt, rückt er ein kleines Stück
auf Obadja zu. Wenn Obadja ängstlich spricht,
rückt er immer ein kleines Stück von Elia weg.)*

»Du? Du hier, Elia? Was willst du von mir?«

Da sagt Elia: »Geh zu deinem König und erzähle
ihm, dass ich hier bin und auf ihn warte!«

»Aber ..., aber ... Elia, was erwartest du da von mir?«,
stammelt Obadja und wird noch kleiner
vor Angst.
(Obadjas Fußsohlen gegen noch kleinere austauschen.)

»Wenn ich zu meinem König gehe und ihm das sage,
dann wird er mich umbringen vor lauter Wut,
nur weil ich dich nicht mitgebracht habe.
Er sucht dich doch im ganzen Land.«

»Hab keine Angst«, beruhigt ihn **Elia**.
»Geh und tu, was ich dir sage!«

»Aber ..., aber ... was ist, wenn du nicht mehr hier
bist, sondern irgendwo verschwunden, wenn ich
mit dem König wiederkomme. Er wird mich töten.

Verschone mich. Habe ich dir nicht schon
genug geholfen, damals, als ich deine Freunde
versteckt habe und sie so vor dem sicheren Tod
gerettet habe?«

»Geh nur und vertraue. Gott wird mit dir sein
und dich nicht im Stich lassen«, spricht Elia.
»Denn Gott hilft den Verzagten und Mutlosen.
Vertraue auf Gott, dann wird er dir helfen.«

Da weiß **Obadja** nicht, was er tun soll.
*(Obadjas Unsicherheit dadurch zeigen, dass
seine Füße sich einige Male um 180° drehen.)*

Er ist hin und her gerissen.
Soll er zu seinem König gehen, so wie Elia
von ihm verlangt hat und sein Leben aufs
Spiel setzen?

Oder soll er einfach so tun, als habe er
Elia gar nicht gesehen, und seinem König
antworten, dass Elia nirgendwo zu finden sei?

Da hört er noch einmal Elias Stimme:
»Vertraue auf Gott. Er wird dir helfen,
deine Angst zu überwinden. Und ich verspreche
dir: Noch heute werde ich mich dem König Ahab
zeigen!«

Da wagt es **Obadja**. Er geht zurück zum König.
Und mit jedem Schritt, den er geht, wird seine
Zuversicht größer und sein Mut wächst.
*(Obadjas Fußsohlen werden gegen die nächst größeren
ausgetauscht.)*

Auf halbem Weg dreht er sich noch einmal
zu Elia um. Doch der ist verschwunden. Obadja
aber ist nun voller Zuversicht. Er weiß, dass Gott
ihn nicht im Stich lassen wird.
*(Obadjas Fußsohlen werden gegen die nächst größeren
ausgetauscht.)*

Was aber wird der **König** wohl sagen ...?

(Obadjas Füße bekommen ihr ursprüngliche Größe. Kurz bevor er vor König Ahab steht, werden die Fußsohlen des Königs zu ihm hin gedreht, um die Spannung zu erhöhen.)

(Diese Erzählung entstand in Merkhausen auf einer Fortbildung für Mitarbeiterinnen und Mitarbeiter im Kindergottesdienst. Zu der Erzählgruppe gehörten: Susanne Aumann, Gabi Fischer, Annette Klein, Sarah Franz, David Scheier, Petra Marsann.)

Erzählen mit Spielfiguren

VORBEMERKUNGEN

Methode:
Bei dieser Erzählform brauchen Sie für jedes Kind einen Halmaspielstein aus Naturholz.
Jedes Kind darf seinen Spielstein mit Filzstiften nach Belieben als Mensch anmalen.
Beim Erzählen kann dann jede/jeder ihren/seinen Stein auf dem Spielteppich einsetzen und bewegen.

Geeignete Altersgruppe: 3–10 Jahre

Material und Aufwand:
Zwei bis drei verschieden farbige Fotokartonbögen (grün symbolisiert die Wiese; grau die Steine; braun die Erde ...). Statt mit Fotokarton kann man auch mit Tüchern arbeiten (s.»Erzählen mit Legematerialien« S. 17ff).
Bauklötze oder Legosteine; je einen Figurenkegel pro Hauptperson der Geschichte (schon angemalt oder eingekleidet); eine Tragbahre (aus zwei Schaschlikspießen und Stoffresten gefertigt).
Je einen Halmastein aus Naturholz für jedes Kind; Filzstifte, verschiedene Kieselsteine; evtl. ein Teelicht.
Der Spielteppich muss vorbereitet werden. Dazu wird der Fotokarton auf den Boden gelegt und ein Dorf oder Haus mit Bauklötzen darauf gebaut. Die Spielsteine für die Hauptfiguren sollten angemalt oder mit Stoff- bzw. Wollresten angezogen sein. Die Landschaft kann mit verschiedenen Steinen aufgelockert werden.

Zeitdauer: ca. 20 Minuten

Beteiligungsmöglichkeiten:
Alle sind durch die eigenen Spielsteine einbezogen.

Beispiel: Der Jüngling von Nain (Lukas 7,11–17)
(Frei erzählt nach der Neukirchener Kinderbibel. Die Bewegungen der Figuren ergeben sich aus der Erzählung.)

Eines Tages wanderte Jesus *(Hauptfigur)* mit seinen Jüngern *(Halmafiguren der Kinder)* zu der kleinen Stadt Nain. Da kam ihnen aus dem Stadttor ein Trauerzug entgegen. Voran schritten Männer mit einer Bahre, auf ihr lag ein toter Junge *(Hauptfiguren)*. Viele Menschen *(weitere Halmafiguren der Kinder)* folgten der

Bahre. Unter ihnen war auch die Mutter *(Hauptfigur)* des Jungen. Ihr Mann war schon lange tot. Nun hatte sie auch noch ihren einzigen Sohn verloren. Wer sollte sich jetzt um sie kümmern? Niemand war da, der für sie sorgte und sie tröstete. Sie weinte und schluchzte, dicke Tränen rollten über ihr Gesicht.

Die Nachbarn und Freunde hatten zwar versprochen: »Wir sind doch auch noch da. Wir lassen dich nicht alleine.« Aber ihren Jungen konnten sie ihr nicht ersetzen. *(Beide Züge bewegen sich langsam aufeinander zu.)*

Als Jesus sie weinen sah, tat es ihm weh. Er berührte sie sacht an der Schulter und sagte freundlich zu ihr: »Weine nicht!« Die Frau sah Jesus verwundert an. Wer sprach so zu ihr? Wer war dieser Fremde? Sie kannte ihn nicht, die anderen vielleicht? Sie schaute sich verwundert um, aber keiner aus dem Trauerzug wusste Bescheid.

Da ging Jesus zu der Bahre und legte seine Hand auf sie. Sofort standen die Männer still. Auch alle anderen hielten an und sahen auf Jesus. Was hatte er vor? Was wollte er tun? Da rief Jesus über den Toten gebeugt: »Steh auf, Junge!« Und ehe überhaupt jemand richtig begreifen konnte, was hier vor sich ging, schlug der Junge die Augen auf. Er setzte sich auf und begann zu reden. Ohne ein Wort zu sagen, nahm Jesus den Jungen und führte ihn zu seiner Mutter.

Könnt ihr euch vorstellen, wie glücklich die beiden waren? Alle Menschen, die das gesehen hatten, jubelten laut. Voll Freude zogen alle zusammen in die Stadt und sangen und lachten.

(Die Freude kann durch ein angezündetes Teelicht dargestellt werden. **Achtung!** *Darauf achten, dass keine Brandgefahr besteht, evtl. durch Kieselsteine absichern.)*

So wurde aus dem Trauertag ein Festtag.

Verena Waeger

Erzählen und Bauen mit Natur-materialien

VORBEMERKUNGEN

Methode:

Viele Geschichten lassen sich in einer Landschaft erzählen, die aus Naturmaterialien zusammengebaut wird: Moos, Steine, Hölzer, Figuren aus Bucheckernhüllen, Kastanien usw. (s. auch »Erzählen mit dem Sandkasten« S. 10). Ich möchte hier eine Variante vorstellen, zu der die Idee durch ein Gespräch entstand, das eine Journalistin im Radio mit einem blinden Kind führte. Das Kind erzählte von seinen Erfahrungen mit Naturmaterialien, die es gesammelt und verbaut hatte. Es führte den Hörern damit eine weite, phantasieanregende Welt vor Augen.

Mit Material, das ich vorbereite, können die Kinder während meines Erzählens ihr je eigenes Bild zu der Geschichte bauen. Weil ihnen die Augen verbunden werden, sind sie ganz angewiesen auf ihren Tastsinn. Wenn sie zum Schluss ihre Augen öffnen, werden die Kinder erkennen, dass ihre Bilder – obwohl sie zur selben Geschichte und zur selben Zeit entstanden sind – sehr unterschiedlich sind. Auch sehen sie sicher anders aus, als sie sie vor ihrem inneren Auge gesehen hatten. In dieser Phase gibt es nicht richtig oder falsch!

Geeignete Altersgruppe:

Da mit verbundenen Augen gehört und gebaut wird, sollten die Kinder mindestens sieben Jahre alt sein. Sie können das mit Spaß erleben. Kleinere Kinder haben dagegen oft Angst, sich die Augen verbinden zu lassen. Wenn 11–13-Jährige die erste Hürde des Alberns mit verbundenen Augen überwunden haben, kann diese Methode ihnen vertraute Geschichten neu nahebringen.

Material und Aufwand:

Das entsprechende Naturmaterial muss gesammelt und sortiert werden. Die im Beispiel aufgeführten Dinge sind nur im Herbst zu finden. Zu anderen Jahreszeiten muss man sich Alternativen ausdenken. Für jedes Kind gibt es einen Karton mit einer immer gleichen Auswahl an Materialien. Jedes Kind braucht eine erfühlbare Baufläche, z.B. ein Tablett, einen Plakatkarton o.ä. Die Erzählung muss auf die Methode hin erarbeitet werden.

Zeitdauer:

Eine Einführung in die Methode ist notwendig. Die Zeit, in der die Kinder mit verbundenen Augen ihr Bild gestalten, darf nicht zu lang kalkuliert werden, sonst lässt die Spannung nach.

▷ ▷ ▷

Beteiligungsmöglichkeiten:

Alle Kinder sind gleichmäßig beteiligt. Während des Erzählens ist eine konzentrierte und stille Phase für die Kinder gegeben. Erst nach der Erzählung beginnt die Kommunikation der Kinder untereinander zu den Ergebnissen ihres individuellen Bauens.

Beispiel: Der blinde Bartimäus (Markus 10,46–52)

Vorarbeit:

Für jedes Kind wird ein Schuhkarton mit (mindestens) folgenden Materialien gefüllt:

— Ein Ziegelstein o. ä.
— Ein paar Natursteine (runde Kiesel, aber auch kantige Steine)
— Kleinere Holzstückchen
— Zwei frische Früchte (Apfel/Birne/Traube o. ä.)
— Kastanien mit und ohne Stachelhülle
— Bucheckernhüllen
— Kleine Tannenzapfen
— Etwas weichen Stoff
— Evtl. Blätter
— Weitere Naturmaterialien

Die Kartons bleiben verschlossen, bis die Kinder die Augen geschlossen haben.

Die Kinder sitzen entweder an Tischen oder auf dem Boden. Wichtig ist, dass sie genügend Platz zum Bauen haben.

Hinführung:

Jedes Kind bekommt zuerst sein Baufeld zugeteilt (Pappfläche o. ä.).

Wir wollen die biblische Geschichte heute einmal auf eine besondere Weise gemeinsam erzählen und gestalten. Dazu habt ihr alle eine Fläche vor euch. Darauf soll nachher jeder und jede von euch nach und nach ihr Geschichtenbild bauen. Also: Jede/r hat einen eigenen Bauplatz. Ihr bekommt auch gleich Baumaterial. Das sind verschiedene Sachen in einem Karton. Was darin ist, verrate ich euch nicht. Und ich bitte euch, nachher auch nicht laut zu sagen, was ihr erkennt. Eines kann ich euch sagen: es ist nichts Ekeliges dabei und nichts Gefährliches. Aber ein bisschen vorsichtig solltet ihr nachher schon in den Karton greifen, denn es sind harte Dinge dabei und ganz zarte. Ihr wollt ja nichts kaputtmachen und euch auch die Finger nicht anstoßen.

Alles, was ich euch bisher gesagt habe, könntet ihr ja sofort sehen, wenn ihr euren Karton aufmacht. Aber ich musste es euch sagen, weil ihr gleich nichts mehr seht. Denn ich habe ganz viele Tücher mitgebracht. Bitte helft euch und mir dabei, dass alle gleich richtig die Augen verbunden haben.

Ihr habt euren Platz, ihr habt euer Baufeld und ihr bekommt euer Baumaterial. Und ich erzähle euch die Geschichte so, dass ihr dazu bauen könnt. Ich bin ganz gespannt, wie eure Bilder nachher aussehen. Und ihr werdet sie dann natürlich auch sehen. Aber lasst euch zunächst für eine Weile blind werden.

(Wenn alle Kinder die Augen verbunden haben, erhalten sie die Kartons.)

Nun könnt ihr mal vorsichtig und ohne etwas zu sagen den Inhalt eures Kartons erfühlen. *(Den Kindern Zeit zum ersten Entdecken lassen.)*

Jetzt wisst ihr, welches Baumaterial ihr habt. Und ich fange jetzt mit der Geschichte an.

Da ist eine Stadt, mit einer Stadtmauer und einem Stadttor.

(Vielleicht wollt ihr ein Stück von der Stadtmauer bauen.)

An die Stadtmauer gelehnt sitzt ein Mann. Er hat einen Mantel umhängen, damit er nicht friert, wenn er Tag für Tag still da am Boden sitzt. Der Mann ist blind. Er bettelt, damit er etwas zum Leben hat.

(Vielleicht findet ihr in eurem Karton etwas, was ihr als blinden Mann an die Stadtmauer setzen wollt. Fühlt, welches Teil eurer Meinung nach zu diesem Mann passt. Vielleicht wollt ihr ihm auch einen Mantel umhängen.)

Es ist ein guter Platz, den der Blinde da hat. Denn viele Menschen kommen täglich hier vorbei.

(Lasst mal einige Menschen an ihm vorbeigehen. Ihr habt ja genug Dinge in eurem Karton.)

Von den Menschen hört der Blinde auch die neuesten Nachrichten aus der Stadt. Eines Morgens hört er: »Jesus ist in der Stadt.« Und am Nachmittag: »Jesus wird die Stadt heute noch verlassen und weiterziehen.« Der Blinde denkt: »Wenn Jesus aus der Stadt herausgeht, kommt er bei mir vorbei. Das ist gut.«

Und wenig später hört er viele Schritte und viele Stimmen. Er hört: Da mitten drin ist Jesus.

(Sucht nun etwas aus eurem Karton, was für Jesus in euer Bild passen könnte. Und auch einige Menschen, die dabei sind.)

Der Blinde fängt an zu schreien: »Jesus, Davidssohn, hilf mir!« Ganz schnell sind Leute bei ihm, die ihn ausschimpfen: »Brüll nicht so herum! Du störst.«

(Habt ihr etwas in eurem Karton, das ihr für die Leute in euer Bild legen wollt, die den Blinden ausschimpfen?)

Der Blinde gibt nicht auf. Er ruft weiter: »Jesus, Davidssohn, hilf mir!«

(Und nun spielt einfach mit den Figuren, die vor euch liegen, die Geschichte mit, wie ich sie weitererzähle.)

Jesus hört ihn.

Jesus bleibt stehen. Jesus dreht sich zu ihm hin.

Jesus sagt zu Leuten in seiner Nähe: »Ruft ihn her.«

Die Leute reden freundlich mit dem Blinden: »Er ruft dich, steh auf! Geh zu ihm!«

Und der Blinde steht freudig auf, wirft seinen Mantel zur Seite und geht auf Jesus zu.

Er hat ja seine Stimme gehört. Er weiß, in welche Richtung er gehen muss.

Jesus fragt den Blinden: »Was möchtest du. Was soll ich für dich tun?«

Der Blinde antwortet: »Herr, dass ich wieder sehen kann!«

Da sagt Jesus: »Dein Glaube hat dir geholfen.«

Da kann der Mann die Augen öffnen. Er kann Jesus erkennen.

Und er weiß: Mit Jesus will ich weitergehen.

(Soweit die Geschichte. Nun habt ihr noch einen Moment Zeit, um euer Bild so zu bauen, wie ihr es gleich sehen lassen wollt. Ihr könnt überlegen, ob ihr ein Bild vom Anfang oder von der Mitte oder vom Schluss der Geschichte bauen wollt.

Wer sein eigenes Bild fertig hat, kann das Tuch abnehmen. Aber bitte verändert dann euer Bild nicht mehr und sagt auch noch nichts über das, was ihr bei euch und bei den anderen seht.)

Wenn alle die Tücher abgenommen haben, ist Zeit zum Ansehen des eigenen Bildes und der anderen Bilder und dann zum Gespräch. Wichtig ist: Es gibt nicht richtige oder falsche Bilder. Es gibt Eindrücke, Erfahrungen, Gedanken, die man äußern kann. Aber jede Bewertung wäre eine Missachtung der beteiligten Kinder.

Anregungen für ein Gespräch:

Als ihr blind ward, habt ihr Bilder gebaut. Und in Gedanken hattet ihr eine Idee, wie das aussehen sollte. Jetzt seht ihr die Wirklichkeit. – Ist jemandem beim eigenen Bild im Kopf und dem Bild auf dem Baufeld etwas aufgefallen?

Ihr habt von mir alle dieselbe Geschichte gehört. Seht euch die Bilder der anderen an, die zu dieser Geschichte entstanden sind. Erkennt ihr wieder, zu welchem Abschnitt der Geschichte die anderen gebaut haben?

Ihr hattet alle dieselbe Auswahl an Gegenständen im Karton. Erzählt euch, warum ihr bestimmte Dinge ausgewählt habt, um bestimmte Personen darzustellen.

Der Mann in der Geschichte konnte durch Jesus die Welt mit neuen Augen sehen. Vielleicht habt ihr heute ein wenig davon auch gemerkt, was das sein kann: Die Welt mit neuen Augen sehen.

Varianten:

Diese Methode des blinden Bauens lässt sich für Geschichten einsetzen, in denen Menschen, ohne (viel) zu sehen, ihren Weg gehen. Die Geschichten mit Blinden gehören dazu, aber auch Nachtgeschichten: z.B. das Gebet Jesu im Garten Gethsemane und die Gefangennahme Jesu. Die nächtliche Flucht aus Ägypten. Die Nacht des Jona im Fischbauch.

Der Inhalt des Materialkartons muss entsprechend der Geschichte bedacht werden.

Brigitte Messerschmidt

Erzählen
mit Symbolen und
Zeichen-
handlungen

Erzählen mit Zeichen

VORBEMERKUNGEN

Methode:

Im Gegensatz zu Symbolen, die vieldeutig sind und über sich selbst hinaus weisen, verwendet man Zeichen, um eine Geschichte zu veranschaulichen. Zeichen sind in ihrer Bedeutung festgelegt.

Als Zeichen eignet sich fast alles, was mit der Geschichte zu tun hat: Das Fischernetz für eine Jüngergeschichte; eine dunkle Brille, ein Blindenstock, um die Situation eines Blinden darzustellen; eine Schürze und eine Gießkanne machen mich zum Gärtner; der Gelähmte, den Jesus geheilt hat, trägt eine Matte.

Man kann sich selbst verkleiden oder kann Zeichen auf eine Tafel oder Tapetenrolle malen.

Ein Bild lässt sich projizieren, einen Gegenstand stellt man vor sich hin oder hält ihn in der Hand. Man kann über das Objekt sprechen, aber auch mit ihm reden. So helfen Zeichen dem Hörer, aber auch dem Erzähler. Es fällt leichter, sich in die Rolle hinein zu versetzen. Allerdings wird man sparsam mit den Zeichen umgehen. Sie müssen sich in die Geschichte einfügen; Übertreibung wirkt schnell lächerlich.

Geeignete Altersgruppe:

Grundsätzlich ist diese Erzählmethode für alle Altersgruppen geeignet. Bei älteren Kindern sollte man aber vorsichtig damit umgehen. Manche Zeichen *(z.B. Stofftiere)* werden von kleineren Kindern eher akzeptiert als von älteren.

Material und Aufwand:

Da das Zeichen eine untergeordnete Rolle in der Erzählung spielt *(die Hauptsache ist das Erzählen selbst)*, werde ich auf die Beschaffung der Zeichen nicht allzuviel Zeit verwenden.

Ein Stock, ein Kochtopf, eine Kerze, ein Päckchen, ein Ball, ein Tisch, das sind alles alltägliche Dinge. Alle Zeichen müssen beim Erzählen schnell verfügbar sein. Selbstverständlich muss der Einsatz von Zeichen auch geprobt, mindestens ausprobiert werden, damit bei der Erzählung nichts Ungewolltes passiert.

Zeitdauer:

Je nach Alter der Zuhörer und Zuhörerinnen und Art der Geschichte: 10 – 20 Minuten. Bei längeren Geschichten rate ich *(z.B. durch ein Lied)* zu unterbrechen.

Beteiligungsmöglichkeiten:

Wenn es sinnvoll ist, können die Zuhörer und Zuhörerinnen einbezogen werden, z.B. indem man ihnen das Zeichen in die Hand gibt *(eine Kerze)* oder umhängt *(ein Tuch)*. Es können sich alle um den Tisch setzen oder auf einer grünen Wiese *(Teppich)* lagern etc.

Beispiel: Berufung des Mose (2. Mose 3,1–15)

Zeichen:

Ein »Beduinentuch« für den Erzähler in der Rolle des Mose und einfache Sandalen *(unbedingt anziehen!)*

(Evtl. ist die Geschichte die Fortsetzung einer größer angelegten Mose-Erzählung.)

Hallo, Kinder! Ich bin Mose. Das Tuch hier dient zum Schutz vor der Sonne. Es ist nämlich sehr heiß in der Steppe, wenn die Sonne vom Himmel brennt.

Nach meiner Flucht aus Ägypten bin ich Hirte geworden. Ich habe die Schafe meines Schwiegervaters Jetro gehütet. Gerne trieb ich meine Schafe zu einsamen Weideplätzen, denn dort war das Gras viel saftiger und kräftiger.

Als ich einmal in der Nähe des Berges Horeb war, sah ich plötzlich einen Dornbusch, der lichterloh brannte. Aufgepasst, dachte ich, so ein Feuer breitet sich schnell aus. Da muss ich meine Herde in Sicherheit bringen. Aber seltsam, der Dornbusch brannte zwar, aber er verbrannte nicht. Das musste ich mir aus der Nähe anschauen.

Langsam ging ich auf den Busch zu. Ich kam aus dem Staunen nicht heraus. Hoch loderten die Flammen aus dem Busch, aber die Zweige brannten nicht wirklich.

Da hörte ich eine Stimme: »Mose, Mose!« Eine angenehme Stimme. Nein, ich hatte keine Angst. Ich antwortete: »Hier bin ich! Was willst du?« »Du darfst nicht näher kommen. Zieh deine Schuhe aus. Hier ist heiliges Land.«

Ich löste die Riemen meiner Sandalen.

(Erzähler zieht seine Sandalen aus und ist barfuß.)

Die Stimme sprach weiter: »Ich bin der Gott deines Vaters, der Gott Abrahams, Isaaks und Jakobs. Ich habe das Elend meines Volkes in Ägypten gesehen und sein Klagen gehört.«

Ach ja, das Volk in Ägypten; Sklaven, geknechtet und geprügelt. Steine schleppen mussten sie tagaus, tagein. Alles für den Pharao.

Ich erinnere mich, ich war ja einmal Prinz am Hofe des Pharao. Damals trug ich keine Sandalen, sondern Stiefel, feste Stiefel aus feinstem Leder. Hoch saß ich im Sattel, und meine Stiefel glänzten in der Sonne. Damit konnte ich richtig fest auftreten.

Wenn ich durch die Hallen des Palastes eilte, hallten meine Schritte, und die hohen Decken mit den prunkvollen Gemälden warfen das Echo zurück.

Aber dort am Berg Horeb, vor dem brennenden Dornbusch, war ich ein einfacher Hirte. Ich trug Sandalen, denn die kostbaren Stiefel hatte ich längst ausgezogen. Ich brauchte sie nicht und ich wollte sie auch nicht mehr.

Dort draußen gab es keine Herren, die Stiefel trugen, und keine Sklaven, die getreten wurden. Dort trugen alle Sandalen.

Während ich noch meinen Gedanken nachhing, hörte ich wieder die Stimme: »Ich will mein Volk aus Ägypten befreien. Ich will dich zum Pharao senden. Du sollst das Volk aus der Sklaverei führen.«

»Ich? Wer bin ich denn? Ich bin doch nur ein einfacher Hirte. Soll ich wieder Stiefel anziehen, um vor den Pharao zu treten?«, so fragte ich die Stimme. »Als Hirte nimmt mich doch keiner ernst.«

»Ich werde mit dir sein«, hörte ich weiter. Doch ich zögerte noch immer. »Was soll ich den Israeliten sagen? Welcher Gott hat mich geschickt? Wie ist sein Name?«

Und die Stimme antwortete mir: »Ich bin, der ich bin. Ich bin der Gott, der mitgeht, der dich begleitet, der dich sendet.«

Ich blickte auf meine Sandalen, ich dachte an die Stiefel, die ich einst getragen hatte; an die Stiefel des Pharao, an die Stiefel der Soldaten.

(Erzähler betrachtet nachdenklich die Sandalen, die er die ganze Zeit über in der Hand gehalten hat.)

Dann bin ich losgegangen, mit diesen Sandalen. *(Er hält sie hoch, damit alle sie sehen können.)*. Und mit diesen Sandalen, den Sandalen eines Hirten, habe ich das Volk aus Ägypten geführt.

(Gegebenenfalls können die Kinder jetzt die Sandalen näher betrachten.)

Lothar Wand

Erzählen mit Verkehrszeichen

VORBEMERKUNGEN

Methode:

Mit Verkehrszeichen haben Sie ein Zeichen besonderer Art zur Verfügung. Wenn das Verkehrszeichen angemessen eingesetzt wird, verdeutlicht es die Geschichte, sammelt die Aufmerksamkeit und deutet die Zusammenhänge. Die Verkehrszeichen begleiten die Erzählung.

Geeignete Altersgruppe: 3 – 99 Jahre

Material und Aufwand:

Am besten eignen sich Original-Verkehrszeichen, die man sich beim Bauhof der Stadt oder einem ortsansässigen Tiefbauunternehmen jeweils ausleihen kann. Alternativ kann man die Schilder auf große Plakatkartons malen. Noch besser sieht es aus, wenn Sie die Verkehrszeichen auf großen Plakatkartons mit Tesaband in den entsprechenden Farben nachgestalten. Dies geht auch relativ schnell. Die Schilder liegen beim Erzählen verdeckt – in der richtigen Reihenfolge – am Boden. Für die Erzählerin/den Erzähler sind sie deutlich markiert, damit sie/er jeweils das richtige Schild hochheben kann. Die gezeigten Schilder werden sichtbar abgestellt.

Zeitdauer:

Bis zu 15 Minuten kann der Spannungsbogen gut gehalten werden.

Beteiligungsmöglichkeiten:

Plakate können gemeinsam im Mitarbeiterkreis oder mit Kindern gestaltet werden. Erzählt wird vor der Gruppe. Dabei können Kinder auch das Plakat hochhalten bzw. zeigen.

Beispiel: Petrus – ein Freund Jesu – erlebt die letzten gemeinsamen Tage mit Jesus
(hauptsächlich nach dem Johannesevangelium)

Jesus hatte einen guten Freund. Dieser Freund war manchmal ein mutiger Mann, manchmal packte ihn aber auch die Angst und manchmal überschätzte er sich in seinen Fähigkeiten gewaltig.

Dieser Mann hieß Petrus. Er hatte Jesus versprochen: »Ich bin immer für dich da. Ich lasse dich nicht im Stich. Ich hole dich aus jeder Schwierigkeit heraus.«

Jesus hatte ihn liebevoll angeschaut und leicht den Kopf geschüttelt. Vielleicht dachte er: »Petrus, übernimm dich nicht!«

An diesem Abend ging Petrus mit Jesus in einen Garten. In diesem Garten, der Gethsemane hieß, wollte Jesus allein sein und beten.
Nur zwei Freunde begleiteten ihn. Petrus war einer der beiden. Doch Petrus brachte es nicht fertig, für Jesus wach zu bleiben. Immer wieder schlief er ein. Von den Schwierigkeiten, die Jesus hatte, hat er nichts mitbekommen.
Später sah er Soldaten kommen. Schlagartig wurde ihm klar, dass diese Leute Jesus verhaften wollten. Nein, dieses Mal wollte er sich nicht drücken!
Vielleicht erinnerte sich Petrus an sein Einschlafen. Vielleicht hatte er das Gefühl: Als mein Freund in Nöten war, habe ich geschlafen.

*(Der Erzähler nimmt das Schild »**Vorfahrt**« auf und hält es – noch verdeckt – vor sich. Er zeigt es, während er weiter erzählt, und stellt es dann für die Gemeinde sichtbar ab.)*

Petrus hatte Vorfahrt. Er drängte alle anderen beiseite und verteidigte Jesus mit dem Schwert: »Ich lasse dich nicht im Stich!«
Leider hat dies nicht geholfen. Jesus wollte nicht befreit werden. Petrus war als Held unerwünscht. Trotzdem wollte er Jesus nicht im Stich lassen. So folgte er den Soldaten heimlich. Er schlich näher an den Palast heran, in dem Jesus gefangengehalten wurde. Da kam jemand auf ihn zu.

*(Der Erzähler nimmt das Schild »**Stop**« auf und hält es – noch verdeckt – vor sich. Er zeigt es, während er weiter erzählt, und stellt es dann für die Gemeinde sichtbar ab.)*

»Stop«, sagte eine Frau zu Petrus. Dreimal wurde er angehalten, und jedes Mal sagte er: »Ich kenne Jesus nicht. Ich gehöre nicht zu ihm. Damit habe ich nichts zu tun.« Petrus hatte nur Angst. Er wollte weglaufen. Da hörte er einen Hahn. Der Hahn krähte dreimal, und Petrus erinnerte sich: Hatte Jesus ihm nicht gesagt: »Auch du, Petrus, wirst mich verlassen und verraten.«
Petrus wusste nicht weiter. Er wollte weglaufen.

*(Der Erzähler nimmt das Schild »**Sackgasse**« auf und hält es – noch verdeckt – vor sich. Er zeigt es, während er weiter erzählt, und stellt es dann für die Gemeinde sichtbar ab.)*

Petrus steckte in einer Sackgasse. Er sah keinen Ausweg. Es ging nicht mehr vorwärts. Und zu wem sollte er schon laufen? Er schämte sich vor seinen Freunden, und um zu Mama und zu Papa zu gehen, kam er sich zu alt vor. Petrus wollte allein sein. Er setzte sich hin und weinte.

*(Der Erzähler nimmt das Schild »**Parkplatz**« auf und hält es - noch verdeckt - vor sich. Er zeigt es, während er weiter erzählt, und stellt es dann für die Gemeinde sichtbar ab.)*

Petrus hielt inne. Er brauchte eine Pause. Er fühlte sich leer und schrecklich einsam. Er konnte nichts essen und trinken. Ihm war richtig übel.
Er weinte immer mehr und wusste: Ich habe versagt! Ich habe alles falsch gemacht, was man falsch machen kann. Ich habe meinen Freund verleugnet. Ich bin feige.

Langsam kam er wieder zu sich und suchte einen Platz zum Schlafen. Aber er konnte nicht einschlafen. »Habe ich noch eine Chance?«, fragte er sich.

*(Der Erzähler nimmt das Schild »**Umkehren verboten**« auf und hält es - noch verdeckt - vor sich. Er zeigt es, während er weiter erzählt, und stellt es dann für die Gemeinde sichtbar ab.)*

Ein paar Tage waren vergangen. Jesus war hingerichtet worden. Da kamen Maria und Magdalena vom Grab zurück: »Jesus liegt nicht im Grab. Das Grab ist leer.« Petrus war durch diese Nachricht völlig verwirrt. Er lief mit einem Freund zum Grab. Er sah das leere Grab und ahnte etwas. Er ahnte, dass noch nicht alles vorbei war. Er fragte sich: »Wie geht es weiter? Werde ich Jesus noch einmal begegnen?« Petrus schöpfte neuen Mut.

*(Der Erzähler hält das Schild »**Umkehren verboten**« immer noch fest und weist auf den Verbotsstrich hin. Es gibt dieses Schild nur mit Verbotscharakter. Wir fanden es spannend und sinnvoll, jetzt den Verbotscharakter aufzuheben und zur Veränderung einzuladen. Deshalb haben wir den Strich auf dem Schild so überklebt, dass er nicht mehr zu sehen war. Bitte darauf achten, dass das Abkleben exakt geschieht und das Schild dann zur Umkehr, zur Veränderung, zum neuen Weg einlädt! Das heißt,*

man muss teils weiß und teils schwarz überkleben. Dann wird das Schild zur Gemeinde hin sichtbar abgesetzt.)

Petrus sah einen neuen Weg. Er wusste noch nicht genau, wie es weitergeht, aber er besann sich: Wo kann ich hingehen? Was kann ich tun? Wo kann ich mich niederlassen?

*(Der Erzähler nimmt das Schild »**Eingeschränktes Halteverbot**« auf und hält es - noch verdeckt - vor sich. Er zeigt es, während er weiter erzählt, und stellt es dann für die Gemeinde sichtbar ab.)*

Petrus nahm seine alte Arbeit wieder auf und kehrte in seine Heimat zurück. Er ging mit seinen alten Freunden wieder fischen. Er wollte, dass alles wieder so wie früher würde, wie damals, bevor er Jesus kannte. Vielleicht wollte er sogar so tun, als ob es diese Zeit mit Jesus nie gegeben hätte. Irgendwie musste es ja weitergehen! So ruderte er auf den See hinaus und warf die Netze aus, aber er fing nichts.
Da sah er einen Mann am Ufer, der ihm etwas zurief. »Wirf die Netze mal zur anderen Seite aus!« Petrus wagte es, und die Netze waren übervoll.
Petrus staunte. Seine Freunde und er schauten den Mann an und erkannten ihn.

*(Der Erzähler nimmt das Schild »**Raststätte**« auf und hält es – noch verdeckt – vor sich. Er zeigt es, während er weiter erzählt, und stellt es dann für die Gemeinde sichtbar ab.)*

Der Mann hatte ein Holzkohlenfeuer angezündet und begann Fische zu braten. Petrus erkannte seinen Freund Jesus. Er stieg ins Wasser und schwamm zum Ufer. Petrus versuchte nicht, über das Wasser zu gehen. Er wartete nicht ab, bis sie das Boot an Land gerudert hatten.
Er machte sich naß und dreckig. So sahen beide sich wieder.
Petrus und Jesus teilten Brot und Fisch.

Rüdiger Maschwitz

Erzählen mit Zeichenhandlung

Methode:

Zeichenhandlungen sind gut geeignet für Familiengottesdienste. Sie folgen meist nach der Erzählung.

Ein Regenbogen wird gestaltet. Steine werden beschrieben und nach vorne gebracht, oder Blumen werden gefaltet und an ein Kreuz geheftet.

Die Zeichenhandlungen sollen die Gottesdienstteilnehmerinnen und -teilnehmer in das Geschehen hinein nehmen, ein Thema veranschaulichen und die Erinnerung daran über den Gottesdienst hinaus wachhalten.

Auch während des Erzählens kann zeichenhaft gehandelt oder etwas dargestellt werden. Wir können z.b. zusammen durch die Wüste wandern oder mit Palmwedeln Jesus beim Einzug in Jerusalem zujubeln.

Geeignete Altersgruppe:

Grundsätzlich ist Erzählen mit Zeichenhandlung für jedes Alter (auch für Erwachsene) geeignet. In Einzelfällen muss ich mich für eine Altersgruppe entscheiden und meine Erzählung auf ein bestimmtes Alter ausrichten.

Material und Aufwand: Abhängig von der Art der Zeichenhandlung

Zeitdauer:

Unterschiedlich (s.o.), auf jeden Fall ist eine gründliche Vorbereitung notwendig.

Beteiligungsmöglichkeiten:

Ist immer gegeben. Vor allem Erwachsene (die oft größere Hemmungen haben), sollten nicht genötigt, sondern eingeladen werden.

Beispiel: Stillung des Seesturms (Matthäus 8,23–27)

Methode:

Mit den Teilnehmenden wird *vor der Erzählung* ein Schiff aus einem DIN A 3- oder DIN A 4-Papier gefaltet *(Mitarbeiterinnen und Mitarbeiter helfen)*.

Dieses Schiff wird während des Erzählens in die Hand genommen und nach Vorgabe des Erzählers bewegt.

Alternativ: Jede Teilnehmerin und jeder Teilnehmer erhält ein vorgefertigtes Schiff z.B. aus Karton *(zweidimensional)*.

Altersgruppe: Erprobt mit Grundschülern

Vorbereitung: Gering

Beteiligungsmöglichkeit: Alle werden beteiligt.

Jeder von euch hat einen Bogen Papier erhalten. Könnt ihr daraus ein Schiff falten? Ich mache es einmal vor. Die Mitarbeiterinnen und Mitarbeiter helfen euch. Ihr könnt euch auch gegenseitig helfen.
Sind alle fertig? Dann kann es losgehen! Nun hält jede/r sein Schiff in der Hand und bewegt es zur Geschichte!

Das Schiff liegt am Ufer und wird leise von den Wellen hin und her geschaukelt.
Jesus und seine Jünger besteigen das Schiff.
Sie legen ab.
Ruhig gleitet das Schiff über das Wasser des Sees Genezareth.
Jesus ist müde. Er hat sich hinten ins Boot gelegt und ist eingenickt. »Lass ihn schlafen«, sagt Petrus zu Johannes, »er hat einen harten Tag hinter sich.«
Der Himmel ist klar; der See ist ruhig.
Plötzlich ziehen Wolken auf. Der Himmel verdunkelt sich. Ein leichter Wind weht über das Wasser und wird stärker.
Wellen kräuseln die Oberfläche des Sees. Das Schiff schaukelt, erst leicht, dann heftiger und immer heftiger.
Die Wellen werden höher, der Wind bläst stärker. Das Schiff neigt sich gefährlich zur Seite.
Jesus liegt ruhig da und schläft. Immer stärker wird der Wind. Die Wellen schleudern das Schiff nach oben. Gleich darauf stürzt es ins nächste Wellental.
Der Wind wird zum Sturm. Jesus schläft noch immer.
Noch höher schlagen die Wellen. Der Sturm heult und pfeift. Regen prasselt auf die Planken des Schiffes, Wellen schlagen ins Schiff. Es droht zu kentern!
Und Jesus schläft.
Hilfe, Hilfe, wir ertrinken!
   (Hier können Kinder aufgefordert werden, auch um Hilfe zu rufen!)
Wir können das Schiff nicht mehr halten!
   (Kinder wiederholen.)
Jesus, hilf uns!
   (Kinder wiederholen.)
Da steht Jesus auf. Er sagt zu dem Sturm: »Sei still!« Er sagt zu den Wellen: »Beruhigt euch!«
Der Wind hört auf; das Wasser glättet sich. Das Schiff schwimmt wieder ruhig auf der Oberfläche.

»Ihr habt Angst gehabt«, sagt Jesus, »habt ihr kein Vertrauen?«

»Uns stand das Wasser bis zum Hals«, sagt Petrus. »Wir haben geglaubt, wir gehen unter und ertrinken.«

Und als das Schiff wieder anlegt, fragen die Menschen am Ufer: »Wie habt ihr nur diesen Sturm überlebt?«

Lothar Wand

Erzählen mit Symbolhandlungen

VORBEMERKUNGEN

Methode:

Eine Erzählerin/ein Erzähler sitzt mit den Zuhörerinnen und Zuhörern in einem Sitzkreis, am besten auf dem Boden, und erzählt eine Geschichte, die durch die entsprechende Symbolhandlung und einen begleitenden meditativen Text auf die Hörerinnen und Hörer übertragen wird.

Durch die Symbolhandlung wird in diesem Falle die Geschichte von der Taufe Jesu auf die eigene Taufe hin gedeutet. Die Handlung bekräftigt noch einmal das in der Taufe von Gott gegebene Versprechen.

Geeignete Altersgruppe:

Ab der Grundschule, ohne Beschränkung; sprachlich etwas elementarisiert auch für jüngere Kinder.

Material und Aufwand:

Bereitstellen einer Schale mit Wasser, versehen mit einigen Tropfen Citrusöl, Becher, kleines Handtuch.

Zeitdauer:

je nach Größe der Gruppe ca. 15 – 20 Minuten einschl. der Lieder.

Beteiligungsmöglichkeiten:

Eine/r übergießt die Hände der/des anderen mit Wasser und trocknet sie ab. Während der Symbolhandlung werden Lieder mitgesungen oder -gesummt.

Beispiel: Die Taufe Jesu (Markus 1,9 – 11)

Gott ist da, wo wir Menschen leben. Am eigenen Leib hat Jesus die Zuwendung Gottes erfahren. Die Bibel erzählt:

Jesus kommt an den Jordan, um sich von Johannes taufen zu lassen. Als Jesus aus dem Wasser steigt, öffnet sich der Himmel über ihm und Gottes Geist erfüllt ihn.

Er hört eine Stimme, die sagt: »Du bist mein geliebtes Kind. An dir habe ich Freude.«

Symbolhandlung mit Meditation

Wir sind getauft. Fast alle, die hier sind.
Es ist vielleicht schon lange her. In der Taufe sagt Gott auch uns: Du bist mein geliebtes Kind.
Ich will dir immer nahe sein und dich begleiten. Mit dem, was dich bewegt, kannst du zu mir kommen.
Dir steht der Himmel offen.

Es ist vielleicht schon lange her. Und immer wieder schieben sich Erlebnisse wie Wolken davor und verdunkeln den Himmel über uns.
Im Alltag, in der Hetze, unter Frust und Ängsten, wird die Zusage Gottes zugedeckt.
Wo ist die Quelle, aus der wir neue Kraft schöpfen?

Heute erinnern wir uns daran: wir sind getauft, Gottes geliebte Geschöpfe.
Wir können uns das nicht selber sagen. Aber einander können wir es zusprechen.
Und so soll uns dieses Wasser an unsere Taufe erinnern.

Zur Erinnerung an die Taufe übergießen wir einander die Hände mit Wasser und trocknen sie.
Wer mag, sagt dazu ein Segenswort.

(Während der Handlung zum Mitsingen, Mitsummen, Zuhören verschiedene Lieder z.B.
»Wo zwei oder drei«, EG Regionalteile, KG 182, LJ 470
»Ausgang und Eingang«, EG 175, KG 184, LJ 119, MKL 2
»Einsam bist du klein«, LJ 516, MKL 11
»Ubi caritas«, EG Regionalteile, LJ 421)

Ihr seid von Gott geliebt. Vergesst es nicht. Ihr seid Gottes Kinder.

Lied: »Bewahre uns, Gott«, EG 171, KG 213, LJ 117

Birgit Brügge-Lauterjung

Erzählen mit dem Fühlsack

Methode:

Vor dem Erzählen wird mit dem Fühlsack die Geschichte eingeführt. In dem Fühlsack ist ein Gegenstand, der von einigen Teilnehmenden (nicht von allen) befühlt wird. Der Fühlsack verbirgt den Gegenstand vor den Anwesenden. Er macht neugierig.
Die Geschichte wird im Anschluss an das Befühlen erzählt.
Drei Beispiele werden hier vorgestellt. Bei diesen Beispielen ist die Funktion des Fühlsackes jeweils unterschiedlich.
Der Fühlsack sammelt die Aufmerksamkeit vor der Geschichte und hat durch den Gegenstand, den er beinhaltet, einen Bezug zur Geschichte.

Geeignete Altersgruppe: ab 4 Jahre

Material und Aufwand:

Als Fühlsack kann ein alter Photoentwicklungssack dienen. Der Fühlsack kann aber auch einfach selbst genäht werden. Ein großes blickdichtes Kapuzen-Sweatshirt wird am unteren Rand zugenäht. Die Kopföffnung wird mit dem Kordelzug der Kapuze zugezogen! Durch die Arme wird in den Fühlsack hineingegriffen.

Zeitdauer:

Für jeden Menschen, der in den Fühlsack fassen soll, werden 1–2 Minuten zusätzlich zur Erzählung benötigt.

Beteiligungsmöglichkeiten:

Beteiligt sind auf jeden Fall die, die den Gegenstand erfühlen, aber durch die Mimik und Gestik der Fühlenden werden die anderen Anwesenden einbezogen. Die anderen können z. B. an der Beschreibung des Gegenstandes erraten, was in dem Sack sein könnte.

1. Beispiel: Die Geschichte vom Elefanten

*In dem Fühlsack ist ein Stoffelefant; dies weiß aber niemand. Fünf Personen befühlen nacheinander den Gegenstand, ohne einen Kommentar abzugeben. Anschließend werden sie von dem Leitenden gefragt, was sie **gefühlt(!)** haben.
Die Fühlenden werden nicht gefragt, was für ein Gegenstand in dem Sack war. Sie dürfen es nicht verraten. Dies ist wichtig für die Fortsetzung der kleinen Erzählung.*

Nun werden die Fühl-Erfahrungen mitgeteilt und die weiteren Zuschauer raten den Gegenstand.
Die folgende Geschichte ist mit dieser kleinen Vorübung ein guter Einstieg zum Thema »Gottesbilder«. Sie fördert die Einsicht, die eigene Erfahrung nicht absolut zu nehmen.

So ähnlich wie euch erging es vor langer, langer Zeit blinden Menschen, die in einer eigenen Stadt wohnten. Diese Menschen kannten ihre Welt nur durch Fühlen und Hören. Vor ihre Stadttore war ein König mit einem großen Tross unbekannter Tiere gezogen. Die Blinden durften eine fünfköpfige Abordnung zu dem größten der Tiere senden, um es zu befühlen. Nach einiger Zeit kehrten die Kundschafter zurück und erzählten von ihren Erfahrungen.
Der erste Kundschafter berichtete: »Das Tier ist wie eine mächtige große Säule.«
Der zweite sagte: »Nein, das Tier, das wir befühlt haben, ist wie eine Gießkanne.«
Der dritte sprach: »Das Tier ist wie ein Pinsel.«
»Nein«, sagte da der vierte, »das Tier fühlt sich eher wie eine feste, verputzte rauhe Wand an.«
Der fünfte widersprach: »Das Tier ist eher wie ein großer Speer.«
Die Fünf begannen sich zu streiten. Jeder wollte Recht haben. Da trat ein Weiser zu ihnen und sprach: »Haltet inne. Ihr tut so, als ob jeder von euch Recht haben könnte. Aber wäre es nicht besser, wenn ihr eure verschiedenen Erfahrungen zusammenfügt? Dann ist das Tier wie eine Säule, wie eine Gießkanne, wie ein Pinsel, fühlt sich rauh an und hat etwas mit einem Speer gemeinsam.«
Die Blinden nickten. Ja, das war ein guter Vorschlag. Sie kannten das Tier immer noch nicht. Aber sie konnten sich mehr darunter vorstellen als vorher.
Während die Blinden innehielten und nachdachten, fügte der Weise hinzu: »Genauso ergeht es uns auch mit Gott. Jeder hat seine eigene Vorstellung von Gott und wir streiten uns darüber, wer Recht hat. Aber keiner hat Gott je gesehen. Es ist viel hilfreicher, unsere unterschiedlichen Erfahrungen zusammenzufügen. So erfahren wir mehr von Gott.«

2. Beispiel: Die Geschichte von der Frau, die ihre Münze wiederfindet (Lukas 15,8–10)

Wichtig ist, dass bei dieser Übung niemand sagt, was er findet und dass alle aufmerksam dem Suchenden zuschauen.
Der Fühlsack sollte groß und weit sein und kleine Ecken haben, so dass man einen kleinen Gegenstand darin erst suchen muss. Es wird ein Cent hineingesteckt, ohne dass es jemand sieht. Drei bis fünf Personen versuchen nacheinander, die-

sen Gegenstand zu suchen. Wenn der erste ihn gefunden hat, kommt der nächste an die Reihe.

Nach meiner Erfahrung wird mit einer solchen Intensität gesucht, dass die Geschichte vom verlorenen Groschen fast gar nicht mehr erzählt werden muss.

3. Beispiel: Das Gleichnis vom Senfkorn (Matthäus 13,31–32)

In den Fühlsack wird ein einziges Senfkorn hineingelegt. Dies geht nur in einem Fühlsack, der innen fein und glatt ist. Im Strickpullover ist das Senfkorn leicht verschwunden. Es wird dann nur sehr schwer zu finden sein. Manchmal bietet es sich deshalb an, zwei oder drei Senfkörner in den Sack zu tun.

Wichtig ist dabei nicht, das Senfkorn zu finden, sondern es in seiner »Kleinheit« wahrzunehmen und zu fühlen. Schön ist es, wenn Mitarbeitende vorher ein Senfkorn gepflanzt haben und eine etwas größere Pflanze zu der Erzählung mitbringen.

Anschließend wird das Gleichnis aus Matthäus 13,31–32 erzählt.

Rüdiger Maschwitz

Erzählen mit Kerzen

VORBEMERKUNGEN

Methode:

Die Kerzen werden als Symbole eingesetzt, um das Geschehen einer Geschichte zu verdeutlichen. Kerzenlicht in einem gemütlich gestalteten, abgedunkelten Raum erzielt eigentlich bei allen Kindern eine gespannte, faszinierte und auch meditativ-beruhigende Grundhaltung. Selbstverständlich ist auch von den Erzählern eine ruhige und gelassene Grundhaltung gefordert.

Die Methode ist einfach und schlicht und hat doch eine große Wirkung. Die Kinder können, während des ruhigen Erzählens der Geschichte, das zentrale Geschehen, durch Kerzen nachgestellt, miterleben. Die Kerzen werden hierbei nicht wie Figuren oder Püppchen, die reden und handeln können, dauerbewegt. Sondern durch bestimmte »Kerzenzüge« werden immer neu entstehende Kerzenkonstellationen / Kerzenbilder geschaffen, mit deren Hilfe die Geschichte verinnerlicht werden kann. Gerade bei bekannten Geschichten kann das Wesentliche so noch einmal ganz neu erfahren und im Gegensatz zu eher aktionsreichen Erzählmethoden meditativ-sinnbildlich erlebt werden.

Ein wichtiger Merksatz zum Schluss: Weniger ist bei dieser Methode oft mehr. Es kommt nicht auf das 1:1 Ersetzen von jedem Haus, jedem Baum, jeder Person etc. an.

Geeignete Altersgruppe: ab dem Kindergartenalter

Material und Aufwand:

Dekorationstücher in verschiedenen Farben, die zur Geschichte passen.
Kerzen in unterschiedlichen Größen, Teelichter.

Zeitdauer: je nach Geschichte

Beteiligungsmöglichkeiten:

Die Kinder schauen zu und erleben die Geschichte mit. Ein Anzünden der Kerzen durch jüngere Kinder ist wegen der Brandgefahr nicht sinnvoll. Je wichtiger die ruhige und besinnliche Atmosphäre bei einer Geschichte ist, desto mehr empfiehlt es sich, die Kerzen ausschließlich von einer Mitarbeiterin/einem Mitarbeiter entzünden zu lassen.

1. Beispiel: Die Speisung der Fünftausend (Johannes 6,1–15)

Methode:

In diesem Beispiel stehen die Kerzen für die Menschen um Jesus, die eine wunderbare Erfahrung miteinander machen und teilen.

Material:
— blaues Tuch (See)
— grüne und gelbe Tücher (für die beiden Uferseiten)

> ▶ *Tipp: Die Tücher können beim Verlag Junge Gemeinde (Postfach 10 03 55, 70747 Leinfelden-Echterdingen, Telefon 0711/9 90 78 0, www.junge-gemeinde.de) im Set bezogen werden: je ein blaues, gelbes, grünes, rotes, schwarzes und violettes Tuch, zusammen € 18,–. Lieferbar auch in einer Kreativtasche zusammen mit anderen Legematerialien (s. S. 18)*

— fünfzehn kleine Teelichter (Menschen),
— drei größere Teelichter (Freunde Jesu),
— eine kleine Osterkerze (Jesus)
— Zeitdauer: 10–20 Minuten

Jesus ist mit seinen Freunden am Ufer des Sees Genezareth. Viele Menschen sind bei ihm. Sie wollen hören, wie Jesus von Gott erzählt. Niemand kann das so gut wie er.

*Blaues Tuch ausbreiten, gelbe und grüne Tücher außen herum legen (grüne Tücher = Uferseite, wo Jesus zunächst ist; gelbe Tücher = andere Uferseite, wo das Wunder des Teilens geschieht). Die kleine Osterkerze und die größeren Teelichter auf das grüne Tuch stellen und **anzünden**. Die kleinen Teelichter **nicht** anzünden, aber um die Jesus-Kerze herumstellen.*

Wie gebannt hören die Menschen zu. Denn was Jesus von Gott erzählt, das können sie verstehen.
Er erzählt, dass Gott für die Menschen sorgt, wie ein Hirte für seine Schafe.
Nun aber ist Jesus müde und will sich ausruhen. Er möchte mit seinen Freunden alleine sein.
Am Ufer des Sees liegt ein Fischerboot. Jesus und seine Freunde steigen hinein. Sie kennen sich mit den Booten aus. Das kleine Boot treibt langsam auf dem See. Die Sonne scheint, es ist warm. Jesus und seine Freunde dösen.
Die Menschen am Ufer aber sind traurig. Sie möchten noch mehr von

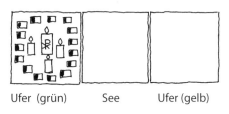

Ufer (grün)   See   Ufer (gelb)

Osterkerze und große Teelichter auf das blaue Tuch stellen.

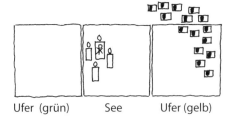

Ufer (grün)   See   Ufer (gelb)

Gott hören. Sie sehen, dass Jesus mit seinen Freunden auf das andere Ufer zutreibt. »Lasst uns am See entlang laufen. Dann sind wir am anderen Ufer, wenn Jesus kommt. Er wird uns sicher noch mehr erzählen!«, so rufen sie sich aufgeregt zu.

Die kleinen Teelichter wandern an das andere Ufer.

Als Jesus am anderen Ufer ankommt, sind schon wieder viele Menschen da. Jesus schickt sie aber nicht weg. Nein, er erzählt ihnen noch mehr von Gott, den ganzen Tag lang. Die Zeit vergeht wie im Flug. Nun ist es Abend. Jesu Freunde werden unruhig.

Die Osterkerze und die großen Teelichter an den Rand des blauen Tuches stellen.

»Jesus, hör auf. Sag den Leuten, sie sollen jetzt nach Hause gehen! Sicher haben die Menschen Hunger. Hier gibt es nichts zu kaufen, und wir haben nicht genug für alle.«

Die großen Teelichter eng an die Osterkerze stellen.

So reden die Freunde. Jesus aber sagt: »Sie sind den ganzen Tag bei uns gewesen. Wir können sie jetzt nicht wegschicken. Sorgt dafür, dass die Menschen zu essen bekommen.«
Die Freunde sind ratlos. Wie sollen sie das machen?
Da kommt ein Junge zu ihnen. Er hat gehört, was Jesus zu seinen Freunden gesagt hat. »Hier bitte, das könnt ihr haben. Ich habe zwar nur fünf Brote und zwei Fische. Aber die schenke ich euch.«

Kleines Teelicht zu den großen stellen.

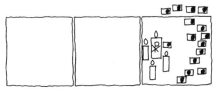

»Das wird niemals reichen für so viele Menschen.« Die Freunde schütteln den Kopf. Doch Jesus lacht den Jungen an. »Danke«, sagt er. Jesus nimmt das Brot und die Fische und spricht ein Dankgebet. »Danke, guter Gott, dass du uns dieses Essen gibst.« Jesus teilt das Brot und die Fische: »Sagt den Leuten, sie sollen sich in Gruppen

Das kleine Teelicht an der Osterkerze anzünden.

zusammensetzen. Dann geht hin und gebt ihnen etwas Brot und Fisch.«
Die Freunde Jesu gehen zu den Gruppen und geben jedem etwas Brot und Fisch. Es ist nicht viel. Da greift der erste in seine Tasche: »Ich habe mir von zu Hause Brot mitgebracht. Aber es ist nur ein kleines Stück. Ich wollte es nicht vor euren Augen essen, denn für alle reicht es ja nicht. Jetzt aber lege ich es dazu. Dann haben wir etwas mehr.«
Die Menschen schauen in ihre Taschen. Jeder legt seinen kleinen Vorrat zu dem Brot und dem Fisch, den Jesus für sie geteilt hat.
Nun reicht es für alle. Alle werden satt und es bleibt sogar noch viel übrig.

»Das ist ein Wunder«, so reden die Freunde von Jesus.

Die kleinen Teelichter in drei Gruppen zusammenstellen.

Je ein größeres Teelicht zu jeder Gruppe stellen.

Ein Teelicht an dem großen Teelicht anzünden.

Nacheinander je ein weiteres Teelicht am ersten anzünden.

Die kleinen Teelichter aneinander anzünden bis zum letzten Teelicht.

Birgit Schniewind

2. Beispiel: Die Weihnachtsgeschichte (Lukas 2,1–19)

Methode:
In diesem Beispiel sollten vor allem die Vorzüge von Dunkelheit, Kerzenlicht und Stille gut ausgeschöpft werden, durch ein langsames und ruhiges Erzählen der Geschichte. Auch diejenigen, die die Kerzen anzünden, haben Zeit und brauchen nicht zu hetzen. Geschickt eingesetzte Lese- bzw. Erzählpausen schaffen die nötigen Räume zum ruhigen Entzünden der Kerzen.

Material und Aufwand:
— Dekorationstücher in verschiedenen Farben,
— acht Teelichter (Hirten auf dem Feld mit ihren Schafen),
— zwei große Kerzen, eine blau, eine rot (Maria und Josef),
— fünf Wunderkerzen (Engel),
— eine kleine Osterkerze (Jesus),
— vier Holzrauten-Teelichter (zusammengestellt als Stall)

▶ *Tipp: Diese Teelichter können zum Preis von € 1,50 je Stück bezogen werden bei: Rheinischer Verband für Kindergottesdienst, Missionsstraße 9B, 42285 Wuppertal Telefon 0202 / 28 20 -310; Fax 0202 / 28 20 -330; E-Mail: kigo@ekir.de*

Zeitdauer: 20–30 Minuten (einschließlich Vorbereitung)

Vorbereitung:
Ein großer Tisch wurde vorher mit den Tüchern dekoriert. Die Rauten sind bereits an einem Ende des Tisches zu einem Stall zusammengestellt. Große Streichhölzer liegen bereit. Ein Leser/eine Leserin und zwei Personen, welche die Kerzen entzünden, genügen.
Die Geschichte wird im Dunkeln mit Hilfe eines Teelichtes oder einer kleinen Taschenlampe langsam vorgelesen.

In dieser Zeit befahl der Kaiser Augustus, dass alle Bewohner des römischen Reiches namentlich in Listen erfasst werden sollten. Eine solche Volkszählung hatte es noch nie gegeben. Sie wurde durchgeführt, als Quirinius Statthalter in Syrien war. Jeder musste in die Stadt gehen, aus der er stammte, um sich dort eintragen zu lassen.

Weil Josef ein Nachkomme Davids war, der in Bethlehem geboren wurde, reiste er von Nazareth in Galiläa nach Bethlehem in Judäa. Josef musste sich dort einschreiben lassen, zusammen mit seiner jungen Frau Maria, die ein Kind erwartete.

Die Josef-Kerze wird angezündet und in den Stall gestellt.

Die Maria-Kerze wird angezündet und in den Stall gestellt.

Als sie in Bethlehem waren, brachte Maria ihr erstes Kind – einen Sohn – zur Welt. Sie wickelte ihn in Windeln und legte ihn in eine Futterkrippe im Stall, weil sie in dem Gasthaus keinen Platz bekommen hatten.

Die Jesus-Kerze wird angezündet und zwischen Maria und Josef gestellt.
Um die drei Kerzen herum werden Rauten-Teelichter entzündet.

In dieser Nacht bewachten draußen auf dem Feld einige Hirten ihre Herden.
Plötzlich trat ein Engel Gottes zu ihnen, und Gottes Licht umstrahlte sie. Die Hirten erschraken sehr, aber der Engel sagte: »Fürchtet euch nicht!

Die Hirten- und Tierteelichter werden angezündet. (Lesepause)

Die Wunderkerze wird über die Hirten und Herden gehalten und entzündet.

Ich bringe euch die größte Freude für alle Menschen: Heute ist für euch in der Stadt, in der schon David geboren wurde, der lang ersehnte Retter zur Welt gekommen. Es ist Christus, der Herr. Und daran werdet ihr ihn erkennen: Das Kind liegt in Windeln gewickelt, in einer Futterkrippe!«

Auf einmal waren sie von unzähligen Engeln umgeben, die Gott lobten: »Gott im Himmel gehört alle Ehre; denn er hat den Frieden auf die Erde gebracht für alle, die bereit sind, seinen Frieden anzunehmen.« Nachdem die Engel sie verlassen hatten, beschlossen sie: »Kommt, wir gehen nach Bethlehem. Wir wollen sehen, was dort geschehen ist und wovon Gottes Engel gesprochen hat.«

Sie machten sich sofort auf den Weg und fanden Maria und Joseph und das Kind, das in der Futterkrippe lag. Als sie das Kind sahen, erzählten die Hirten, was ihnen der Engel gesagt hatte. Und alle, die ihren Bericht hörten, waren darüber sehr erstaunt.

Maria aber merkte sich jedes Wort und dachte immer wieder darüber nach.

Die restlichen Wunderkerzen werden entzündet. (Lesepause, bis sie abgebrannt sind.)

Die Teelichter werden zum Stall geschoben, ein schön anmutendes Schluss-Kerzenbild wird gestellt, während die Geschichte zu Ende erzählt wird.

Am Ende kann den Kindern durch eine kleine Stillephase noch ermöglicht werden, der eben gehörten Geschichte nachzusinnen, während bestimmt jedes Kind wenigstens noch für eine Weile anmutig in die Kerzenlichter schaut. Ein Ausblasen aller Kerzen beendet die Erzählphase.

Daniel Cremers

Erzählen mit Bildern

Erzählen mit dem Kurbelkino

VORBEMERKUNGEN

Methode:

Das Kurbelkino besteht aus einer rechteckigen Pappschachtel. Man kann als Ausgangsmaterial ein stabiles Paket nehmen und dieses entsprechend zuschneiden. Es sollte folgende Maße haben: ca. 45 cm lang, 30 cm breit und 20 cm tief. Die Rückseite ist offen, damit man nachher die Kurbeln und Bildrollen leichter befestigen kann. Die Vorderseite wird als Bildfläche ausgeschnitten und muss eine Größe von 19 x 29 cm haben. Dieses Maß richtet sich nach dem DIN A 4 Format der Bilder. Das Kurbelkino hat einen 5 cm breiten oberen und unteren Rand, sowie zwei 8 cm breite Seitenränder.

Im Bereich der Seitenränder wird von unten und von oben je ein Loch in die Pappschachtel gebohrt, durch die zwei 40 cm lange Rundhölzer gesteckt werden, z.B. von einem Besenstiel. Das sind die Kurbeln, mit deren Hilfe die einzelnen Bilder weiter gedreht werden. Die Rundhölzer sind wegen der Seitenränder – links und rechts von der Bildfläche – für den Betrachter verdeckt.

Beide Kurbeln erhalten Pappringe. Diese werden 5 cm über dem unteren Ende der beiden Kurbeln angeklebt, damit die Bildrolle eine Führung besitzt und genau in die Bildfläche passt. Auf die unteren Kurbelenden wird jeweils der Aluminiumeinsatz eines Teelichtes geklebt. Beides dient zur Führung und Stabilisierung der Kurbeln.

Die drehbaren Kurbeln müssen soviel Abstand von der Vorderkante der Bildfläche erhalten, dass sich die Bildrolle mühelos ab- bzw. aufrollen lässt.

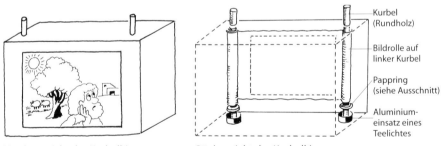

Vorderansicht des Kurbelkinos   *Rückansicht des Kurbelkinos*

Kurbel (Rundholz)

Bildrolle auf linker Kurbel

Pappring (siehe Ausschnitt)

Aluminiumeinsatz eines Teelichtes

Zwei Pappringe als Stütze für die Bildrolle (Ausschnitt):

An den durchgezogenen Linien ausschneiden. Die gestrichelten Linien falzen und die 8 Falzstellen an beide Kurbeln kleben.

▶ *Tipp: Eine einfachere, wenn auch nicht so elegante Lösung bieten Obstkisten aus Pappe, wie man sie in jedem Supermarkt bekommen kann. Diese Kisten können für das Kurbelkino schon so verwendet werden wie sie sind. Man kann dann allerdings z.B. keine Transparentbilder verwenden, weil die Rückseite der Kiste geschlossen ist.*

Die Geschichte, die man erzählen will, teilt man sich in eine szenische Bildfolge auf. Jede Szene wird als Bild auf ein weißes DIN A 4 Papier gemalt (Querformat!). Wenn man Bildvorlagen benutzt, dann müssen diese auf DIN A 4 Format vergrößert werden. Mit Buntstiften und Farben werden die einzelnen Bilder ausgemalt.

Bei jedem Bild lässt man auf beiden Seiten einen 2 cm breiten Kleberand, der nicht bemalt werden kann. Die Bilder werden an den Rändern in der Reihenfolge der Erzählung aneinandergeklebt. So entsteht eine Bildrolle. Diese darf erst an beiden Kurbeln befestigt werden, wenn die Klebeflächen trocken sind!

Der Rand des letzten Bildes wird mit Klebeband auf der – aus der Position des Betrachters gesehen – linken Kurbel befestigt. Die Bilder werden auf die Kurbel aufgerollt und der Rand des letzten Bildes auf die rechte Kurbel geklebt.

Um die Kurbeln in die Pappschachtel einzusetzen, rollt man am besten die Bilder bis auf das erste Bild zusammen und führt beide Kurbeln von der Rückseite aus in die Löcher des Kurbelkinos ein und stellt sie in die beiden Aluminiumeinsätze (s. Zeichnung auf der linken Seite). Auf der Bildfläche ist dann das erste Bild »eingeblendet«.

Die Bildrolle kann, statt aus weißen Papierblättern, auch aus Zeichenpapier oder Butterbrotpapier mit einer Rollenbreite von 20 cm hergestellt werden, auf denen mit verschiedenen Maltechniken Bilder gestaltet sein können.

Transparentpapier oder Japanpapier ist auch geeignet. Entwurfblöcke sind in Bastelfachgeschäften erhältlich. Eine Lampe oder ein Teelicht (Achtung: offene Flamme!) kann die Bilder dann von der offenen Rückseite her beleuchten.

Man kann die Aufgaben bei der Darbietung der Geschichte auch verteilen. Während die Erzählerin/der Erzähler die Geschichte vorträgt, bedienen zwei Personen (Mitarbeitende oder Kinder) die Schriftrolle. Die eine Person rollt die Bilder ab, die andere rollt sie im gleichen Moment auf den Besenstiel auf.

Mini-Schriftrollen als Geschenk und Erinnerung

Für die Kinder kann man die erzählte Geschichte auch in Mini-Schriftrollen gestalten und mitgeben. Die beiden Bildstreifen (siehe Abbildung S. 70) nach Anzahl der Kinder vervielfältigen.
Dazu muss man die Bildstreifen ausschneiden und an den Rändern zusammenkleben. Die Papierolle wird an beiden Außenrändern auf zwei Rundhölzchen oder Schaschlikstäbchen geklebt.
Einen Wollfaden um die Rolle wickeln und als Schleife binden. Fertig ist die Mini-Schriftrolle.
Die Kinder erzählen mit der Schriftrolle den Eltern die Geschichte. Nebenbei eine kleine Werbung für den Kindergottesdienst.

Geeignete Altersgruppe: 3 – 99 Jahre

▷ ▷ ▷

Material und Aufwand:

Rechteckige Pappschachtel (mindestens 45 cm lang, 30 cm breit, 20 cm tief)
2 x 40 cm lange Rundhölzer (Kurbel)
Aluminiumeinsätze zweier Teelichter
Zwei Pappringe als Stütze für die Kurbeln
Bilder auf weißem Papier DIN A 4 Format oder anderes Malpapier
Klebstoff, Klebeband und Schere
ca. 30 Minuten für das Herstellen des Kurbelkinos und das Ausmalen der Bilder.

Variante: »Schriftrolle«:

Zwei halbe Besenstiele mit Bildrolle, große Bilder auf Tapete oder Fotokarton, Wachsmalstifte, Wasser- oder Fingerfarben, Schere, Klebstoff, Klebeband (Beschreibung s. Seite 69).

Zeitdauer:

Ca. 10 Minuten für das Erzählen mit dem Kurbelkino bzw. mit der Schriftrolle.
Ca. 20 Minuten für das Malen der Bilder im Kindergottesdienst.

Beteiligungsmöglichkeiten:

Kinder und Mitarbeitende gestalten gemeinsam die Bilder des Kurbelkinos oder der Schriftrolle.

Beispiel: Erzählung »Unterwegs mit Abraham« (1. Mose 12–21 in Auswahl)

Bild 1

Das ist Abraham. Er sitzt im Schatten eines Baumes und ruht sich aus. Er ist müde. Es ist Mittag und niemand ist in seiner Nähe. Seine Herden weiden auf den Feldern vor der Stadt. Wenn die Bauern aus der Stadt das Korn schneiden, dürfen die Tiere das Stroh fressen, das auf den Feldern übrig bleibt. Die Bauern werden von Abraham mit Fellen und Wolle entschädigt. Außerdem düngen die Tiere die Felder umsonst. Nur im Frühjahr grasen die Herden weit draußen in der Steppe.
In die Stille dieser Mittagsruhe hinein hört Abraham eine Stimme: »Abraham, zieh weg aus Haran von deinen Freunden und Verwandten.« Abraham er-

schrickt. Gebannt lauscht er der Stimme: »Abraham, geh mit deiner Frau Sara in ein anderes Land. Dort werdet ihr Kinder haben. Eure Familie wird wachsen und zu einem großen Volk werden. Davon werden alle Menschen dieser Erde erfahren. Auf deinem Weg in das neue Land behüte und beschütze ich dich. Ich segne dich, Abraham.«

Da weiß Abraham, wer mit ihm sprach. Er denkt an Sara: »Wird sie bleiben wollen oder bereit sein wegzuziehen? Wie wird sie sich entscheiden? Uns geht es gut hier. Wir besitzen große Herden Schafe und Ziegen, Rinder und Kamele. Hirten sorgen für die Tiere. Wir sind reich. Aber eins fehlt. Wir haben kein Kind.«

Lange Zeit sitzt Abraham unter dem Baum. Immer wieder fällt ihm ein, was Gott verspricht: »Dort werdet ihr Kinder haben!« Das ist eine gute Nachricht. Sara wünscht sich schon lange ein Kind. Abraham steht auf und geht zum Zelt. »Die Nachricht wird sie glücklich machen«, denkt er. »Sie kommt mit, ich weiß es. In einem anderen Land haben wir Kinder. Ich glaube fest daran!«

Bild 2

»Seht den Abraham! Der verlässt Haran, seine Heimat. Der geht weg von seinen Freunden und Verwandten, gibt Brunnen und Weideplätze auf. Der ist verrückt!«, sagen die Leute und schütteln den Kopf. »Ein alter Mann geht auf Reisen«, spotten andere. »Der ist morgen wieder da. Der weiß nicht mal, wohin er will.« Sie lachen.

Aber es gibt auch Freunde, die helfen. Sie backen Brot und Kuchen, geben Wasserschläuche und Wein mit auf den Weg. Sie packen Zelte, Töpfe und Geschirr in die Eselkarren. Decken und Felle laden sie auf die Kamele. Die Hirten treiben Schafe, Ziegen und Rinder zusammen.

Bild 3

Freunde und Verwandte verabschieden sich von Abraham und seiner Familie. Sie winken. Lot und seine Familie kommen mit. Lot ist der Neffe Abrahams. Abraham steht an der Spitze der Herden. Er gibt das Zeichen zum Aufbruch. Die Reise beginnt. Der Weg führt sie über Berge und durch Täler. Sie durchqueren Wüsten, ziehen durch Flüsse und Bäche. Sie kommen an einer Stadt mit hohen Mauern und großen Toren vorbei. Dort tauschen sie Wolle, Tücher und Felle gegen Korn und volle Wasserschläuche. Sie ziehen weiter in das südliche Land bis nach Kanaan.

»Hier bleiben wir!«, ruft Abraham seiner Familie zu. Auf den Bergen ist überall Gras, üppiges Weideland für die Tiere.

Bild 4

An einer alten Eiche schlägt Abraham sein Zelt auf. Hier hört er die Worte Gottes:

»Das ist das Land, das ich dir verspreche. Ein Land mit Wiesen, Bäumen und Wasserquellen. Hier werdet ihr Kinder haben.« Abraham schichtet Steine auf und zündet ein Feuer an. Ein Zeichen dafür, wie dankbar er Gott ist. Am Abend feiern sie ein Fest. Sie essen und trinken. Ein Hirte spielt auf der Flöte. Frauen und Männer tanzen. Sara erzählt Lots Kindern eine Geschichte.

Bild 5

Abraham und Lot ziehen mit ihren Herden von Brunnen zu Brunnen, von Weideland zu Weideland. Die Herden wachsen. Bald sind die Weideplätze zu klein. An den Brunnen reicht das Wasser nicht mehr für alle Tiere. »Haut ab!«, rufen Abrahams Hirten. »Unsere Rinder haben Durst.«

»Zuerst sind unsere Schafe dran!«, schreien die Hirten Lots. »Der Brunnen gehört uns. Macht Platz!«, brüllen Abrahams Hirten. »Nein! Auch unsere Tiere brauchen Wasser!« Bald zanken sich die Hirten um jedes Stück Weideland, um jeden Tropfen Wasser.

Bild 6

Abraham legt die Hand auf Lots Schulter: »Komm mit!« Die beiden Männer gehen über den Hügel hinunter ins Tal bis an den Fluß. »Sieh, Lot! Hier fließt der Jordan. An seinem anderen Ufer breitet sich eine riesige Ebene aus. Am Horizont erkennst du die Städte Sodom und Gomorra. Kanaan ist groß genug für uns beide. Wähle du, Lot. Willst du mit deinen Herden in die Jordanebene ziehen oder hier oben in den Bergen bleiben?« Lot denkt: »Der Streit unter unseren Hirten muss aufhören. Am besten wir trennen uns.« Lot sieht über die Jordanebene mit den Wiesen und Feldern, Obstbäumen und Sträuchern und den Städten Sodom und Gomorra. »Ich ziehe mit meiner Familie und den Tieren in die Jordanebene.«

»Dann bleibe ich im Hügelland«, sagt Abraham. Er und Lot umarmen sich. Sie gehen zurück zu ihren Zelten. An diesem Abend feiern sie Abschied.

Bild 7

Eines Nachts wacht Abraham auf. Er hört eine Stimme: »Abraham! Fürchte dich nicht! Ich beschütze dich. Und was ich verspreche, gebe ich dir.« Abraham seufzt: »Ach Gott! Was willst du mir geben? Ich bin reich. Was uns fehlt, ist ein Kind.« Abraham kann nicht mehr schlafen. Er wälzt sich von seinem Nachtlager und geht vor das Zelt. »Siehst du die Sterne am Himmel, Abraham? Zähle sie!«, sagt die Stimme zu ihm. Abraham schüttelt den Kopf. »Mein Gott! Kein Mensch kann das!« Er stützt sich auf seinen Wanderstab. Die Stimme spricht weiter zu ihm: »So viele Kinder gebe ich dir, wie du Sterne am Himmel siehst! Sie werden miteinander leben in diesem Land.« Als Abraham zum Zelt zurückgeht, dreht er sich noch einmal um und schaut in den Nachthimmel. Dann legt er sich auf sein Lager. Bevor er einschläft, murmelt er: »Kinder ... Kinder ... wie Sterne am Himmel ... Licht der Welt ...«

Bild 8

Abraham sitzt vor seinem Zelt im Schatten der alten Eiche. Als er seine Augen erhebt, stehen plötzlich drei Männer vor ihm. Er steht auf und begrüßt sie: »Herzlich willkommen! Seid meine Gäste. Setzt euch zu mir in den Schatten des Baumes. Erfrischt eure Füße mit Wasser und ruht euch aus.« Dann eilt Abraham zu Sara ins Zelt. »Wir haben Gäste. Bitte backe einen Kuchen und bereite einen Braten zu.« Er selbst holt Feigen, Milch und Honig und bedient seine Gäste. Als das Essen fertig ist, bittet er sie in das Vorzelt. Sara versteckt sich hinter dem Zelt und lauscht. Einer der Männer fragt ihn: »Wo ist Sara, deine Frau?« »Drinnen im Hauptzelt«, antwortet Abraham. »Ich habe eine gute Nachricht für dich und deine Frau«, sagt der Fremde. »Im nächsten Jahr bekommt Sara einen Sohn.« Als Sara das hört, lacht sie leise in sich hinein. »Ich bin viel zu alt. Jetzt bekomme ich kein Kind mehr!«
»Warum glaubt sie nicht, dass sie noch ein Kind bekommt? Und warum lacht Sara?«, fragt der Fremde. »Ich habe nicht gelacht!«, platzt es aus Sara heraus. Sie weiß, dass das nicht stimmt. Aber sie hat Angst. »Doch, Sara! Du hast gelacht.« Die Männer stehen auf und verabschieden sich. Abraham begleitet sie ein Stück des Weges. Für ihn sind sie die Boten der guten Nachricht.

Bild 9

Ein Jahr geht vorbei. Die gute Nachricht geht in Erfüllung. Sara bekommt einen Sohn. Sie stillt ihn und wickelt ihn in Windeln. Als sie aus dem Zelt kommt, trägt sie ihn auf dem Arm. Sie ist glücklich und sagt zu Abraham: »Gott gab mir damals ein Lachen, darum soll unser Sohn Isaak heißen.« Abraham freut sich. Er ist einverstanden. Der Name Isaak bedeutet soviel wie: Gott möge lächeln über das Kind.

Am Abend beim Lagerfeuer feiern sie die Geburt Isaaks. Sara erzählt vom Besuch der drei Männer, die ihnen die gute Nachricht überbrachten. Die Hirten erzählen von der Reise ins fruchtbare Südland Kanaan. Abraham erinnert an die Nacht unter dem Sternenhimmel, als Gott ihm versprach: »So viele Kinder gebe ich dir, wie Sterne am Himmel sind.« Sara sieht auf Isaak und lächelt: »Er wird Kinder haben und seine Kinder auch. Ein Volk entsteht. Und sie werden miteinander leben im Land Kanaan.«

Variante: »Basteln einer Schriftrolle«

Die Herstellung einer Schriftrolle empfiehlt sich, wenn große Bilder gezeigt werden, z.B. im Familiengottesdienst.

Die vorliegenden Bilder (s. Seite 70) werden vergrößert und auf weißen Fotokarton (ca. 50 x 70 cm) oder Tapetenstücke übertragen. Die Kinder malen die Bilder mit Wasser-,Fingerfarben oder Wachsmalstiften aus. Die Kinder können aber auch ihre eigenen Bilder malen, nachdem sie die Erzählung gehört haben. Im Kindergottesdienst muss man vorher absprechen, wer welches Bild malt. Die Bilder werden in der Reihenfolge der Erzählung zusammengeklebt. Wenn sie trocken sind, befestigt man die Bildrolle mit Klebeband an zwei halben Besenstielen.

Text: Ewald Schulz; Bilder: Dorothea Layer-Stahl

Schriftrolle – vgl. S. 63/64

Erzählen mit dem Overheadprojektor

VORBEMERKUNGEN

Methode:

Viele Erzähltechniken, die in diesem Buch vorgestellt werden, sind auch auf den Overheadprojektor übertragbar. So ist es z.b. ohne Weiteres möglich, Dias oder Bilder auch farbig auf OH-Folie zu übertragen (Urheberrechte beachten!)

Die großen Vorteile des Overhead- gegenüber dem Diaprojektor sind:
— der Raum muss nicht besonders abgedunkelt werden (was in der Regel den »Unruhe-Pegel« senkt);
— der Erzähler kann den Zuhörern zugewendet stehen;
— eine wesentlich größere Projektionsfläche ist (auch ohne kostspielige Spezialobjektive) möglich;
— das Bild kann während des Erzählens verändert werden, »wachsen« und sich entwickeln.

Zwei spezielle OH-Techniken, die sich diese Vorteile zunutze machen, werden hier vorgestellt:

▷ *Technik A: Erzählen mit Holz-Figuren (Flachfiguren)*
Viele Geschichten können sehr einfach mit flachen Holzfiguren, die es im Spielwarenhandel gibt, auf dem Overheadprojektor gelegt werden. Dies ist die einfachste Erzählvariante. Es gibt Schafe, Menschen, Bäume, Hunde, Häuser ...

▷ *Technik B: Erzählen mit selbst gestalteten Figuren und Kulissen*
Entsprechend den Erzählszenen werden die benötigten Figuren und Kulissen mit farbigen OH-Stiften auf OH-Folie gezeichnet und ausgeschnitten. Bei den Figuren sollte ein längerer Steg stehengelassen werden, um die Figuren auf dem Bild bewegen und führen zu können (evtl. nach Szenenfolge und »Auftritten« durchnummerieren).

▶ *Tipp: Wer häufiger mit dieser Technik arbeiten will, kann sich fertige Figurensets erwerben. Der Born-Verlag bietet Foliencollagen in vier Kollektionen an: Altes Testament (8 Farbfolien mit 122 Figuren), Neues Testament (7 Farbfolien mit 94 Figuren), Menschen und Tiere (7 Farbfolien mit 99 Figuren), Gegenstände und Landschaften (8 Farbfolien mit 29 Figuren und 5 Grundfolien). Die vier Mappen sind auch als Paket erhältlich (€ 99,95; Einzelpreis je Kollektion € 29,95). Die Figuren sind perforiert, so dass sie leicht aus der Folie herausgedrückt werden können. In jeder Mappe sind Aufbewahrungsbeutel, in die man die nummerierten Figuren einsortieren kann. Bezug über den örtlichen Buchhandel oder über: VJG BuchVersand, Postfach 10 03 55, 70747 Leinfelden-Echterdingen, Telefon 0711/9 90 78 0.*

Geeignete Altersgruppe: 3–13 Jahre

Material und Aufwand:
Overheadprojektor, Overheadfolie, Overheadstifte, Schwarzpappe, Scheren

Zeitdauer: Entsprechend der Erzählzeit

Beteiligungsmöglichkeiten:
Man kann die Bildvorlagen eventuell mit den Kindern gestalten. Sonst gibt es für die Kinder keine unmittelbaren Beteiligungsmöglichkeiten. Wie bei fast allen – das Erzählen begleitenden – Techniken können die Kinder aber durch Rückfragen u.ä. in den Gang der Erzählung einbezogen werden.

1. Beispiel: Erzählen mit selbst gestalteten Figuren und Kulissen

Pharisäer und Zöllner im Tempel (Lukas 18,9–14)

Bild 1: Der Tempel

(Das Bild bleibt als Kulisse während der gesamten Erzählung auf der Projektionsfläche liegen.)

1. SZENE: Der Pharisäer und der Zöllner betreten den Tempel.
(Vorlagen für Tempel und Figuren s. S. 78)

Bild 2: Pharisäer

Ein Pharisäer betritt zum Beten den Tempel. Da er sich für etwas »Besseres« hält und stolz auf die – in seinen Augen nicht so vollkommenen – Mitmenschen herabsieht, betritt er mit aufrechtem Gang den Tempel und geht weit nach vorne vor.

Bild 3: Zöllner

Zur selben Zeit kommt auch ein Zöllner in den Tempel. Er weiß, dass man ihn verachtet. Deshalb betritt er nur zögernd und mit gesenktem Kopf den Tempel. Ganz weit hinten versteckt er sich hinter einer Säule.

2. SZENE: Beide beginnen zu beten.

Bild 4: Der Pharisäer betet.

Der Pharisäer hebt die Arme zum Gebet. Fest steht er da, mit beiden Beinen auf dem Boden, das Gesicht zu Gott erhoben. Er würdigt dabei den Zöllner keines Blickes.

Bild 5: Der Zöllner betet.

Der Zöllner dagegen steht mit gesenktem Kopf da; die Arme hängen am Körper herab. Er weiß um seine Schuld. Er wagt keinem ins Gesicht zu blicken und will von niemand gesehen werden.

▷ ▷ ▷

3. SZENE: Beide verlassen den Tempel.

Bild 6: Der Pharisäer verlässt den Tempel.

So, wie er ihn betreten hat, verlässt der Pharisäer
den Tempel: aufrecht und stolz.

Bild 7: Der Zöllner verlässt den Tempel.

Auch der Zöllner verlässt den Tempel so, wie er
ihn betreten hat: mit gesenktem Kopf.

Die »Rahmenhandlung« (Lukas 18,9 und 14) sollte frei erzählt werden. Die Pro-
jektion setzt mit Vers 10 ein; das letzte Bild bleibt bis Vers 14 stehen.
Die Bilder 1–7 finden Sie als Vorlagen Seite 78. Bei diesem Beispiel wird als
Kulisse lediglich ein skizzierter Umriss des Tempels benötigt; zudem ist die
Handlung auf zwei Personen beschränkt.
Bei anderen Erzählungen kann man auch eine größere Szenerie langsam wach-
sen lassen, indem man immer weitere Kulissenteile und Figuren hinzufügt. So
könnte z.B. die Kindersegnung (Lukas 18,15–17) auf jedem belebten Marktplatz eines galiläischen Dorfes »spielen«.
Eine Variante dieser Technik bietet sich bei »Weggeschichten« an: z.B. der Em-
mausgeschichte (Lukas 24,13–35) oder Jona 3,1–4,11.
Allerdings benötigt man dazu einen OH-Projektor mit seitlichen Rollenhalterun-
gen und die entsprechenden Folienrollen.
Die sich wandelnde Landschaft oder Stadtkulisse wird auf die Folienrolle
durchgehend gezeichnet und während des Erzählens langsam unter den Figuren
durchgezogen.
Wie für das Genre der »Weggeschichte« typisch, können dabei »innere Vorgänge« (Empfindungen, Gefühle etc.) der handelnden Personen erzählend entwickelt werden.
Ein weiterer Vorteil besteht darin, dass bei Erzählungen mit häufigem Szenen-
wechsel nicht jedesmal die komplette Szenerie verändert werden muss.

2. Beispiel: Schwarzpappe-Scherenschnitt-Technik
Die Heilung am Teich Bethesda (Johannes 5,1–8.9–17)

Statt farbig gezeichneter Folien werden aus Schwarzpappe ausgeschnittene Figuren und Kulissen eingesetzt. Dabei muss darauf geachtet werden, dass charakteristische Merkmale nicht allzu klobig ausfallen. Ein angeklebter Steg aus transparenter OH-Folie erleichtert auch hier das spätere Bewegen und Führen der Figuren in der Kulisse.

Die besonderen Vorteile dieser Technik:
— Sie ist oft intensiver in der Darstellung;
— es bleibt mehr Raum für die Phantasie der Kinder (»was ich nicht genau erkennen kann, weckt meine Neugier und Phantasie«);
— sie ist mitunter eine, angesichts der sonst üblichen »Farb-Bilder-Flut«, wohltuende Reduktion.
Zudem gibt es wohl nur wenige Menschen, die nicht der Faszination der alten Technik des Scherenschnittes erliegen.

Die Bildvorlagen skizzieren die Gestaltung der Eingangsszene zur Heilung am Teich Bethesda. Während der Erzählung der Verse 1–6 entsteht aus den einzelnen Teilen langsam das Bild der Eingangsszene:

Vers 2: Bild 1
Vers 5: Bild 2
Vers 6: Bild 3

Bild 1:

Bild 2:

Bild 3:

Für die Begleitung einer »Weggeschichte« ist diese Technik nur bedingt einsetzbar (die Kulisse müsste dazu auf transparente OH-Folie aufgeklebt werden; außerdem ist auf sehr dünne schwarze Pappe zu achten). Wenn bei der Geschichte aber nicht der Weg die zentrale Rolle spielt, sondern Begegnungen an einzelnen Stationen, wie dies bei vielen Bilderbuchgeschichten der Fall ist, dann kann man mit dieser Technik gut arbeiten.

Uwe Staudt

Kopiervorlagen

Kopiervorlagen:

Dach (links),
Säulen (rechts)

Bewegtes
Teich-Wasser
(unten)

Kopiervorlagen

Tempel und Figuren mittels Kopierer etwa auf
doppelte Größe vergrößern (= 200 %)

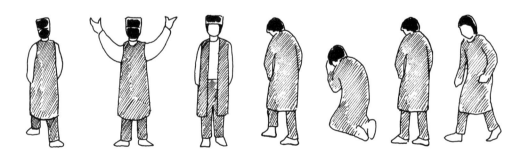

Erzählen mit Sprechzeichnen

VORBEMERKUNGEN

Methode:

Wer eine Geschichte möglichst spannend und einprägsam erzählen und die Phantasie seiner Zuhörerinnen und Zuhörer nicht binden (wie bei ausführlichen Zeichnungen), sondern lediglich in eine bestimmte Richtung lenken möchte, der sollte sich des **Sprechzeichnens** bedienen. Es hat den Vorteil, dass es auch ein sonst unbegabter Zeichner/Maler schnell erlernen kann und der Phantasie der Betrachterin/des Betrachters ziemlich freien Lauf lässt.

Geeignete Altersgruppe:

4–99 Jahre, also auch für erwachsene Menschen geeignet.

Material und Aufwand:

Man braucht lediglich eine Tafel oder eine ähnlich große Papierfläche und Kreide bzw. einen Stift. Wem ein Tageslichtprojektor (Overheadprojektor) zur Verfügung steht, der kann auf den transparenten Folien seine beabsichtigte Zeichnung in Teilschritten *(für jeden Teilschritt eine Folie; diese werden dann während des Erzählens einfach übereinander gelegt)* vorher präparieren.

Zeitdauer: Bis zu 20 Minuten

Beteiligungsmöglichkeiten:

Die Erzählerin/der Erzähler agiert immer vor der Gruppe.

Ein kleiner Zeichenkurs

1970 hat der Erfinder dieses Sprechzeichnens, Helmuth Uhrig, im Stauda-Verlag, Kassel, ein Buch veröffentlicht, in dem er seine Erfahrungen mit dieser Technik darstellte (vergriffen). Seit Mitte der 60er Jahre wende ich diese Technik selbst mit Erfolg an. Was für die Aneignung des Buchinhaltes von Uhrig galt, gilt auch für das Folgende: Wer es nachher können will, nehme einen Bleistift zur Hand und zeichne die Zeichen (Uhrig nannte sie *»Glyphen«*) gleich mit! – Wiederholung macht sicherer!

Die Glyphe Mensch setzt sich aus einem Kreis *(für den Kopf)* und einem den Körper verhüllenden Rechteck zusammen (leichte Variationen der Grundform sind möglich):

Soll sich dieser Mensch bewegen, dann deutet man seine Gangart und die Richtung seiner Bewegungen durch Neigung des Körpers an:

Gebärden und Tätigkeiten lassen sich durch die Bewegung der Arme verdeutlichen:

Berufe (Priester, Krieger, Musikant, Sämann, Hirte) erkennt man an der Bekleidung oder an typischen »Werkzeugen«:

Die Jünger bekommen bei Uhrig – wie bei den orthodoxen Ikonenmalern – eine Aureole; auch Jesus hat diesen »Heiligenschein« um sein Haupt, aber darin sind bei ihm immer die Kreuzesbalken zu erkennen:

Tauchen in unseren Geschichten Tiere auf, so bedient sich Uhrig zu ihrer Darstellung zweier Grundformen.

Grundform A betrifft die Vierfüßler:

Grundform B bezeichnet Fische oder Vögel:

Aus der *Grundform A* lassen sich z.B. das Rind

das Pferd (Esel mit kürzerem Rücken)

das Schwein

das Schaf

der Hirsch

das Kamel

oder das Dromedar

entwickeln.

Aus der *Grundform B* entstehen außer den Fischen

auch noch diverse Vogelarten.

Neben den Glyphen für *Mensch und Tier* brauchen wir natürlich noch solche für die Pflanzen, Sträucher und Bäume, wobei der Phantasie des Sprechzeichners nur insofern Grenzen gesetzt sind, als die Zeichnungen ja zeitlich parallel zur Erzählung entstehen sollen:
Baum oder Pflanze *(je nach Größe des daneben gezeichneten Menschen):*

Weinstock (mit Trauben):   Korn (mit Ähren):

Man denke aber stets daran, sich nicht mit Einzelheiten aufzuhalten! Wie für gutes Erzählen, so gilt auch für das begleitende Zeichnen: Die Kunst liegt im Weglassen des Nebensächlichen.
Fast in allen Geschichten gibt es Zelte, Häuser, Schlösser, Tempel, Kirchen, eine Stadt. Hier sind die entsprechenden Glyphen:

Nun zurück zur Glyphe »Mensch«. Der Mensch steht oder geht ja nicht nur, sondern er sitzt auch oder kniet oder liegt.

Beim Sprechzeichnen darf man auf die Perspektive verzichten. Ist das Naheliegende beim Perspektivischen groß und das, was weiter entfernt ist, klein, ist der Vordergrund unten im Bild und der Hintergrund oben, so gilt beim Sprechzeichnen die Regel: Das maßstäblich Große ist das Wichtige, Bedeutende. Was für die Erzählung weniger wichtig ist, ist kleiner gezeichnet.
Das Wichtigere ist oben, die Mitteilung von geringerem Gewicht wird unten gezeichnet.
Das Beispiel »Der Erhöhte (Himmelfahrt)« zeigt, dass die Kreuzigung nicht der Endpunkt der Geschichte Jesu ist.

Auch die sogenannte »Deformierung« dient zur Unterstreichung des höheren Mitteilungswertes. Das bekannteste klassische Beispiel ist wohl der überlange Zeigefinger Johannes des Täufers auf dem Isenheimer Altar (Colmar/Oberelsass), mit dem er auf den Gekreuzigten zeigt. *(»Siehe, das ist das Lamm ...!«)* Unser Beispiel hier ist dem 2. Buch Samuel entnommen.

Dort wird im 12. Kapitel König David für seinen Ehebruch durch den Propheten Nathan zur Buße gerufen. Der Augenblick, in dem der Prophet dem König ins Gesicht schleudert: »Du bist der Mann!«, wird von Uhrig so dargestellt:

Und hier muss nun noch eine wichtige Erfindung Uhrigs erwähnt werden: Die *symbolischen* Glyphen.

Alle sichtbaren Vorgänge lassen sich bekanntlich gut darstellen. Wie aber ist es mit den sogenannten »inneren Vorgängen«? Wie kann man die Wirklichkeiten darstellen, über die wir nicht verfügen? Uhrigs Antwort: Beim Sprechzeichnen muss dieser Versuch scheitern, es sei denn, wir begnügen uns mit einer *Be-zeichnung*, einer *symbolhaften Darstellung*.

Wir tun das ja immer schon in unserer Sprache. Wenn wir z.B. »Gott« sagen oder »Himmel«, »Hölle«, »Engel« oder »Ewigkeit«, benutzen wir Symbolworte, mit denen wir uns nicht verfügbare Qualitäten oder Dimensionen bezeichnen. Im Symbolwort machen wir Mitteilungen, die wir mit Vorstellungen aus unserer Umwelt verbinden (z.B. »*Gottvater*«), die aber in Bezug auf das, was wir eigentlich ausdrücken möchten, unzureichend sind. Das eigentlich Gemeinte bleibt unvorstellbar.

Dies ist eine dem modernen Wissenschaftler geläufige Problematik. Der Naturwissenschaftler benutzt ganz selbstverständlich Formeln, in denen sich das Mitgeteilte schon lange nicht mehr vorstellen lässt. Seine Vorstellung ist nicht mehr die Sache selbst, sondern die dafür stehende Formel. Bei theologischen Mitteilungen jedoch tun wir uns schwer: Allzu lange waren wir es gewohnt, das Symbol mit einem *Abbild* zu verwechseln. Und das Symbolwort, das etwas ganz anderes meint, als es sagt, haben wir entweder missverstanden oder gar nicht begreifen können. So haben wir etwa das Symbolwort »Himmel« jahrhundertelang als geographische Verlängerung der dritten Dimension missverstanden, als einen »Raum, irgendwo da ganz oben«, statt als Beschreibung eines Zustandes.

Die *symbolischen* Glyphen erweisen uns den Dienst, das nicht Abbildbare »sichtbar« zu machen, indem sie das eigentlich Mitzuteilende »be-zeichnen«. So lässt sich der Satz »Das Himmelreich ist mitten unter euch« mit Hilfe des »Himmelsbogens« (= Kraftfeld

Gottes) darstellen, das zwar nicht
sichtbar, nicht vorstellbar und für uns
Menschen nicht verfügbar ist, das aber
spürbar Menschen ergreifen kann.
Der Prophet Nathan handelt und spricht
im Auftrage Gottes. Was er zu sagen hat,
ist für ihn zwar lebensgefährlich, aber als
jemand, der im Kraftfeld Gottes steht,
muss er es sagen: »Du bist der Mann!«

Jesus handelt in der Vollmacht (im Auftrage) Gottes: Die »Hand von oben« kann
Gottes Eingreifen noch verdeutlichen, wobei der Erzähler den Kindern sagen
wird, dass diese Hand »in Wirklichkeit« nicht sichtbar ist und dennoch eine
Wirklichkeit andeutet, nämlich die des erfahrbaren göttlichen Eingreifens im
Leben eines Menschen. Das Pendant zum »Himmelsbogen« ist dann der »Erdenbogen«, der die Erdgebundenheit des Dargestell-
ten andeutet. Zum Werturteil wird dieser Erdenbogen
durch einen kleinen Zusatz. Das Zeichen des Bösen
ist in der Bibel die Schlange. Zeichnen wir sie mit ein
in den »Erdenbogen«, so signalisiert dieses: Die im
Bereich des »Erdenbogens« Gezeichneten leben im
Kraftfeld des Bösen.

Wie Sprechzeichnen im Verlauf der Erzählung (szenische Darstellung) oder
auch als Zusammenfassung anzuwenden ist, erklären die folgenden Beispiele:

1. Beispiel: Die Speisung der Fünftausend (Matthäus 14,15–21)
Als szenische Darstellung könnte die Erzählung so gezeichnet werden:

Fünf Brote und zwei Fische (5+2=7); sieben ist die Zahl der göttlichen Fülle, aus
der heraus hier weitergegeben wird. Diese Fülle ist genug, um alle zu sättigen.
Ja, es bleiben noch zwölf Körbe übrig (zwölf ist die Symbolzahl für »alle Völker«). Also sagt diese Geschichte aus: Soviel man auch durch Jesus weiterzuge-
ben vermag, es wird immer für alle restlichen Menschen noch genügend übrig
bleiben! Und wer, wie der Junge mit seinen Broten und Fischen, mit und durch
Jesus weitergibt (nicht berechnend, sondern liebend), der wird erfahren, wie sich
das Hingegebene wunderbar vermehren kann. Die wichtigen Gegenstände die-

ser Erzählung sind Jesus, die fünf Brote und zwei Fische und die zwölf Körbe. Als zusammenfassendes »Kurzbild« lässt sich das Ganze also auch so darstellen (wobei hier schon abstrahierendes Denken vorausgesetzt wird. Diese Zeichnung ist also weniger für jüngere Kinder geeignet):

2. Beispiel: Der wunderbare Fischzug des Petrus (Lukas 5,6ff.):
Zunächst die szenische Darstellung:

Wer mit Jesus »die Netze auswirft« (»Menschenfischer«), wird eine überwältigende Ernte einbringen dürfen. Die Gemeinschaft also (das Schiff = die Kirche), in der Jesus der Herr ist, hat die Verheißung der gesegneten Ernte. Das Kurzbild dazu könnte so aussehen:

Damit der Vortrag einschließlich des Sprechzeichnens vor der Gruppe gelingt, sollte man sich bereits bei der Vorbereitung klarmachen, welche Botschaft man mitteilen möchte und wie man diese am besten durch Sprechzeichnen ausdrücken und begleiten kann. Was man dabei immer erreichen wird, ist eine aufmerksame Zuhörerschaft und das ungleich bessere Einprägen der Dinge und Sachverhalte, die dem Erzähler am Herzen liegen.

Botho E. Kurth

Erzählen mit einem Bilderbuch

Methode:

Ein Bilderbuch wird mit einer Gruppe gemeinsam angesehen/vorgelesen/entdeckt.

Geeignete Altersgruppe:

Je nach Bilderbuch 3 – 8 Jahre. Kinderzahl je nach Größe des Bilderbuchs bis maximal fünfzehn.

Material und Aufwand:

Die Mitarbeiterin/der Mitarbeiter muss sich die Bilder und die Geschichte so aneignen, dass sie/er nicht am Text des Buches »klebt« und offen ist für die Entdeckungen der Kinder auf den Bildern.

Zeitdauer:

Abhängig vom Bilderbuch, von der eigenen Erzähllust und der Entdeckerfreude der Kinder. Ein Bilderbuch kann etwa 20 Minuten fesselnd sein.

Beteiligungsmöglichkeiten:

Es hängt von der Erzählerin/dem Erzähler ab, wieweit die Kinder die Chance bekommen, anhand der Bilder selber den Fortgang der Geschichte zu entdecken, zu erahnen und sich zu äußern. Die Kunst ist es, die Balance zu halten zwischen dem Freiraum für die Kinder und dem Weitererzählen der Geschichte.

Die Qual der Wahl

Bilderbücher zu biblischen Geschichten gibt es in großer Zahl in verschiedensten Verlagen und damit auch in unterschiedlichster Aufmachung.

Wenn man allerdings genauer hinsieht, dann ist das Spektrum der biblischen Geschichten insgesamt recht klein. Die Weihnachtsgeschichte und Noah mit der Arche – das findet sich in annähernd jeder Serie. Aber dann wird es schon dünner.

In der Regel wird das Bilderbuch für kleine Kinder eingesetzt, die noch nicht oder kaum lesen können. Darum ist es wichtig, das Bilderbuch sozusagen als »Nichtlesende« zu betrachten, also wirklich bei den Bildern zu verweilen. Die Entscheidung für das eine oder gegen das andere Bilderbuch wird immer durch die eigene Sympathie zu den Bildern mitbestimmt sein. Was man selbst nicht ansprechend findet, kann man auch nicht überzeugend einsetzen.

Einige Hinweise zur Auswahl der Bilderbücher

▶ Inhalt und Zielrichtung prüfen

Sehen Sie sich den biblischen Text, der dem Buch zugrunde liegt, genau an. So können Sie erkennen, ob das Buch der biblischen Grundlage angemessen ist. Ironie oder Karikaturen verstehen kleinere Kinder nicht. Solche Darstellungen können allenfalls für Große ein Anstoß zum eigenen Nachdenken sein.

▶ Die Bilder selbst entdecken

Nehmen Sie sich Zeit für die Bilder. Menge bürgt nicht unbedingt für Qualität und Detailzeichnungen sagen noch nichts darüber aus, ob sie »richtig« sind. Wenn Ihnen selbst die Bilder nicht gefallen, wählen Sie lieber ein anderes Buch. Wenn die Bilder Sie neugierig machen, dann bleiben Sie dran. Vielleicht ist da ja etwas, was sich lohnt!

▶ Machen die Bilder auch ohne Text Sinn?

Versuchen Sie, in den Bildern die Geschichte zu entdecken. Ermöglichen die Bilder es, den äußeren und inneren Verlauf der Geschichte zu finden, ohne dass man den Text liest? Geben die Bilder Raum für eigene Gedanken?

▶ Die Darstellung der Menschen beachten

Haben sie »Charakter«? Beginnen sie zu »sprechen«? Oder sind es Fratzen, lächerliche Gestalten? Biblische Geschichten sind keine einfachen Gut-Böse-Geschichten. Davon sollte auch ein Bilderbuch etwas vermitteln – auch wenn für die Zielgruppe vieles vereinfacht werden muss.

▶ Wie werden Tiere dargestellt?

Bleiben sie Tiere oder werden sie vermenschlicht? Fabeln sind ja durchaus Kostbarkeiten. Aber dann muss den Erzählern bewusst werden, dass sie eine Fabel erzählen.

▶ Details in den Bildern beobachten

Helfen sie dem Lauf und Sinn der Geschichte auf die Spur zu kommen, oder sind sie belanglos und ablenkend? Oder sind sie gar falsch? Bedenken Sie, dass sparsame Bilder – wenn sie gut sind – den Kindern die Chance bieten, eigene Details vor ihrem inneren Auge zu entwickeln.

Es geht bei biblischen Geschichten nicht in erster Linie um historisierende Darstellungen, sondern um eine Verbindung der Geschichte mit dem Leben der Kinder.

Mit dem Buch vor den Kindern

1. Vorbereitung

— Zunächst muss man sich die biblische Geschichte gut aneignen.

— Dann muss man sich die Bilder des Buches selbst erschließen. Während die Kinder die erste Seite entdecken und zuhören, muss die Erzählerin/der Erzähler bereits wissen, was auf der zweiten Seite folgt.

— Mit den Augen der Kinder sehen, ihre Entdeckerlust erahnen und mit ihnen gemeinsam die Geschichte zu den Bildern entwickeln, statt einen Monolog zu leisten.

— Wenn ich lesende Kinder erwarte, werde ich nach Möglichkeit den geschriebenen Text abdecken.

— Den Abschluss muss ich mir besonders bewusst machen: Das Buch wird zugeklappt – und das ist, wenn es gut war, manchmal auch ein trauriger Augenblick. Oft sind Kinder noch einen Augenblick still oder wollen die Geschichte noch einmal hören. Sie waren in die Geschichte versunken und müssen erst wieder auftauchen.

2. Vorbereitung des Raumes

— Das Bilderbuch ist nur für eine kleine Gruppe geeignet; alle Kinder müssen die Bilder sehen können.

— Die Lichtquelle muss so sein, dass die Farben und Formen gut erkennbar sind.

3. Durchführung

— Stühlerücken und Sitzordnungen zu besprechen, ist am Anfang mit Kindern oft nötig. Dafür muss Zeit sein. Ein Bilderbuch braucht eine gemütliche Atmosphäre. Ich stehe oder sitze mit dem Bilderbuch vor den Kindern.

— Bei zwei bis vier Kindern kann ich zwischen den Kindern sitzen. Sie schauen dann gemeinsam in das Bilderbuch. Das Erzählen geschieht also nicht vor der Gruppe, sondern in der Gruppe.

— Das Bilderbuch wird erst geöffnet, wenn die Aufmerksamkeit der Kinder da ist.

— Ich erzähle frei oder »lese« den Text. Mein Blick wandert zwischen Bilderbuch und Kindern hin und her.

— Die Entdeckungen der Kinder auf den Bildern haben Vorfahrt. Ihre Anmerkungen und Beobachtungen nehme ich in mein Erzählen auf.

— Jede Seite braucht ihre Zeit. Manche Kinder drängen sehr auf schnelles Umblättern. Sie brauchen Hilfen, um das Verweilen auf einer Seite genießen zu können.

— Ein Bilderbuch lebt von der Erwartung, was auf der nächsten Seite sein mag. Diese Spannung kann ich gezielt einsetzen, indem das Umblättern zu einem besonderen Moment wird.

— Zuklappen des Buches und Zurückkehren in die Realität (s.o.).

▶ *Tipp:* In vielen Kirchenkreisen gibt es Beauftragte für Kindergärten, Schulreferate und Gemeindebüchereien. Da kann man z.B. mal einen »Stöbertag« organisieren, um geeignete Bilderbücher zu finden. Buchhandlungen haben nur selten eine weite Auswahl biblischer Bilderbücher.

Brigitte Messerschmidt

Erzählen mit Schattenspiel

VORBEMERKUNGEN

Die Methode:

Eine Person erzählt vor der Gruppe die Geschichte. Eine oder zwei weitere Personen spielen währenddessen die Geschichte mit Pappfiguren, Handpuppen, Händen oder Fingern hinter dem Schattenspielrahmen. Bei Dialogen innerhalb der Geschichte können auch die Spielenden den Text sprechen. Besser ist es aber, wenn die Erzählerin/der Erzähler den kompletten Text spricht. Wichtig ist, dass die Figur, die gerade spricht, bewegt wird, damit die Kinder erkennen können, wer redet. Wenn für verschiedene Szenen die Kulisse gewechselt wird, schaltet man während des »Umbaus« die Lichtquelle aus.

Geeignete Altersgruppe: ab 4 Jahre

Material und Aufwand:

● *Bauanleitung eines Schattenspiels*

Materialien: Ein Klappbock aus dem Baumarkt, ein weißes Bettlaken, ein Tacker; evtl. ein schöner Stoff für die Verzierung des Rahmens; ein Holzbrett, ein Bohrer

Anleitung: Der Klappbock wird aufgestellt. Aus einem Bettlaken wird ein rechteckiges Stück Stoff geschnitten. Dieses Stück wird auf eine Außenseite des Klappbocks gespannt. Das Stoffstück muss etwas größer als der Rahmen sein. Das Tuch wird straff gespannt und am Klappbock festgetackert. Das Tuch sollte an den getackerten Stellen doppelt gelegt werden, sonst reißt es zu leicht aus.
Wer mag, kann den linken und rechten Rand des Rahmens noch mit einer langen Schleife aus schönem Stoff verzieren und verdecken. Dazu je eine Schleife mit langen Enden binden und beide ebenfalls am Rahmen festtackern.

In den aufgeklappten Bock kann ein Holzbrett gelegt werden, in das vorher dünne Löcher (für Schaschlikspieße) gebohrt worden sind. Kulissen oder Figuren an Schaschlikspießen können dort hinein gesteckt werden.

● *Zum Schattenspiel selbst*

Man benötigt eine starke Lampe (Strahler), damit die Schatten deutlich genug werden. Als Lichtquelle eignen sich gut ein Diaapparat oder ein Overheadprojektor. Für die Figuren bieten sich verschiedene Alternativen:
— Finger oder Hände, die mit Handschuh, Strumpf, Wolle u.ä. dekoriert werden können.
— Figuren werden aus Pappe ausgeschnitten und mit Tesakrepp an einem Schaschlikspieß befestigt, um die Figur besser führen zu können.

— Auch Finger- oder Handpuppen können eingesetzt werden.
Hintergrund und Kulissen gestaltet man am besten aus Pappe: z.B. Wolken, Bäume, Häuser etc. Mit Tesakrepp kann man sie von hinten auf der Leinwand befestigen. Große Bauklötze sind als Kulissenteile gut geeignet.
Der Schattenspielrahmen steht am besten auf normaler Tischhöhe. Der Tisch ist mit einem Tuch abgedeckt. Die Spieler/innen sitzen auf einem Hocker dahinter.

Zeitdauer: nicht länger als 15 Minuten

Beteiligungsmöglichkeiten:
Beim Erzählen gibt es keine. Man kann aber anschließend mit den Kindern Figuren aus der Geschichte basteln und die Kinder spielen lassen.

Beispiel: Die Arbeiter im Weinberg (Matthäus 20,1–16)

Kulisse: Umriss (nur die eine Hälfte) eines Berges so auf der linken Hälfte der Leinwand befestigen, dass die Bergspitze bis an den oberen Rand der Leinwand reicht. Auf der rechten Hälfte der Leinwand einige Häuser so befestigen, dass davor ein kleiner Platz entsteht. Später werden die Häuser entfernt und dort ein Tisch befestigt.

Figuren: der Weinbergbesitzer, der Verwalter, viele Arbeiter

Einmal erzählte Jesus, wie es in Gottes neuer Welt sein wird. Er sagte:

Die Figur erscheint in der Mitte zwischen dem Berg und den Häusern.
Sie geht im Weinberg auf und ab.

Stellt euch einen Weinbergbesitzer vor. Sein Weinberg ist sehr groß.

Es wird Zeit, die vielen Weintrauben abzupflücken. Dazu braucht der Weinbergbesitzer viele Arbeiter, die bei der Ernte helfen. Deshalb geht er ganz früh am Morgen, noch vor Sonnenaufgang auf den Marktplatz.

Die Figur wird zum Platz bewegt. Dort sind bereits die Figuren der Arbeiter aufgestellt.

Dort stehen viele Menschen, Tagelöhner, die keine Arbeit haben. Sie müssen jeden Tag neu nach Arbeit suchen, wenn sie genug verdienen wollen, um einen Tag davon leben zu können. Sie hoffen, dass einer zu ihnen sagt: »Kommt, arbeitet heute für mich!«

Der Weinbergbesitzer geht auf einige zu. Er sagt zu ihnen: »Kommt, arbeitet heute für mich! Pflückt in meinem Weinberg die Trauben. Dafür will ich euch hundert Geldstücke geben.« Die Arbeiter sind einverstanden, denn diese Geldstücke reichen, um einen Tag davon leben zu können.

Die Figur wird noch näher zu den Arbeitern geführt.

Sie gehen in den Weinberg und beginnen, die reifen Trauben zu pflücken. Der Weinbergbesitzer sieht zu ihnen hinauf und stellt fest: »Ich brauche noch mehr Arbeiter.« Inzwischen ist die Sonne aufgegangen.

Die Figuren werden alle zum Weinberg bewegt. Die Figuren der Arbeiter werden oben am Berg mit Tesakrepp befestigt. Der Weinbergbesitzer bleibt am Fuß des Berges.

Der Besitzer geht wieder auf den Marktplatz. Dort stehen immer noch Tagelöhner, die auf eine Arbeit hoffen. Der Weinbergbesitzer geht auf einige zu. Er sagt zu ihnen: »Kommt, arbeitet heute für mich! Pflückt in meinem Weinberg die Trauben. Ich will euch ordentlich dafür bezahlen.« Auch diese Arbeiter sind einverstanden.

Die Figur wird zum Platz bewegt. Es sind wieder einige Arbeiter-Figuren dort.

Sie gehen in den Weinberg und pflücken die reifen Trauben.
Der Weinbergbesitzer sieht zu ihnen hinauf und sagt: »Ich brauche noch mehr Arbeiter.« Inzwischen ist es später Vormittag.

Die Figuren werden alle zum Weinberg bewegt. Die Figuren der Arbeiter werden oben am Berg mit Tesakrepp befestigt. Der Weinbergbesitzer bleibt am Fuß des Berges.

Er geht wieder zum Marktplatz und sieht, dass dort immer noch Tagelöhner ohne Arbeit stehen. Er sagt zu ihnen: Kommt, arbeitet heute für mich! Pflückt in meinem Weinberg die Trauben. Ich will euch ordentlich dafür bezahlen.«

Die Figur wird zum Platz bewegt. Es sind wieder einige Arbeiter-Figuren dort.

Die Arbeiter sind einverstanden und gehen in den Weinberg. Sie pflücken die reifen Trauben.
Der Weinbergbesitzer sieht zu ihnen hinauf und sagt: »Ich brauche noch mehr Arbeiter.« Inzwischen ist es Mittag geworden.

Die Figuren werden alle zum Weinberg bewegt. Die Figuren der Arbeiter werden unter den anderen am Berg befestigt. Der Weinbergbesitzer bleibt am Fuß des Berges.

Er geht wieder zum Marktplatz und sieht, dass dort immer noch Tagelöhner ohne Arbeit stehen. Er sagt zu ihnen: Kommt, arbeitet heute für mich! Pflückt in meinem Weinberg die Trauben. Ich will euch ordentlich bezahlen.« Die Arbeiter sind einverstanden und gehen zum Pflücken in den Weinberg.
Der Weinbergbesitzer sieht zu ihnen hinauf und stellt fest: »Ich brauche noch mehr Arbeiter.« Es ist jetzt früher Nachmittag.

Die Figur wird zum Platz bewegt. Es sind wieder einige Figuren für die Arbeiter bereits dort.

Er geht wieder auf den Marktplatz und es stehen immer noch Tagelöhner dort herum. Er fragt sie: »Warum arbeitet ihr nicht?« Sie antworten ihm: »Uns hat keiner gebeten, für ihn zu arbeiten.« Da sagt der Weinbergbesitzer: »Dann kommt, arbeitet heute für mich! Ich will euch dafür ordentlich entlohnen.« Die Arbeiter sind einverstanden und auch sie folgen ihm in den Weinberg.

(weiter auf der rechten Seite) ▷

Die Figuren werden alle zum Weinberg bewegt. Die Figuren der neuen Arbeiter werden unterhalb der letzten am Berg befestigt. Der Weinbergbesitzer bleibt am Fuß des Berges.

Die Figur wird zum Platz bewegt. Es sind wieder einige Figuren für die Arbeiter bereits dort.

Alle Figuren werden zum Weinberg bewegt. Die Figuren der neuen Arbeiter werden unterhalb der letzten am Berg befestigt. Der Weinbergbesitzer bleibt am Fuß des Berges. Die Häuserkulisse wird entfernt.

Als es Abend wird, geht der Weinbergbesitzer zu seinem Verwalter und sagt zu ihm: »Bezahle jetzt die Arbeiter. Aber fange mit den letzten an!« Die Arbeiter, die zuletzt gekommen waren, gehen zu dem Verwalter. Er zahlt ihnen hundert Geldstücke aus. Dann kommen die nächsten an die Reihe. Auch sie erhalten hundert Geldstücke. So verfährt der Verwalter auch bei den anderen.

Auf der rechten Leinwandseite wird mit Tesakrepp ein Tisch befestigt, an dem der Verwalter steht. Die Figur des Weinbergbesitzers wird dazu gestellt.

Die entsprechenden Figuren der Arbeiter werden nacheinander zum Tisch bewegt und gehen dann jeweils ab.

Schließlich kommen auch die, die als erste, noch vor Sonnenaufgang, mit der Arbeit angefangen haben. Sie denken: »Wir haben ja viel länger gearbeitet als die anderen. Da werden wir jetzt wohl auch mehr Geld bekommen als diese.« Aber der Verwalter zahlt auch ihnen hundert Geldstücke aus. Da werden diese Arbeiter sauer. »Die anderen haben viel weniger gearbeitet. Trotzdem bekommen sie genau so viel wie wir!« Da antwortet der Weinbergbesitzer: »Ihr bekommt genau das, was wir abgemacht haben, oder?« »Ja«, sagen die Arbeiter. Da fährt der Besitzer fort: »Dann kann ich doch mit meinen anderen Sachen großzügig sein und auch denen, die später oder als letzte gekommen sind, so viel geben, wie sie an einem Tag zum Leben brauchen!«

Christiane Zimmerman-Fröb

Jetzt werden auch diese Figuren zum Tisch bewegt.

Die Figuren unruhig und in Aufregung hin und her bewegen.

Erzählen mit einem selbst gemalten Großbilderbuch

VORBEMERKUNGEN

Methode:

Ein selbst gemaltes Großbilderbuch (auf DIN A 1- oder DIN A 0-Kartons) wird mit der Gruppe gemeinsam angeschaut. Dabei wird mit den Kindern die Geschichte entdeckt und ihnen erzählt.

Man beschränkt sich bei dieser Methode auf einfache Symbole und typische Merkmale der Figuren. Es entstehen keine detailliert ausgestalteten Bilder, sondern großflächige Skizzen (s. Beispiel: Gethsemane).

Man zeichnet möglichst nur ein Zeichen pro Blatt. Es werden keine kompletten Körper gemalt. Die Figuren sollen mit möglichst wenig Schnörkeln versehen werden. Das großflächige Zeichnen muss man etwas üben. Es ist unter Umständen schwieriger als man denkt.

Altersgruppe:

Je nach Art des Buches 4 –13 Jahre, Kinderzahl bis ca. 15

Material und Aufwand:

Zunächst muss man sich selbst gut mit der Geschichte vertraut machen. Dann muss man sich die folgenden Fragen stellen:

— Was ist für mich der Kernpunkt der Geschichte?

— Was ist für die Kinder wohl das Wichtigste?

Das wird je nach Alter der Kinder unterschiedlich sein.

Die Klärung dieser Fragen ist deshalb wichtig, weil die Wirkung der Bilder auf Abstraktion beruht. Sie beschränken sich auf die Charakteristika einer Szene oder Figur. Man muss sich dazu auch gut in die Erfahrungswelt der jeweiligen Kinder hineindenken, damit sie durch die Bilder den Kern der Geschichte verstehen können.

Dann sucht man sich Symbole und Figuren aus, mit denen man die Geschichte in ihrem Ablauf darstellen möchte, und malt diese der Reihenfolge nach auf große Kartons. Zum Malen eignet sich besonders Fettkreide.

Die Bilder sollte man nochmals aus der Distanz betrachten: Was sehen die Kinder darin? Sehe ich noch etwas Neues in den Bildern? Zum Schluss werden die Kartons dann seitlich gelocht und mit einer Schnur zusammen gebunden (Deckblatt nicht vergessen).

Anschließend wird der Raum vorbereitet: Wo stelle ich die Kartons mit den Bildern auf? Kann ich das Bilderbuch gut umblättern? Lasse ich die Kinder dabei eventuell helfen? Wie sind die Lichtverhältnisse und kann ich sie durch einen anderen Standort im Raum vielleicht verbessern?

Die Erzählung selbst sollte sehr frei zu den Bildern vorgetragen werden. Anregungen der Kinder werden direkt aufgenommen.

Zeitdauer: Erzählzeit bis etwa 20 Minuten

Beteiligungsmöglichkeiten:
Die Kinder können selbst umblättern. Sie können eventuell in einzelnen Phasen beschreiben, was sie sehen, bevor zum Bild erzählt wird.

Beispiel: Gethsemane (Matthäus 26,36–46)

Anhand der Gethsemane-Geschichte soll die Arbeit mit einem Großbilderbuch
vorgestellt werden. Wichtig ist, in der Vorbereitung festzulegen, was der Kern
der Geschichte ist, den man den Kindern nahebringen will, oder was man mit
ihnen an der Geschichte entdecken möchte:
Für mich ist »Gethsemane« Jesu einsamste Stunde, die einen verzweifelten
Menschen, den Menschensohn, zeigt, der nach dem harten Ringen den Kelch
annimmt.
Für Jugendliche steht vielleicht eher im Vordergrund, dass die Jünger es einfach
nicht »raffen«. Sie verstehen nicht, wie verzweifelt Jesus ist und was er ihnen
sagen will.
Ich war zuerst unsicher, ob sich »Gethsemane« überhaupt in reduzierten, symbolhaften Bildern wiedergeben lässt. Die Arbeit an dem Bilderbuch hat mich
dann doch davon überzeugt, dass man fast jede Geschichte so bearbeiten kann.
Ich habe sie auch im Kindergottesdienst erprobt, und die Resonanz war sehr gut.
Ich kann das Erzählen mit dem Buch also nur empfehlen.

Bild 1:

Als Jesus in Jerusalem war, um das
große Passahfest dort zu feiern, ging
er mit seinen Jüngern zu einem
Garten, der hieß Gethsemane.

▷ ▷ ▷

Bild 2:

Es war Abend, und die Jünger waren
sehr müde, denn sie waren schon
den ganzen Tag auf den Beinen.

Bild 3:

Jesus sagte zu Petrus, Jakobus und
Johannes: »Kommt mit mir,
ich möchte in Ruhe etwas nachdenken.«
Und zu den anderen Jüngern sagte er:
»Bleibt ihr hier und wartet auf mich,
ich gehe mit den anderen noch ein
Stück weiter. Ich will beten.«
Und als die vier alleine waren ...

Bild 4:

... wurde Jesus sehr traurig.
Er sagte zu Petrus, Jakobus und
Johannes: »Ich bin so traurig.
Ich will alleine sein und in Ruhe
nachdenken. Lasst mich noch ein
Stück weitergehen.
Wartet ihr hier auf mich
und bleibt mit mir wach.
Betet mit mir.«

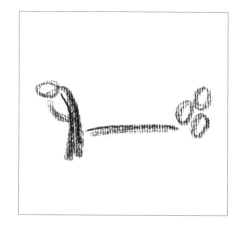

Bild 5:
(Hier sollten die Kinder ruhig viel Zeit haben,
um über den Kelch nachzudenken,
was sie darin sehen,
wofür er stehen könnte usw.)

Und als er alleine war, kniete er sich
nieder, ganz tief, so dass sein Gesicht
den Boden berührte, und betete.
»Mein Vater. Ich weiß, was bald
geschehen wird. Ich weiß, was die
Propheten prophezeit haben.
Ich werde leiden müssen und sterben.
Ich weiß, dass es so sein soll.
Aber wenn es möglich ist, lass diesen
Kelch an mir vorübergehen.«

Bild 6

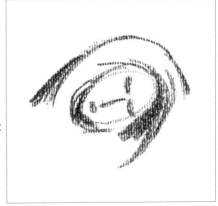

Als er so gebetet hatte,
ging er zurück zu den drei Jüngern.
Die waren alle eingeschlafen.
Da weckte er sie auf und sagte zu Petrus:
»Seid ihr so müde? Könnt ihr nicht
eine Stunde mit mir wach bleiben?

Bild 7:

Wacht und betet mit mir.
Tut mir doch diesen Gefallen.
Heute ist eine wichtige Nacht für
uns alle.«
Als er das zu ihnen gesagt hatte, ging
Jesus wieder weg, um alleine zu sein.
Die Jünger hatten ein schlechtes
Gewissen. Sie sagten zu sich:
»Wenn es Jesus so wichtig ist, wollen
wir alles versuchen, um wach
zu bleiben.«

Bild 8:

Jesus, wieder allein, kam zu einem
Entschluss. »Wenn es nicht möglich ist,
dass dieser Kelch an mir vorbeigeht«,
betete er, »dann will ich ihn annehmen,
so wie es dein Wille ist, lieber Vater.«
Als er sich entschlossen hatte, seinen
Weg zu gehen, Gottes Willen zu folgen
und sein Schicksal anzunehmen,
da war er erleichtert. Jetzt wusste er,
wie es weitergehen würde.
Aber als er zurückging, ...

Bild 9:

... sah er, dass die Jünger wieder
eingeschlafen waren. Tief und fest
schliefen sie, obwohl sie doch
unbedingt wach bleiben wollten.
Jesus war sehr enttäuscht.
»Ach, wollt ihr immer weiter schlafen?«

Bild 10:

Wacht doch auf. Die Zeit ist da.
Dies ist die Stunde, von der ich euch
immer erzählt habe. Bald werde ich
nicht mehr bei euch sein.
Steht auf, lasst uns gehen.«

Bild 11:

Und an diesem Abend im Garten
Gethsemane wurde Jesus verhaftet.
Während die Jünger schliefen,
war Jesus mit seinen Sorgen ganz
allein.

Zum Schluss das Buch zuklappen und Stille lassen, damit sich der Eindruck der Geschichte bei den Kindern setzen kann.

Stephan Lütz

Erzählen mit Kratzdias

VORBEMERKUNGEN

Methode:

Zu einer Geschichte werden selbstgemalte bzw. gekratzte Dias gezeigt. Bei dieser Methode sind zwei Arbeitsgänge notwendig. Die Kinder oder Mitarbeitende stellen die Dias zu der Geschichte her. Die Geschichte wird danach zu den Bildern erzählt.

Wenn Kinder die Bilder selbst malen, ist darauf zu achten, dass die Geschichte nicht ohne Grund zweimal erzählt wird, d.h. einmal mit und einmal ohne Dias. Als Alternative können Ausschnitte aus der Geschichte an die Malenden verteilt werden, so dass jeder nur einen Abschnitt der Geschichte kennt. Da die Herstellung der Kratzdias nicht für Kinder im Kindergartenalter geeignet ist, können die Älteren diese Bilder auch für die Jüngeren vorbereiten und beim Erzählen mitwirken.

Ich arbeite mit aufklappbaren Dia-Rähmchen im Normalformat. Diese Dia-Rähmchen enthalten zwei kleinere Glasscheiben. Bitte achten Sie unbedingt darauf, dass die Scheiben aus Glas und nicht aus Plastik sind!

Variante 1: Rußbilder

Bei dieser Technik drücken Sie vorsichtig eine Glasseite aus dem Rähmchen. Sie benötigen nun eine Kerze. Da das Glas heiß wird, nehmen Sie eine Kinderschere und schieben das Glas vorsichtig ein wenig in die Spitze der Schere. Mit der Kinderschere können Sie unbesorgt das Glas über die Flamme halten. Je nach Entfernung von der Flamme wird das Glas nun mehr oder weniger schwarz. Dabei entstehen interessante Konturen. Das Glas muss nun zum Abkühlen auf die Seite gelegt und dann vorsichtig wieder in das Rähmchen hinein gedrückt werden. Dabei zeigt die Rußseite nach innen. Dies geht im Prinzip recht einfach. Ab und zu bricht allerdings mal ein Glas beim Eindrücken entzwei.

Wenn das Glas wieder im Rähmchen ist, kann man mit der einen Hand das Rähmchen halten und mit einem Zahnstocher oder Schaschlikstäbchen Konturen in den Ruß ritzen.

Achten Sie darauf, dass einfache, klare und symbolhafte Motive auf der kleinen Fläche untergebracht werden.

Rußdias wirken im Licht des Diaprojektors besonders interessant, da der Ruß unterschiedlich dicht ist. So entstehen Schattierungen von schwarz bis grau.

Rußflecken lassen sich nur schwer entfernen, deshalb sind ein Kittel (altes Herren-Oberhemd, verkehrt herum angezogen) und eine Waschgelegenheit mit Seife nötig.

Variante 2: Bemalen mit Plaka-Farbe

Anstelle von Ruß wird eine Glasscheibe im Rähmchen mit Plaka-Farbe bemalt. Die Plaka-Farbe hat den Vorteil, dass sie schnell trocknet und nachher bei der Gestaltung nur wenig schmutzende Farbreste entstehen. Allerdings hat das Plaka-Dia nicht die schöne hell-dunkel Schattierung der Rußbilder, da das Licht kaum durch die Farbe dringt.

Variante 3: Bemalen mit Folienstiften

Man kann auch mit Folienstiften bzw. mit Transparentfarbe und Pinsel auf die Glas-Diarähmchen malen. Einfach gemalte Bilder oder gut gemalte einfache Symbole, zum Beispiel ein Baum, wirken hervorragend. Durch die Vergrößerung des Bildes werden allerdings auch kleine Abweichungen und Unsicherheiten gut sichtbar.

Variante 4:

Die Varianten 1 und 2 können durch eine Verbindung mit Variante 3 bereichert werden. Da jedes Rähmchen zwei Seiten hat, kann mit Folienstift oder Transparentfarbe auf das freie Glasfeld Farbe aufgetragen werden. Da durch die Transparentfarben das Licht des Diaprojektors hindurch scheint, werden die Dias auf diese Weise – mehr oder weniger zufällig – koloriert. Diese Kombination ist faszinierend und bereichernd.

Anmerkung:

Beim Bemalen der Dias ist es notwendig, dass der Diaprojektor schon aufgebaut ist und die Bilder während der Entstehung bereits angeschaut werden können.

Geeignete Altersgruppe: 7–14 Jahre

Material und Aufwand:

Klapp-Dias mit Glasfläche, Zahnstocher bzw. Schaschlikstäbchen, Kerzen zum Einrußen, Kinderschere zum Halten des Glases, Kittel und Diaprojektor!
Für die Variante 2: Plakafarbe und Pinsel.
Für die Variante 3: Folienstifte oder Transparentfarbe, dünne Pinsel.

Zeitdauer:

Die Kratztechnik verlangt etwas Zeit in der Vorbereitung.
Für das Bemalen und Gestalten der Bilder müssen 30-45 Minuten Vorbereitungszeit eingerechnet werden.

Beteiligungsmöglichkeiten:

Wenn die Kinder die Bilder selbst malen, sind sie natürlich beteiligt. Sonst sind sie Zuschauer.

Beispiel: Ostermorgen (Markus 16,1–8)

In der nachfolgenden Geschichte sind die Variante 1 (Rußtechnik) und Variante 3 (Bemalen mit Folienstiften) gemeinsam angewandt.

Die Sonne geht über den Bergen auf.

1. Bild: eine rot kolorierte Sonne

Zwei Frauen sind unterwegs. Wohin eilen die Frauen? Was haben sie vor? Niemand sonst ist unterwegs. Alle schlafen noch, aber die Frauen eilen und laufen hinaus aus der Stadt.

2. Bild: Motiv mit einer zart kolorierten Sonne gestaltet

Halt! Die Frauen bleiben stehen. Sie suchen ein Felsengrab. Sie sehen aber nur ein dunkles Loch.

Die Frauen gehen näher zu dem Felsengrab. Sie schauen in die Öffnung hinein und erschrecken. Das dunkle Loch wird hell. Es erhellt sich und das Licht breitet sich aus.

Die Frauen weichen zurück. Eine Lichtgestalt tritt aus dem Grab und spricht sie an: »Erschreckt nicht. Der, den ihr sucht, der lebt. Er wird euch begleiten. Er wird euch nicht alleine lassen.«

Die Frauen erschrecken. Sie schauen sich um. Die Gestalt ist weg. Sie laufen, nein sie rennen schnell nach Hause.
Der Tag ist da. Die Sonne durchflutet den Tag. Sie sehen die Blumen und Bäume. Sie ahnen, es beginnt etwas Neues.

3. Bild: Immer noch mit der zart kolorierten Sonne. Jetzt aber durchscheinender. Restliche Fläche ist dunkel.

4. Bild: Motiv wie 3. Bild, aber jetzt scheint viel Licht aus dem Felsengrab. Das Licht kann gelb und rötlich koloriert sein.

5. Bild: Motiv ähnlich wie 4. Bild. Hier kann es sinnvoll sein, nur auf den hell-dunklen Kontrast der Rußdias zu setzen, also auf eine Kolorierung zu verzichten.

6. Bild: Hier können Blumen, Bäume und viel Licht gemalt werden. Das Motiv kann entsprechend koloriert werden.

Rüdiger Maschwitz

Erzählen mit Fotografien und Postkarten

Methode:

Anhand einer oder mehrerer Fotografie(n) oder Postkarte(n) wird der Kindergruppe eine Geschichte erzählt oder sie wird zu einer Geschichte hingeführt.
Wichtig ist, dass alle Kinder das Bild/die Bilder sehen können. Dies kann entweder durch die entsprechende Anzahl von Abzügen erreicht werden oder indem ein vergrößertes Exemplar (mindestens DIN A 3) aufgehängt wird bzw. durch Overheadfolie projiziert wird.

Geeignete Altersgruppe:

Die Methode ist für alle Altersgruppen geeignet. Bei Kindergartenkindern sollten jedoch nicht zu viele Details auf den Bildern zu sehen sein.

Material und Aufwand:

Eventuell muss man sich rechtzeitig bei Medienzentralen oder religionspädagogischen Ämtern Bildermappen ausleihen oder Farbkopien und Abzüge von Negativen machen lassen. Der Raum muss gegebenenfalls so hergerichtet werden, dass alle auf ein großes Bild schauen können.

▶ *Tipp: Im Verlag Junge Gemeinde erscheint seit einigen Jahren einmal jährlich das Materialheft»Du siehst mich« mit Bildern auf Overheadfolien zu den Themen des Plans für den Kindergottesdienst. Die Bildauswahl umfasst Kunstwerke aus verschiedensten Epochen, von zeitgenössischen Künstlern, Cartoons, Fotografien und Illustrationen. Zu den Folien gibt es jeweils eine Bildauslegung und viele methodisch-didaktische Anregungen für Gottesdienst und Gruppenarbeit. So kann man sich nach und nach sein eigenes Bildarchiv aufbauen und wird mit den verschiedenen Einsatzmöglichkeiten von Bildern und Fotos vertraut.*

Zeitdauer:

Mit Beteiligung der Kinder bei einer vollständigen Geschichte ca. 15 Minuten. Dient das Bild der Hinführung zu einer Geschichte, dann sind etwa 5 Minuten einzurechnen.

Beteiligungsmöglichkeiten:

Zunächst sollte man spontane Äußerungen der Kinder zu den Bildern ermöglichen. Da Bilder die Kinder unmittelbar emotional ansprechen, genügt es, den Kindern das (erste) Bild mit der Bemerkung zu zeigen:»Ich habe euch heute ein Bild mitgebracht.« Die Kinder geben ihre Eindrücke wieder.
In einem zweiten Schritt kann ich die Kinder gezielt auffordern, bestimmte Details des Bildes zu beschreiben (z.B.:»Was fällt euch auf, wenn ihr den Baum in der hinteren Ecke des Bildes betrachtet?« – »Was machen die Kinder in der Bildmitte?« – »Wie wirken die Farben des Bildes auf euch?«)

Beispiele

Da hier einzelne Bilder nicht abgebildet werden können, muss auf eine konkrete Beispielerzählung verzichtet werden. Statt dessen werden verschiedene methodische Einsatzmöglichkeiten von Bildern dargestellt, wie sie im Zusammenhang mit der Erzählung im Kindergottesdienst verwendet werden können. Außerdem werden einige Adressen genannt, bei denen man kostengünstig gutes Bildmaterial beziehen kann.

Ein Bild als aktualisierte Rahmenhandlung zur biblischen Geschichte

Bilder erfüllen hier symbolische Funktionen. Durch eine abgebildete Situation, die den Kindern aus ihrem Alltag vertraut ist, werden Kernaussagen der anschließend zu erzählenden biblischen Geschichte mit der Lebenswirklichkeit der Kinder verknüpft.

So kann man als Einstieg zu biblischen Geschichten, bei denen es um das gemeinsame Mahl geht, etwa eine Fotografie einsetzen, bei der eine Kindergruppe auf einem Ausflug rastet und isst, z. B. Speisung der Fünftausend (Markus 6,30–44); das Gleichnis vom großen Festmahl (Lukas 14,16–24); Jesu letztes Abendmahl mit seinen Jüngern (Matthäus 26,20–29); die Emmaus-Jünger erkennen Jesus beim Brotbrechen (Lukas 24,13–35).

Eine Fotografie von zwei Menschen, die auf einem schattigen Waldweg gehen und plötzlich in eine sonnendurchflutete Lichtung treten, eignet sich als Einstieg zu biblischen Geschichten, bei denen Menschen aus dem Dunkel ihres Lebens durch die Begegnung mit Gott ins Licht treten; z. B. Heilungserzählungen (also nicht nur bei Blindenheilungen), Befreiung der Israeliten aus Ägypten (2. Mose 12–17).

Die Mitarbeiterin/der Mitarbeiter kann im Anschluss an die Reaktionen der Kinder zu dem jeweiligen Bild *(siehe oben)* entweder eine Rahmenerzählung einfließen lassen, ihre/seine Gedanken zur Bildbetrachtung anfügen oder gleichsam kommentarlos zur Erzählung der biblischen Geschichte übergehen. Die Kinder können dann eigenständig die für sie wichtigen Aspekte aus der nachfolgenden Erzählung in Verbindung mit dem gezeigten Bild bringen. Mitteilsame Kinder werden ihre Gedanken dann von selbst der Gruppe kundtun. Man muss den Kindern Zeit lassen sich zu äußern. Vor allem am Anfang kann es für die Mitarbeiterin/den Mitarbeiter schwer sein, eine Zeit des Schweigens auszuhalten, bis die Kinder etwas sagen. Wenn die Kinder selbst sich äußern, bewahrt es davor, dass man hinterher noch einmal die »Moral von der Geschichte« einzubringen versucht.

Das Bild kann – obwohl als Einstieg gedacht – während der Erzählung der biblischen Geschichte sichtbar bleiben; wird es über Overheadprojektor projiziert, kann es wegen der Geräusche des Projektors oder ungewollter »Schattenspiele« der Kinder ratsam sein, diesen abzuschalten.

Fotos mit symbolischer Funktion kann man auch selbst fotografieren. In vielen *religionspädagogischen Ämtern, kirchlichen Medienzentren* oder auch *Kreisbildstellen* finden sich Fotomappen zu verschiedenen Themen, häufig allerdings älter und oft schwarz-weiß. Farbfotos mit sehr ansprechenden Motiven lassen sich als DIN A 5 Folien bestellen bei: *Religionspädagogisches Seminar der Diözese Regensburg, Niedermünstergasse 2, 93047 Regensburg.*
In der dort erhältlichen Bestellliste finden sie sich unter dem Titel »Symbole. Folge I und Folge II«. Die Foliensätze enthalten ein Begleitheft mit jeweils ausgearbeiteten Bildbetrachtungen und Einsatzmöglichkeiten. Die Ausführungen oben sind daraus entlehnt.

Foto als Dokument
Bestimmte Fotografien ermöglichen Kindern auch Einblick in die »Originalschauplätze« der Erzählung und können ab dem Grundschulalter die dann vorhandene Wissbegier der Kinder befriedigen oder aber ihr Interesse für eine ihnen fremde Welt wecken. Begleitend zur Erzählung lassen sich beispielsweise Bilder von Israel zeigen, etwa zu Geschichten, in denen Jesus mit seinen Jüngern unterwegs ist.
Man sollte jedoch bei dieser Art des Fotoeinsatzes darauf achten, die Erzählung nicht durch zu viele Fotos begleiten zu wollen. Oft reicht schon ein typisches Bild der Landschaft oder eines Bauwerks.
Geeignetes Fotomaterial als OH-Folien im Format DIN A 5 zu »Schauplätzen« biblischer Geschichten in Israel gibt es ebenfalls beim Religionspädagogischen Seminar der Diözese Regensburg (siehe oben).
Anhand einer Postkarte oder eines Posters von der Lutherstube auf der Wartburg kann man Luther sehr gut sowohl von seiner Bibelübersetzung als auch von seinem vorherigen Leben erzählen lassen. Das Bild findet sich in vielen Luther-Büchern oder Reiseführern zu Thüringen bzw. zur Wartburg und lässt sich als vergrößerte Farbkopie auf OH-Folie einsetzen.
Bildbetrachtungen zu »kirchlichen« Themen – z. B. Abendmahl, Engel – aus dem Bereich der christlichen Kunst (vom Mittelalter bis in die Moderne), in der Regel sowohl als Dia als auch als Postkarte oder kleines »Bildblatt«, bietet an: *Materialstelle für Gottesdienst, Postfach 71 01 37, 90238 Nürnberg.*

Bild und Ergänzungscollage
Hierbei wählen sich die Kinder unter verschiedenen Fotografien eines aus (z. B. verschiedene Fotos von Blumen oder Bäumen). Ausgangspunkt kann der Impuls sein: »Sucht euch ein Foto aus, mit dem ihr etwas Besonderes verbindet!«
Die Kinder, die möchten, erzählen dann ihre Geschichte zu dem Foto. Anschließend klebt jedes Kind sein Foto auf ein großes weißes Plakat (mindestens DIN A 3) und malt um das Foto herum zum entsprechenden Thema, z.B.: *»Die Welt, in der ich lebe«.*

Mit Bilddialogen erzählen

Sind auf einer Fotografie mehrere Personen zu sehen, z. B. ein Kind und seine Eltern, lässt sich zu diesem Bild eine Geschichte in Dialogform erzählen.

Abgedecktes Bild

Sind auf einem Bild mehrere Details zu sehen, von denen einige vielleicht auch schon Dinge vorwegnehmen, auf die erst gegen Ende der Erzählung eingegangen werden soll, ist es ratsam, Teile des Bildes abzudecken. Dadurch lässt sich zum einen die Aufmerksamkeit der Kinder gezielter auf bestimmte Aspekte lenken, zum anderen erhöht sich aber auch die Spannung, was denn im weiteren Verlauf der Erzählung noch zu sehen sein wird. Das »Wieder-Aufdecken« sollte man vorher üben, damit der Verlauf der Erzählung nicht durch »technische Probleme« in Mitleidenschaft gezogen wird.

Ulrike Rau

Erzählen mit Reibebildern

VORBEMERKUNGEN

Methode:

Vor dem Erzählen werden Bildszenen zu der entsprechenden Geschichte überlegt. Die Figuren und Gegenstände überträgt man vom Originalbild mit Kohlepapier auf Pappe oder paust sie mit einem Kugelschreiber ab. Dann werden diese Bildvorlagen ausgeschnitten. Die einzelnen Figuren oder Gegenstände können auch mehrmals vorkommen, dann allerdings vielleicht in einer anderen Haltung oder Stellung.

Die ausgeschnittenen Teile jeder Szene werden zusammengestellt und so auf eine DIN A 3 große Pappfläche geklebt. Das sind die Bildschablonen für die Geschichte. Jede dieser Schablonen deckt man mit einem weißen Zeichenpapier ab und kann dann mit den nachfolgend beschriebenen Techniken die Figuren und Gegenstände sichtbar machen.

Die in der Beispielerzählung verwendeten fünf Bilder können auf DIN A 3 Format vergrößert werden.

Zur Erzähltechnik:

Die Erzählerin/der Erzähler reibt mit farbigen Wachmalsblöcken das 1. Bild auf. Sie/er lässt das Bild auf die Betrachter wirken. Dann erzählt sie/er dazu den 1. Teil der Geschichte. Danach reibt sie/er mit Wachsmalblöcken das 2. Bild auf. Es folgt der 2. Teil der Geschichte usw.

Die Erzählerin/der Erzähler sollte für jede Figur eine bestimmte Farbe wählen, damit die Betrachter die Figuren auf jedem Bild gleich wiedererkennen.

Zur Reibetechnik:

Durch großflächiges Aufreiben mit farbigen Wachsmalblöcken wird die vorgefertigte Bildschablone auf dem Zeichenpapier sichtbar. Meistens erscheint sofort eine erkennbare Figur auf der Bildfläche. Das ganze Bild entwickelt sich vor den Augen der Zuhörenden. Mit Spannung erwarten sie, dass das nächste Bild sichtbar wird.

Damit das Zeichenpapier nicht einreißt, werden die Ränder (vor dem Aufreiben mit den Wachsmalblöcken) mit Tesakreppband abgeklebt.

Wer im Aufreiben mit Wachsmalblöcken geübt ist, braucht das Zeichenpapier nur aufzulegen. Verschiebt der Malende bewusst das Zeichenpapier, kann er mit verschiedenen Wachsmalblöcken reizvolle Farbzusammenstellungen erzielen.

Wer die Figuren und Gegenstände in den Erzählpausen schnell als Szene zusammensetzen kann, braucht die einzelnen Pappteile nicht aufzukleben. Sie bleiben so beweglich und können für mehrere Bildschablonen benutzt werden.

Ein Tipp: Es gibt Zeichenblöcke, die Einsteckecken besitzen. Die Pappunterseite ist dann die Klebefläche, die Einsteckecken dienen zur Befestigung der Zeichenblätter. Allerdings wird für jedes Bild jeweils eine Pappunterseite eines Zeichenblocks benötigt. Ein Blattrand sollte zusätzlich mit einer Hand festgehalten werden, um das Zeichenblatt nicht zu beschädigen. Das erfordert ein wenig Übung. Bevor ein Zeichenblatt einreißt, empfiehlt sich jedoch das Abkleben der Zeichenblattränder mit Tesakreppband.

Geeignete Altersgruppe:

Zum Erzählen mit Kindern jeder Altersgruppe geeignet. Will man die Kinder (mit Unterstützung) beim Reiben beteiligen, dann sollten sie bereits Erfahrung im Umgang mit Wachsblöcken haben.

Material und Aufwand:

Man benötigt Pappe für die Figuren, Gegenstände und Kulissen und eine Schere. Außerdem braucht man eine Pappunterlage für jede Bildschablone und Klebstoff, weißes Zeichenpapier und farbige Wachsmalblöcke.

Zeitdauer:

10–15 Minuten für das Erzählen mit Reibebildern; ca. 40 Minuten für das Erstellen der Bildschablonen und Malen der Bilder mit Kindern.

Beteiligungsmöglichkeiten:

Kinder und Mitarbeitende schneiden Figuren, Gegenstände und Kulissen für ihre eigenen Bildschablonen aus und reiben die Bilder mit farbigen Wachsmalblöcken auf.

Beispiel: Die Emmausjünger (Lukas 24,13–33)

1. Bild aufreiben:

1. Bild erzählen:

Zwei Männer verlassen die Stadt Jerusalem. Es sind Freunde Jesu. Sie wollen nach Emmaus, zurück in ihr Dorf. Es liegt zwei Stunden von Jerusalem entfernt. Sie sehen müde aus. Traurig gehen sie nebeneinander her.

»Ich begreife einfach nicht, was geschehen ist«, klagt der eine: »Jesus ist tot!«
»Ja! Vor einer Woche ist er nach Jerusalem eingezogen«, erinnert sich der andere. »Männer, Frauen und Kinder haben ihn bejubelt wie einen König. Und nun ist alles vorbei.«

2. Bild aufreiben:

2. Bild erzählen:
Sie bemerken nicht, dass ein anderer Mann zu ihnen kommt und mit ihnen geht, so sehr sind sie betrübt und in ihr Gespräch vertieft.
»Was ist vorbei? Und von wem redet ihr?«, spricht dieser sie plötzlich an. Da bleiben die beiden Freunde stehen und sehen ihn erstaunt an. Aber sie erkennen ihn nicht. Sie sind wie blind.
»Weißt du nicht, was in Jerusalem geschehen ist? Das weiß doch jeder! Bist du der einzige, der nicht davon gehört hat, was in diesen Tagen passiert ist?«
Die beiden Freunde sind empört und schütteln die Köpfe.
»Was ist denn passiert?«, fragt er.
Auf dem weiteren Weg nach Emmaus erzählen sie ihm: »Jesus von Nazareth war unser Freund. Er erzählte uns von Gott, der den Menschen verzeiht, ihnen Hoffnung gibt. Jesus heilte Lahme und Blinde. Er redete mit denen, die verachtet und ausgestoßen waren. Er hat überall Gutes getan. Aber die Mitglieder des Hohen Rates verurteilten ihn zum Tode. Pilatus ließ das Urteil vollstrecken. Vor drei Tagen kreuzigten sie ihn. Dabei hatten wir gehofft, dass Jesus aus Nazareth Israel befreit und unser neuer König wird.«

▷ ▷ ▷

3. Bild aufreiben:

3. Bild erzählen:
Mittlerweile haben sie die Hälfte des Weges hinter sich. »Heute Morgen ist etwas Seltsames geschehen«, erzählen die beiden Freunde weiter. »Frauen, die am Grab Jesu waren, kamen zu uns und riefen immer wieder: ‚Er ist auferstanden! Jesus lebt!' Aber ihn selbst hatten sie nicht gesehen. Das Grab war leer. Was sollen wir nur davon halten?«

Der Mann sieht die beiden Freunde erstaunt an: »Begreift und glaubt ihr denn nicht? Schon die Propheten verkündeten den von Gott gesandten Retter. Doch Gott wollte einen ganz anderen König als die Menschen. Einen König, der ohne Schwert den Frieden bringt. Die Menschen aber erkannten Jesus nicht als den Retter, den Friedensstifter und kommenden König. Deshalb musste Jesus sterben und auferstehen.«

Er sieht die beiden lange an: »Versteht ihr nicht, was das bedeutet? Gott ist stärker als der Tod. Gott gibt Jesus und seiner Botschaft ein Leben für immer. Erinnert euch, was ihr mir erzählt habt.«

Doch da erreichen sie das Haus, und die beiden Freunde lassen nicht zu, dass er weitergeht. »Ach bitte, bleibe und iss mit uns«, drängen sie ihn. »Es ist schon spät, es wird Nacht.«

4. Bild aufreiben:

4. Bild erzählen:
Sie gehen ins Haus und decken den Tisch. Als sie zusammen sitzen, nimmt er das Brot in die Hände, dankt Gott, teilt das Brot und gibt den beiden davon.
Da starren sie ihn mit großen Augen an. »Jesus, du?«
Die Freunde sehen einander an, sehen zu Jesus, aber der verschwindet vor ihren Augen.
»Jetzt begreife ich!«, sagt der eine. »Er war es, Jesus! Er wird immer wieder bei uns sein. Komm, mein Freund, wir werden seinen Weg fortsetzen!«

5. Bild aufreiben:

5. Bild erzählen:
Noch am selben Abend eilen die beiden Freunde zurück nach Jerusalem.
»Oh, meine Augen waren wie blind«, meint der eine von ihnen, »erst als er das Brot brach, dankte und weitergab, erkannte ich ihn.«

»Ja! Mir ging es genauso. Auf dem Weg nach Emmaus erzählte er, was in den Heiligen Büchern über den Retter steht. Da sprang mein Herz vor Freude. Aber erst in Emmaus gingen mir die Augen auf.«

»Wir müssen den anderen sagen, was hier in Emmaus geschehen ist.«

»Und wir werden mit den anderen in Jerusalem das Brot brechen wie Jesus. Immer, wenn wir das Mahl so miteinander feiern, werden wir uns an ihn erinnern. Er ist nicht tot! Er lebt!«

»Ja. Wir erzählen den Menschen, was Jesus von Gott sagte. Wir erzählen ihnen vom barmherzigen und gütigen Gott. Wir sagen es allen Menschen weiter: Jesus ist und bleibt der Retter der Welt. Das ist wirklich eine gute Nachricht.«

Ewald Schulz

Erzählen mit Folien (auf Glas) und Reißbildern (auf Glas und Papier)

VORBEMERKUNGEN

Methode:

Erzählen mit Folien

Figuren und Gegenstände aus farbigen, transparenten Folien sind seit längerem im Handel erhältlich. Sie haften auf Glas und anderen glatten Oberflächen und lassen sich, ohne Spuren zu hinterlassen, wieder abnehmen.

Mit ihnen kann man Szenen darstellen, die einzelnen Teile des »Bildes« umsetzen und so Bewegung in die Darstellung bringen.

Im Gegensatz zu Flanellbildern wirken diese Figuren mehr durch ihre Umrisse. Ihr Reiz liegt in der teilweisen Transparenz des Materials und den besonders leuchtenden Farben. Es eignet sich jede glatte Oberfläche.

Beliebt sind Fenster (des Gemeindehauses); aber auch Glastüren, Glastische und alle Arten von Glasscheiben bieten sich für diese Methode an.

Im Bastelhandel gibt es selbsthaftende transparente Fensterfolien, aus denen man eigene Figuren und Gegenstände schneiden kann. Diese Folien werden auf einem beschichteten Trägerpapier angeboten. Auf die unbeschichtete Rückseite kann man die Umrisse der Figuren malen und zusammen mit der Folie ausschneiden. Die Folien lassen sich leicht von dem Papier abnehmen und auf das Glas drücken.

So kann man für seine Geschichte die geeigneten Figuren, Landschaften und Gegenstände vorbereiten und mit ihnen die Erzählung veranschaulichen.

Diese Vorgehensweise eignet sich besonders, wenn die Kinder noch sehr jung sind. Ältere Kinder werden lieber selber Figuren ausschneiden. Sie können mit ihnen z. B. die Geschichte nachspielen oder fortsetzen.

Man kann auch ein Gemeinschaftsbild erarbeiten, oder jedes Kind für sich eine Szene aus der Geschichte darstellen lassen. Ebenso ist eine Szenenfolge denkbar.

Das Platzangebot (der Fensterscheiben) und die Anzahl der Kinder sollten in diesem Zusammenhang beachtet werden.

Wichtig ist es, die Kinder darauf aufmerksam zu machen, dass die Folien nur durch ihre Umrisse wirken. Es nützt nichts, wenn auf dem Papier der Rückseite Einzelheiten wie Augen, Mund etc. gemalt werden. Das kann jedoch auf der Folie mit Overheadstiften geschehen. Es eignen sich hierfür hauptsächlich die helleren Folien.

Ausgeschnittene (selbsthaftende) Folienteile lassen sich übersichtlich auf Prospekthüllen aufbewahren, wobei Vorder- und Rückseite genutzt werden können. Zum besseren Erkennen sollte in die Prospekthülle ein weißes Blatt Papier eingeschoben werden.

▷ ▷ ▷

Erzählen mit Reißbildern

Bilder aus Transparentpapier

Anstelle von Folien kann man auch farbiges Transparentpapier (Drachenpapier) verwenden. Reizvoll ist es, dabei die Figuren und andere Bildelemente nicht zu schneiden, sondern zu reißen. Sie wirken dadurch lebendiger.

Das Papier muss angefeuchtet werden, damit es auf dem Glas haftet. Daraus ergibt sich, dass diese Bilder – im Gegensatz zu Folienbildern – »kurzlebig« sind. Man kann die Darstellung nicht aufbewahren, denn das Papier fällt von dem Glas ab, sobald es getrocknet ist.

Eine zusätzliche Gestaltungsmöglichkeit ergibt sich, wenn man das feuchte Transparentpapier auf dem Glas zusammen- und übereinanderschiebt, und so z. B. einen Baum oder einen Berg gestaltet (für Figuren nicht so geeignet). Durch die Überlappungen ergeben sich schöne Licht- und Schatteneffekte.

Bilder aus Zeitungspapier

Wer gerne experimentiert, sollte es auch einmal mit Reißbildern aus Zeitungspapier versuchen. Hier liegt der Effekt in der Verfremdung durch das gedruckte Papier. Gleichzeitig bietet sich diese Methode auch zur Einübung in das Reißen von Figuren überhaupt an, da das Material nichts kostet. Man kann also tüchtig üben.

Zwar haftet auch feuchtes Zeitungspapier auf Glas und anderen glatten Flächen, doch die Wirkung ist auf farbigem Untergrund, also Tonpapier oder Karton, weitaus besser. Dabei wird das Papier nicht angefeuchtet, sondern nur aufgelegt oder mit einem wieder ablösbaren Klebestift kurz fixiert, damit man mit den einzelnen Bildelementen noch spielen, d. h. sie lokal verändern kann.

Tipps und weitere Ideen

Wie schon erwähnt, haften die Folien und das Transparentpapier auf Glas und allen anderen glatten Flächen. Man kann also neben Fensterscheiben und Glastüren als Gestaltungsfläche auch weißglasierte Kacheln (billig als Restposten im Baumarkt erhältlich), mit weißem Kunststoff beschichtete Holzplatten, rahmenlose Bildhalter (Scheiben wegen der Verletzungsgefahr nicht herausnehmen), dicke transparente Abdeckfolie, Prospekthüllen u. ä. versuchen.

Trinkgläser lassen sich so mit Folienbildern kennzeichnen, glatte Marmeladengläser mit Transparentpapier in Windlichter verwandeln (dann mit Kleister dauerhaft fixieren).

Geeignete Altersgruppe:

Grundsätzlich ist diese Methode für alle Altersgruppen geeignet. Für das selbstständige Herstellen der Bildelemente sollten die Kinder Figuren malen und sicher mit der Schere umgehen können. Auch das Reißen von Papierfiguren würde jüngere Kinder überfordern.

Material und Aufwand:

Sie bestimmen sich aus der gewählten Methode. Kinder neigen dazu, »herumzuschnibbeln«. Nehmen Sie sich also Zeit, alles genau zu erklären (eventuell wiederholen). Sie ersparen sich dadurch viel Frust und Materialverschwendung.

Zeitdauer:

Die Zeitdauer hängt von der Geschichte und deren Gestaltung ab. Auch hier ist es wichtig, die Kinder zeitlich nicht zu überfordern. Das heißt, wenn die Kinder die Bildelemente zur Geschichte selbst schneiden oder reißen sollen, sollte für die Erzählung durch die Mitarbeiterin/den Mitarbeiter eine möglichst kurze Geschichte gewählt werden.

Auf jeden Fall muss ein Abschluss da sein, auch wenn dabei nur ein »Teilbild« entstehen sollte. Es können auch Bilder in Teilschritten erstellt werden. (z. B.: Wir ergänzen unser Bild im nächsten Kindergottesdienst – *Achtung: dies ist nicht bei Bildern aus Transparentpapier auf einer glatten Fläche möglich.*)

Beteiligungsmöglichkeiten:

Wenn die Geschichte nicht von einer Erzählerin/einem Erzähler anhand der vorab hergestellten Bildelemente erzählt wird, ist die Beteiligung der Kinder sehr hoch, weil sie in Herstellung und Spiel einbezogen werden.

Wird jedoch anhand der o. g. Bildelemente erzählt, ist immer noch eine intensive Beteiligung der Kinder möglich, da sie mit den vorgegebenen Bildelementen die Geschichte nach- und/oder weiterspielen können.

Beispiel: Die Heilung am Teich Bethesda (Johannes 5,1–9)

Dabei gehe ich folgendermaßen vor:

Die Mitarbeiterin/der Mitarbeiter erzählt die Geschichte. Dabei wird als Bildelement zunächst nur der Teich vorgegeben. An dieser Fläche kann man besonders gut zeigen, wie lebendig ein solches Element wirkt, wenn man es zusammen- bzw. einzelne Partien übereinander schiebt *(ausprobieren!)*.

Die Kinder reißen die Bildelemente für die Geschichte aus farbigem Transparentpapier *(Kranke, Jesus, andere Menschen, Bäume, etc.)*.

Die Kinder gestalten die Geschichte mit den gerissenen Bildelementen auf dem Untergrund (z.B. Fenster). Dabei wird die Geschichte nacherzählt und nachgespielt.

Die Kinder und die Mitarbeiterin/der Mitarbeiter tauschen sich mit folgenden Fragestellungen untereinander aus:

— Was geschieht mit den anderen Kranken?

— Warum werden sie nicht geheilt?

— Warum bleibt Jesus nicht dort?

(Eventuell kommen weitere Fragen durch die Kinder.)

Nahe am Stadttor von Jerusalem liegt ein Teich. *(Die blaue Fläche für den Teich wird ans Fenster geklebt.)*

Der Teich heißt Bethesda. Um den Teich hat man Hallen gebaut, denn der Teich hat heilende Kräfte. Viele Kranke sind hier. Sie hoffen, dass das Wasser des Teichs sie heilt.

Immer wenn das Wasser sich bewegt *(die blaue Fläche etwas ineinander schieben, so dass ein welliges Bild entsteht)*, kommt auch Bewegung in die Kranken. Sie laufen, humpeln oder kriechen zum Wasser. Wer als erster das Wasser erreicht, so glaubt man, wird gesund.

Unter den vielen Kranken, die am Teich darauf warten, dass sie gesund werden, ist auch ein Mann, der liegt auf einer Matte. Schon 38 Jahre lang ist er krank. Er ist so schwach, so krank, dass er bisher immer zu spät gekommen ist, wenn das Wasser sich bewegte. Wie soll er es auch schaffen! Er kann sich ja kaum bewegen. *(Zwei Kinder reißen eine Matte und eine Figur des Kranken und legen diese auf die Matte. Andere Kinder reißen weitere Kranke, die Hallen, Bäume, Sträucher usw. und legen sie um den Teich.)*

Eines Tages kommt Jesus zu dem Teich Bethesda. *(Die Figur für Jesus wird hinzugefügt.)* Er sieht den Mann, geht auf ihn zu und fragt ihn: »Willst du gesund werden?«

»Eine seltsame Frage«, denkt der Kranke verwundert. »Darum bin ich ja hier.« Und zu Jesus sagt er: »Ich habe keinen Menschen, der mir hilft und mich zum Wasser bringt. Wenn ich es allein versuche, dann sind die anderen immer schneller.«

Da sagt Jesus zu dem Kranken: »Steh auf, nimm deine Matte und geh!«

Und der Mann richtet sich auf, stellt sich auf die Füße, bewegt die Zehen, die Füße, die Beine.

»Es stimmt, es stimmt wirklich! Ich kann gehen! Ich bin gesund!«, jubelt er. *(Die Figur des Kranken wird von der Matte auf die Füße gestellt und hin und her bewegt.)*

Der Mann hebt die Matte auf seine Schulter. *(Die Matte zusammenrollen und dem Mann auf die Schulter legen.)*

Er verlässt den Teich, geht die Straße entlang, nach Jerusalem. »Ich kann gehen!«, ruft er immer wieder. »Und was ich alles sehe, die Häuser, die Straßen, die Geschäfte, die Menschen!«

(Abschließend können die Kinder reißen, was der Mann alles sieht.)

Lothar Wand

Erzählen mit einem abgedeckten Bild

VORBEMERKUNGEN

Methode:
Manche Bilder erschließen sich besonders intensiv, wenn man Teile abdeckt oder abtrennt und erst nach und nach während der Erzählung aufdeckt oder ergänzt. So werden Bilder (z.B. Holzschnitte) bekannter Künstler auch für Kinder zu erzählenden Bildern.

Geeignete Altersgruppe:
Ab etwa fünf Jahren. Gut bei älteren Kindern und in altersgemischten Gruppen einzusetzen.

Material und Aufwand:
Beim Abdecken von Teilen eines Bildes muss die Abdeckung sehr sorgfältig überlegt und vorbereitet werden, damit der sichtbare Bildausschnitt sinnvoll ist.
Eine gute Möglichkeit zeigt W. Longardt in »Spielbuch Religion 2«, Kaufmann Verlag, 1981 (im Buchhandel vergriffen). Dort hat er den Holzschnitt von Kurt Thyllmann »Simeon und das Jesuskind« in vier Teile getrennt. Sie können auf Folie kopiert werden. Indem das Bild Stück für Stück aufgelegt wird, erschließt es sich fast von selbst, wirft Fragen und Anregungen auf und die Geschichte kann gemeinsam mit den Kindern in Worte gefasst werden.
Das Suchen nach geeigneten Bildern braucht Zeit, aber es zeigen sich u. U. auch ganz neue Stärken in einem Mitarbeiter/innenkreis.
▶ *Tipp: Im Verlag Junge Gemeinde erscheint seit einigen Jahren einmal jährlich das Materialheft »Du siehst mich« mit Bildern auf Overheadfolien zu den Themen des Plans für den Kindergottesdienst. Die Bildauswahl umfasst Kunstwerke aus verschiedensten Epochen, von zeitgenössischen Künstlern, Cartoons, Fotografien und Illustrationen. Zu den Folien gibt es jeweils eine Bildauslegung und viele methodisch-didaktische Anregungen für Gottesdienst und Gruppenarbeit. Gerade diese Methode, ein Bild erst nach und nach aufzudecken, wird von den Autoren immer wieder an Bildern vorgestellt.*

Zeitdauer: ca. 15 Minuten

Beteiligungsmöglichkeiten:
Die Kinder äußern sich spontan zu dem, was sie sehen. Ihre Freude am Entdecken, Raten und Kombinieren kann zum Zuge kommen, wenn die Mitarbeiterin/der Mitarbeiter nicht zu viel vorgibt und sie damit einengt.

▷ ▷ ▷

Beispiel: Jesus segnet die Kinder (Markus 10,13–16)

Mit einem Bild von Otto Pankok: »Lasset die Kindlein zu mir kommen.«

Otto Pankok, »Lasset die Kindlein zu mir kommen«, Kohlezeichnung 118 x 99 cm (aus dem Zyklus »Die Passion«). Der Abdruck des Bildes erfolgt mit freundlicher Genehmigung von Eva Pankok. Rechte bei Eva Pankok.

In drei Teilen wird das Bild und damit die Geschichte erschlossen.

Der erste Bildausschnitt zeigt nur Jesus. Es wird nicht gesagt, wer diese Figur sein soll. Es ist für die Kinder zunächst einfach »ein Mensch«.

Fragen: Wie sieht dieser Mensch aus? Was mag mit ihm geschehen? Ob er etwas fassen will? Was mag das sein? Warum mag er so gebeugt sein? Ob er etwas auf dem Rücken trägt? Was mag ihn so belasten?

(Die Kinder assoziierten z. B. Tritte, Prügel, die ihn so gebeugt haben. Ältere sagten: »Er hält den Buckel hin.«)

Wohin schaut er? Was drückt sein Gesicht aus?

Als zweiter Bildausschnitt werden die Erwachsenen aufgedeckt oder dazu gelegt, die um den Gebeugten herumstehen.

Fragen: Was haben diese Leute mit dem Menschen zu tun? Wie sehen sie ihn an? Was mögen sie reden? Was mag da bisher geschehen sein?

(Die Kinder sagten z.B.: Die sind hochnäsig, die mögen den Mann in der Mitte nicht, vielleicht haben sie ihn so krumm gemacht ...)

Als dritter Bildausschnitt kommen nun die Kinder dazu.

Es braucht keine Fragen mehr. Die Kinder erkennen: Dieser Mann hält seinen Buckel hin, damit die Kinder geschützt sind vor den Anfeindungen derer, die im Hintergrund dabeistehen.

Dieser Mann ist Jesus. Der Künstler hat die Geschichte von Jesus in dem einen Bild erzählt.

(Jetzt wird die Geschichte von der Kindersegnung gelesen, z.B. in der Übersetzung der »Guten Nachricht«.)

Brigitte Messerschmidt

Erzählen mit einem selbst gestalteten Bilderbuch

VORBEMERKUNGEN

Methode:

Die Geschichte des blinden Bartimäus wird mit einem selbst gestalteten »Fühlbilderbuch« erzählt. Dadurch wird auch sehenden Kindern eine andere Form der Wahrnehmung vermittelt.

Zuvor bietet es sich an, mit einer Vertrauensübung in die Geschichte einzusteigen: z.B. mit geschlossenen (verbundenen) Augen Geräusche im Raum wahrzunehmen, sich von der Mitarbeiterin/dem Mitarbeiter führen zu lassen, o.ä.

Altersgruppe:

Eine Erzählung mit einem solchen Bilderbuch ist nach unseren Erfahrungen für 4–8-jährige geeignet, in seltenen Fällen und bei günstiger Gruppenzusammensetzung bis 10 Jahre.

Material und Zeitaufwand:

Ein »Fühlbilderbuch« zu gestalten, bedarf eines größeren Zeitaufwandes, aber die Mühe lohnt sich, weil es immer wieder verwendet werden kann.

Wir haben die Geschichte bei uns auf sieben Seiten dargestellt. Auf große Pappen (ca. 40 x 30 cm je Seite) wurden aus Moosgummi, Stoff, Schmirgelpapier u.ä. ausgeschnittene einfache Konturen aufgeklebt und teilweise mit schwarzem Stoff überklebt, damit die Kinder sie befühlen konnten.

Mit diesen Bildern haben wir in knappen Sätzen die Geschichte erzählt und die Kinder das Buch ausprobieren lassen. Mit kurzen einfachen Kernsätzen, auf der jeweils leeren linken Seite (der Darstellung gegenüber), wurde die Erzählung unterstützt.

1. Seite: Eine Stadtkulisse und Menschen aus Moosgummi und eine kleine Bartimäus-Figur aus Stoff.

2. Seite: Eine große Bartimäus-Figur mit schwarzen, leer wirkenden Augenhöhlen.

3. Seite: Ein schwarzes Tuch überdeckt eine Moosgummischale mit Münzen und »Moosgummi-Füße« der anderen Menschen.

4. Seite: Die Seite ist ausgefüllt von einem dünnen, schwarzen Tuch, unter das der Betrachter greifen kann, ohne es aufdecken zu müssen. (Wir haben es am oberen Rand und teilweise an den Seiten festgeklebt.) Unter dem Tuch befindet sich feines Schmirgelpapier mit Dingen, die man auf der Strasse finden kann: Feder, Steinchen, Bonbonpapier u.ä.

Die Kinder können versuchen, erst durch das Tuch hindurch zu fühlen, dann unter das Tuch zu fassen und es noch mal zu probieren. Anschließend können sie die »erfühlten« Dinge mit den Bildern vergleichen.

5. Seite: Große Bartimäusfigur, vor deren Mund eine Papphand geklappt werden kann, als Aufforderung der anderen an Bartimäus zu schweigen.

6. Seite: Bartimäus, mit verlängertem Gewand und leeren Augenhöhlen.
Der untere Teil des Bildes wird mit dunklem Hintergrund gestaltet, die Augenhöhlen des Bartimäus sind ausgeschnitten. Im oberen Drittel ist auf hellem Hintergrund ein »Himmel« mit Wolken und Sonne u.ä. gestaltet, und an den Kopf von Bartimäus eine Papplasche geklebt, um ihn hochziehen zu können. Die Anordnung der Wolken füllt dabei die leeren Augenhöhlen der hochgezogenen Bartimäusfigur: Bartimäus sieht!

7. Seite: In einen Papprahmen hinein ist eine möglichst glatte Silberfolie als Spiegel geklebt. So macht der Betrachter die Erfahrung des Bartimäus: er sieht – und erkennt.

Zeitdauer:

Abhängig von der Größe der Gruppe muss man – einen entsprechenden (kurzen) Einstieg mitgerechnet – ca. 20–30 Minuten einkalkulieren.

Beispiel: Die Heilung des blinden Bartimäus
(Markus 10,46–52)

Die Erzählung wurde bewusst knapp gehalten, um alle Bilder – sowohl die zu sehenden, als auch die zu »fühlenden« – wirken zu lassen und die Kinder ausreichend zu beteiligen.

1. BILD: Am Stadttor von Jericho sitzt jeden Tag Bartimäus und bettelt. Kleine und Große kennen ihn schon lange und oft kommt jemand vorbei und wirft ihm eine kleine Münze in seine Schale und spricht ein paar Worte mit ihm.

2. und 3. BILD: Bartimäus ist blind.

4. BILD: Aber heute ist alles anders – Von überall her schallt die Nachricht:
»Jesus ist in der Stadt, habt ihr's gehört?«
Und alle nehmen ihre Kinder auf den Arm und an die Hand und laufen schnell los – ihm entgegen. Bartimäus hört die Worte und die Schritte der Menschen, die vorüber eilen, da ist keiner dabei, der ihm hilft.
Und dann ist er ganz allein.
Er tastet seine Umgebung ab, nein, da ist keiner!

5. BILD: Bartimäus öffnet den Mund und schreit; so laut er kann: »Jesus, hilf mir!!!«
Immer wieder schreit er, da legt sich plötzlich eine Hand auf seinen Mund und sein Nachbar schimpft los: »Sei doch endlich still! Wir können nicht verstehen, was Jesus da vorne sagt! Schweig endlich!«

6. BILD: Doch Bartimäus schreit weiter: »Jesus, hilf mir! Jesus, hilf mir!«
Da hört er fremde Schritte auf sich zu kommen – und eine freundliche Stimme
sagt zu ihm:
»Bartimäus, steh auf und komm!«
Einer streckt ihm hilfreich seine Hand entgegen und hält ihn, als er langsam
aufsteht.
Und dann sieht Bartimäus Jesus vor sich stehen – und er sagt zu ihm:

BILD 7: *(Die Erzählerin/der Erzähler geht mit dem Buch zu jedem Kind und
spricht jeder/jedem einzeln zu:*
Jesus spricht: »Wer glaubt, kann sehen! – Folge mir!«*)*

Ulrike Buhren

Erzählen mit darstellendem Spiel, Chor und Bewegung

Erzählen mit Stegreifspiel

VORBEMERKUNGEN

Methode:

Eine Person erzählt die Geschichte. Die Erzählerin/der Erzähler kennt die Geschichte ganz genau und erzählt am besten frei. Nach dem Erzählen werden die Rollen der Kinder und Mitarbeitenden eingeteilt und die Spielorte festgelegt. Wenn hauptsächlich jüngere Kinder mitspielen, empfiehlt es sich, dass Mitarbeiterinnen und Mitarbeiter bei den Spielerinnen und Spielern mitwirken.

Dann wird die Erzählung der Geschichte wiederholt. Mitarbeitende und Kinder stellen das, was erzählt wird, parallel dazu ohne Worte dar. Die Kinder kennen den Inhalt der Geschichte. Dadurch fällt es ihnen leichter, die Handlungen und Bilder der Geschichte in Spiel und Bewegung umzusetzen.

Es ist wichtig, dass die Erzählerin/der Erzähler auch beim zweiten Mal die Geschichte möglichst frei erzählt.

Die einzelnen Handlungsabschnitte der Geschichte und den ersten Auftritt von Personen markiert man sich vorher deutlich im Text oder skizziert sich diese auf einem Notizzettel, wenn man die Geschichte ohne Manuskript erzählt.

Wichtig ist die Kommunikation mit den Spielenden. Sie stellen ohne Worte dar, was erzählt wird. Die Erzählerin/der Erzähler muss beim Erzählen unterschiedlich lange Pausen machen und den Spielenden ausreichend Zeit zum Spielen und Improvisieren lassen.

Vor Beginn des Stegreifspiels muss allen Beteiligten klar sein, dass nur die Erzählperson spricht, die anderen ohne Worte dazu spielen. Es kann vorkommen, dass die Kinder ihr Spiel auch mit Worten und Zwischenrufen begleiten, weil sie intensiv beteiligt sind. Oft sind die Kinder auf das Hören der Erzählung und das Spielen der Geschichte konzentriert. Dann muss man nochmals den Hinweis geben, genau hinzuhören, was zu spielen ist. Bei längeren Abschnitten ohne Spiel kann es von Vorteil sein, am Anfang ein Signal miteinander zu vereinbaren, wann die Spieleinheiten jeweils dran sind.

▶ *Tipp: Weitere Gestaltungshinweise und zahlreiche Beispielgeschichten für diese Methode enthält das Buch von Peter Böhlemann,»Simon und die schöne Anna, Mitmach- und Mutmachgeschichten aus der Bibel«, Verlag Junge Gemeinde, Leinfelden-Echterdingen 2002 (ISBN 3-7797-0389-0).*

Geeignete Altersgruppe: 3 – 99 Jahre

Material und Aufwand:

Wolldecke als Matte für den Gelähmten

Ansonsten wird das Spiel ohne Kulissen und Requisiten gespielt. Wenn man z.B. das Herunterlassen vom Dach (auf Tischen oder Klappleitern) zu realistisch spielen will, dann wird es für das Stegreifspiel zu kompliziert und das Risiko von Stürzen und Verletzungen ist zu hoch.

Die Methode lebt gerade vom geringen Aufwand und vom Freiraum, den man der Phantasie der Zuschauerinnen und Zuschauer (auch der Spielerinnen und Spieler) lässt.

Zeitdauer:

Zum ersten Lesen der Erzählung und zur Vorbereitung des Spiels sollte man etwa 15 –20 Minuten einrechnen.

Das Spiel selbst dauert dann – je nach Geschichte – 10 –15 Minuten. Es können (vor allem bei älteren Kindern) eventuell auch noch Alternativen gespielt werden, z.B. die Freunde verlieren den Mut, als sie die Menschenmenge sehen und gehen wieder nach Hause.

Zum Spiel können weitere Gestaltungselemente überlegt werden, um in das Thema einzuführen oder die Geschichte auf die Lebenswirklichkeit der Kinder hin zu deuten. So kann man zu der nachfolgenden Beispielgeschichte verschiedene Vertrauensspiele mit den Kindern machen (s. unter »Einstieg«). Denn das Vertrauen ist eine Kernaussage in der Geschichte von der Heilung des Gelähmten. Er hat Vertrauen in seine Freunde, als sie ihn zu Jesus bringen und vom Dach zu ihm herunterlassen. Alle fünf haben Vertrauen zu Jesus. Die Freunde lassen sich auch von der Menschenmenge nicht abhalten.

Beteiligungsmöglichkeiten: Alle können mitspielen.

Einstieg

Vertrauensspiele:
(Wichtig dabei ist, dass jeder selbst entscheidet, ob er bei einem Spiel mitmachen möchte oder nicht. Vertrauen kann man nicht befehlen. Alle Spiele erfordern Disziplin und Rücksichtnahme, sonst ist Vertrauen schnell verspielt.)

1. Alle stellen sich hintereinander in einen engen Kreis. Dann gehen alle langsam und gleichmäßig in die Hocke und setzen sich auf die Knie ihres Hintermannes. Wenn alle sitzen, dann kann man sich langsam als Kreis vorwärts oder auch rückwärts bewegen.

2. Ein Kind legt sich auf den Boden. Zwei Mitarbeiter/innen stellen sich am Kopf und an den Füßen des Kindes auf und heben es hoch über ihre Köpfe (darauf achten, dass das Kind guten Halt hat). Dann können sie es in der Luft leicht hin und her schaukeln, oder auch ein bisschen kippen.

3. Stehaufmännchen: Immer acht bis zehn Leute bilden einen dichten Stehkreis. Eine Person steht in der Mitte mit geschlossenen (eventuell verbundenen) Augen und lässt sich in gestreckter Haltung in verschiedene Richtungen fallen. Die anderen Personen müssen diese auffangen und wieder in die Senkrechte bringen. Das Spiel sollte in Ruhe und Konzentration ablaufen.

4. Vor allem mit jüngeren Kindern kann man auch folgendes Spiel machen: Zwei Mitarbeiter/innen halten eine stabile Decke als Hängematte. Ein Kind legt sich nun hinein und wird langsam geschaukelt. Wenn die erste Angst überwunden ist, kann das Schaukeln kräftiger werden.

Einführung zur Erzählung:
Wenn die Übungen mit der Gruppe besprochen sind, kann die Geschichte (s. Beispiel: Die Heilung des Gelähmten) selbst erzählt werden. Folgende Rollen werden anschließend verteilt:

Erzählerin/Erzähler
Gelähmter, Jesus, vier Freunde und Leute auf der Straße

Mit folgenden Worten kann die Erzählerin/der Erzähler in das Spiel einführen:
»Die Geschichte, die wir gerade gehört haben, kann lebendig werden. Durch uns und ohne Worte. Das ist ganz einfach. Ich erzähle die Geschichte noch einmal, wie vorhin. Und ihr spielt dazu.
Keine Spielerin und kein Spieler braucht zu reden. Alle spielen das, was erzählt wird.
Wer von euch möchte den Gelähmten spielen, der auf der Decke liegt und sich nicht bewegen kann? – Wer gehört zu den vier Freunden, die den Gelähmten tragen und mit ihm auf das Dach steigen? – Wer möchte Jesus darstellen, der den Gelähmten heilt?
Die übrigen Kinder, die noch keine Rolle haben, spielen die Leute auf der Straße. Die gehen ganz unterschiedlich. Das ist wichtig. Die einen gehen ganz langsam *(alle probieren die verschiedenen Bewegungsbeispiele gleich)* und schlurfen dabei. Andere gehen unbeschwert und fröhlich oder hüpfen vor Freude. Dann gibt es in der Geschichte welche, die gehen ganz leise und vorsichtig, damit sie der Gelähmte möglichst nicht hören kann.
Dann laufen alle Leute kreuz und quer. Plötzlich bleiben sie stehen und reden miteinander. Das wiederholt sich einige Male. Leute gehen aufeinander zu, bleiben stehen und reden miteinander. Das heißt ihr tut natürlich nur so, denn ihr spielt ja die Geschichte ohne Worte, während ich erzähle.
Das genügt als Vorbereitung, denn ihr habt ja die Geschichte schon gehört.
Die Decke hier soll die Matte des Gelähmten sein. Die gehört in die Mitte *(hinlegen)*.
Nun werden die Plätze verteilt:
Der Gelähmte legt sich auf seine Matte.
Alle anderen, seine Freunde und die Leute, stehen in einem großen Kreis um die Matte herum. Das Haus, zu dem die Leute laufen, ist in dieser Ecke *(zeigen)*.
Und nun gut aufgepasst. Hört genau hin, was zu tun ist. Das Erzählspiel beginnt.«

Beispiel: Die Heilung des Gelähmten (Markus 2,1–12)

(Anmerkung: Um der Erzählerin/dem Erzähler den Überblick zu erleichtern, steht in jeder Zeile nur ein Satz oder mehrere kurze Sätze. Pausen und Handlungsabschnitte können dadurch einfacher markiert werden. Beim ersten Auftritt ist eine Person im Text durch Kursivschrift hervorgehoben.)

Da liegt er, der *Gelähmte*.
Er liegt auf seiner Matte vor dem Haus und ruht sich aus.
Er liegt auf dem Bauch oder auf der Seite. Hauptsache, sein Ohr berührt die Erde.
Denn er will alles hören, jedes Geräusch.
Jetzt schließt er auch die Augen, damit er noch aufmerksamer jeden Schritt von der Straße her mitbekommt.
Da! Jetzt hört er Schritte. Ganz leise. *Leute*, die an ihm vorbei schleichen.
Die einen gehen langsam und schlurfen dabei.
Die anderen gehen unbeschwert und fröhlich.
Wieder andere hüpfen vor Freude.
Dann hört er nur ganz leise Schritte.
Das sind Leute, die vorsichtig an ihm vorbei gehen und nicht wollen, dass der Gelähmte sie bemerkt.
Doch plötzlich gehen die Leute hin und her, kreuz und quer.
Und jetzt? Jetzt bleiben sie stehen und reden miteinander:
»Hast du schon gehört? Er ist in der Stadt!«
Und dann? Dann gehen sie weiter.
Jetzt schon wieder. Sie bleiben stehen und reden miteinander:
»Hast du schon gehört? Ja! Er ist hier, in unserer Stadt, in Kapernaum.«
Es wiederholt sich mehrmals. Leute gehen aufeinander zu, bleiben stehen, reden miteinander und gehen dann weiter.
Auf einmal haben es die Leute eiliger. Sie gehen schneller. Immer näher stapfen sie an dem Gelähmten vorbei.
Der Gelähmte hört, wie Füße poltern und stampfen.
Immer lauter treten die Leute auf.
Doch dann laufen alle zu einem Haus. Einige drängen sich ins Haus, andere bleiben davor stehen.
Plötzlich ist überall Stille!
Alle lauschen ganz aufmerksam. Nichts rührt sich mehr. Keine Schritte.
Keine Geräusche. Nichts. Es ist ganz still.
Was ist geschehen?
Der Gelähmte hat die Augen noch geschlossen. Er horcht.
Da! Sind das nicht wieder Schritte?
Seine *Freunde* kommen zu ihm. Sie berühren ihn.

Der Gelähmte öffnet die Augen.
Die Freunde fassen jeder einen Zipfel der Matte und nehmen ihn mit.
Der Gelähmte staunt. Was ist los? Was haben seine Freunde mit ihm vor?
Er schreit: »Wo bringt ihr mich hin?«
Sie rufen ihm zu: »Jesus ist in Kapernaum! Er kann dir bestimmt helfen!«
Sie tragen ihn durch die Straßen von Kapernaum.
Sie schleppen ihn über den Marktplatz.
Danach geht es durch eine enge Gasse.
Schließlich gelangen sie zu einem Haus. Vor dem stehen viele Leute.
Die Freunde versuchen, sich durch die Menge der Leute zu drängen.
Vergeblich.
Da entdecken sie einen anderen Weg. Hinauf auf das Dach!
Sie klettern hoch und legen ihren Freund vorsichtig nieder.
Aber was machen sie da? Sie decken das Dach ab.
Die Leute vor dem Haus wundern sich, auch die Leute im Haus erschrecken:
»Was ist da los? Jemand zerstört das Haus!«
Als das Loch groß genug ist, nehmen sie wieder die Matte und heben damit den
Freund hoch. Dann lassen sie ihn ganz vorsichtig hinunter, durch das Loch im
Dach, bis auf den Boden.
Die Leute schütteln verwundert den Kopf: »Sind die verrückt?
Was wollen die nur?«
Da kommt *Jesus.* Die Leute machen ihm Platz.
Als Jesus vor dem Gelähmten steht, lächelt er: »Deine Freunde haben großes
Vertrauen zu mir. Sie glauben, dass ich dir helfen kann. Das stimmt. Ich sage dir:
Du gehörst zu Gott, wie andere Menschen auch.«
Die Leute empören sich und murren: »Was erlaubt sich Jesus?
Der Gelähmte da gehört zu Gott?«
Jesus sieht sich um und sagt den Leuten: »Was ist leichter? Den Gelähmten dort
in unsere Gemeinschaft aufzunehmen oder ihn zu heilen? Seht! Gott gibt mir die
Macht, beides zu tun!«
Dann kniet sich Jesus zum Gelähmten nieder und berührt ihn:
»Deine Freunde und du, ihr gehört dazu. Steh auf, nimm deine Matte
und geh heim!«
Auf einmal spürt der Gelähmte, wie er seine Füße bewegen kann.
Als er sich hinsetzt und seine Beine bewegt, wundern sich alle.
Dann steht er auf, reckt und streckt sich und springt vor Freude in die Luft.
Dann nimmt er seine Matte und geht fröhlich durch die Menge der Menschen.
Seine Freunde freuen sich auch und laufen ihm hinterher.
Die Leute aber staunen und rufen: »So etwas haben wir noch nie gesehen!«

Ewald Schulz und Peter Hitzelberger

Bibliodramatisches Erzählen

VORBEMERKUNGEN

Methode:

Ein Erzähler/eine Erzählerin führt in die Geschichte ein, erzählt und bringt die Personen(gruppen) ins Spiel.

In unserem Beispiel tritt im Laufe der Geschichte zusätzlich ein »Verwalter« *(gespielt von einer Mitarbeiterin/einem Mitarbeiter)* auf, der in den möglichen Verlauf »eingeweiht« ist und bestimmte Impulse für das Spiel gibt.

Der Erzähler/die Erzählerin fungiert gleichzeitig als Spielleiter/in. Die jeweiligen Erzählimpulse sollen Spielmöglichkeiten eröffnen. Die Handlung ist also nicht von vorneherein festgelegt. Es sollen sich im Spiel durchaus mehrere Handlungsalternativen ergeben, die dann gespielt werden können.

Der einzelne, wie auch die jeweilige Gruppe, identifizieren sich zunehmend mit ihrer Rolle und bestimmen selbst die Dramatik der Handlung mit. Ihre Gefühle und spontanen Reaktionen kommen ins Spiel. Die handelnden Personen setzen sich ganz anders miteinander und dem Text auseinander, als es beim Spielen eines vorgegebenen Rollentextes der Fall wäre.

Geeignete Altersgruppe:

Ab 8 Jahre. Durch intensive Auseinandersetzung der Spieler/innen mit den einzelnen Rollen kann man solche Geschichten so ausgestalten, dass es auch für Jugendliche und Erwachsene eine große Bereicherung ist.

Material und Aufwand:

Für die Beispielgeschichte werden drei Umhängeschilder mit den Familiennamen benötigt, drei Marktstände mit diversen (Papp-)früchten, entsprechende Preisschilder für Früchte, »Denar«-Geld, Schuldscheine, Stifte.

Zeitdauer: 30 Minuten und länger

Beteiligungsmöglichkeiten:

Alle können mitmachen. Das im Folgenden ausgeführte Beispiel geht von ca. 22 Kindern aus, die in die Rolle der »Familien« und des »reichen Mannes« schlüpfen können. Die übrigen Kinder sind als »Marktbesucher« in der Marktszene aktiv beteiligt und ansonsten in der Zuschauerrolle.

▷ ▷ ▷

Beispiel: Das Gleichnis vom unehrlichen Verwalter
(Lukas 16,1–9)

Ich will euch eine Geschichte erzählen, da geht es um sehr viel Geld. Die Geschichte spielt vor vielen, vielen Jahren. Zunächst möchte ich euch die wichtigsten Personen vorstellen.

Es geht in der Geschichte um mehrere Familien mit vielen Kindern, um einen reichen Mann und um seinen Verwalter. Und es kommen in der Geschichte auch mehrere Personen vor, die auf einem Markt Obst und Gemüse einkaufen.

(Es werden drei »Großfamilien« mit jeweils ca. sieben Kindern eingeteilt. Der Vater und die Mutter bekommen ein Schild mit dem Familiennamen umgehängt. Jede Familie wird in eine Ecke des Raumes geschickt. Ein »reicher Mann« setzt sich auf einen herrschaftlichen Stuhl etwas abseits des Geschehens. Sein »Verwalter« sitzt daneben, z.B. auf dem Boden. Die »Marktbesucher« halten sich in der vierten Raumecke auf.)

Es gab früher viele Großfamilien. Diese Familien hatten sehr wenig Geld und waren ziemlich arm. Sie arbeiteten den ganzen Tag in der Landwirtschaft, auf großen Feldern. Sie gruben den Boden um, säten und pflanzten. *(Die Familien beginnen in ihrer Ecke, auf den »Feldern« zu arbeiten: hacken, säen, pflanzen.)*

Und wenn das Wetter gut war, wuchs viel Gemüse, Obst oder Getreide auf den Feldern. Aber wenn das Wetter schlecht war, wuchs natürlich weniger.

Das war eine harte Arbeit auf den Feldern. Auch die Kinder mussten schon mitarbeiten. Den ganzen Tag. Von morgens bis abends. Das war für alle sehr anstrengend.

Wenn etwas auf den Feldern gewachsen war, wurde es geerntet.

(Familien spielen die Ernte: pflücken, ausgraben oder abschneiden).

Und die Familien verkauften auf dem Markt in der Stadt Obst, Gemüse, Getreide, Olivenöl und so weiter. Und wer etwas von ihnen kaufte, bezahlte mit Geld.

(Die drei Familien verteilen sich auf drei Marktstände mit Früchten und bieten sie zum Verkauf an. Alle Früchte haben ein Preisschild in Höhe von 1 oder 2 oder 3 Denaren. – Die »Marktbesucher« kaufen auf dem Markt ein. Dafür bekommen sie vom Erzähler insgesamt 75 Denare als Handgeld.)

Von dem Geld aus dem Verkauf hätten die Familien eigentlich recht gut leben können. Sie hätten sich kaufen können, was sie sonst noch unbedingt zum Leben brauchten – das unbedingt Lebensnotwendige.

Aber leider, leider war das nicht immer möglich. Die Sache hatte nämlich einen Haken. Denn die Felder, auf denen sie arbeiteten, gehörten nicht ihnen selbst. Sondern sie gehörten einem mächtigen reichen Mann. Und der hatte den Familien gesagt: »Okay, ihr dürft auf meinen Feldern arbeiten. Aber ihr müsst mir dafür Geld bezahlen. Von dem Geld, das ihr auf dem Markt bekommt, müsst ihr mir Geld abgeben. Geschenkt bekommt ihr von mir nichts. Das kommt gar nicht in Frage. Ihr müsst an mich zahlen!«

Den Familien blieb also gar nicht anderes übrig, als dem reichen, mächtigen Mann Geld zu zahlen. Der schickte jeden Monat seinen Verwalter vorbei. Dieser Verwalter sollte das Geld einkassieren.

(Der Verwalter tritt auf, stellt sich vor, geht zu den Familien und sagt, dass sie ihm am Monatsende jeweils 20 Denare geben müssen.)

Jetzt ist es soweit. Es ist am Ende des Monats. Der Verwalter macht sich auf den Weg, um von den Familien Geld zu kassieren. Das ist für die Familien eine schlimme Sache, 20 Denare bezahlen zu müssen. Sie brauchen doch mindestens 10 Denare zum Überleben!

(Der Verwalter verlangt von jeder Familie 20 Denare. Es kommt zu Diskussionen mit den Familien über die Höhe der geforderten Geldsumme. Schließlich darf jede Familie z.B. 10 Denare notgedrungen für sich behalten. Über die nicht zahlbare Restsumme stellt der Verwalter jeweils einen Schuldschein aus.)

So geht das häufig. Immer wieder diese Schuldscheine. Von Monat zu Monat werden es mehr. Die Familien können den reichen Mann und seinen Verwalter gar nicht leiden. – Was sollen sie tun?

(Die Familien überlegen und spielen Handlungsmöglichkeiten.)

Eines Tages geschieht folgendes: Da lässt der reiche Mann seinen Verwalter zu sich rufen *(Verwalter tritt vor den reichen Mann)* und sagt zu ihm: »Was habe ich da gehört? Was haben andere über dich erzählt? Du gehst nicht sorgfältig mit dem Geld um, das du den Familien in meinem Auftrag abnimmst? Das ist eine Unverschämtheit von dir! Liefere morgen alle Schuldscheine bei mir ab. Du kannst nicht mehr mein Verwalter sein. Ich werde dich entlassen!«
Der Verwalter geht weg und überlegt sich: »Was soll ich nur machen? Was soll ich nur machen? Betteln am Straßenrand? – Da schäme ich mich zu sehr! – Als Bauer wie alle diese Familien auf den Feldern arbeiten? – Das kann ich nicht! – Aber ich habe da eine pfiffige Idee:

(Der Verwalter geht mit den Schuldscheinen zu den Familien: »Wieviel schuldet ihr meinem Herrn?«, fragt er jede Familie. Dann ersetzt er die alte Summe durch eine niedrigere Summe und sagt: »Jetzt schuldet ihr meinem Herrn nur noch x Denare. Ihr habt jetzt viel weniger Schulden.«
Die Familien überlegen und spielen Handlungsmöglichkeiten, ebenso auch der Verwalter in seiner Beziehung zu den Familien und dem reichen Mann. Die Alternativen werden besprochen.)

Wilfried Diesterheft-Brehme

Erzählen mit einem Bewegungslied

VORBEMERKUNGEN

Methode:

Die Kinder nehmen den Platz von Personen in der Geschichte ein und erleben mit ihnen die entscheidenden Szenen. Diese Methode kann für eine ganze Erzählung oder für die Vertiefung eines bestimmten Teils der Geschichte eingesetzt werden. Im nachfolgenden Beispiel geht die Erzählung des biblischen Textes voraus.

Geeignete Altersgruppe:

Je nach Gestaltung für alle Altersgruppen, auch für altersgemischte Gruppen geeignet. Kinder ab 11 Jahren werden das Singen mit den Bewegungen vielleicht als »kindisch« ansehen.

Material und Aufwand:

Um die Atmosphäre der Geschichte nahezubringen, können einfache Requisiten und Kostüme eingesetzt werden. Die Erzählung muss auf die Methode gut abgestimmt sein. Sie muss linear, d.h. ohne Rückblende und mehrgleisige Handlungsstränge verlaufen.

Zeitdauer:

20–30 Minuten, je nachdem ob das Lied bekannt ist oder neu eingeführt werden muss.

Gestaltungsmöglichkeiten: Die ganze Gruppe ist einbezogen.

Beispiel: Paulus und Silas im Gefängnis
(Apostelgeschichte 16,22–40)

Vorbereitung:

Eine lange Papierbahn von mehr als einem Meter Breite (Packpapier o.ä.) wird an den vier Ecken von außen gehalten. Die »Eckpfeiler« sind Eltern oder Mitarbeiter. So entsteht eine »Gefängniszelle«. Auf der Papierbahn versammelt sich die ganze Spielgruppe. Die Eltern können über den Papierrand schauen und erleben so die Geschichte auch mit, aber aus anderer Perspektive.

Die Erzählung führt die Kinder mit Paulus und Silas in die Gefängnissituation ein. Sie sitzen auch wie Gefangene, die Beine dicht nebeneinander, die Arme eng am Körper.

Als Gesang von Paulus und Silas wird das Lied: *»Gottes Liebe ist so wunderbar«* vorgestellt und mit den Kindern gesungen. Sie lernen es als Mitgefangene von Paulus und Silas. Sie singen zunächst im Sitzen. Wenn das Singen klappt, werden die Bewegungen eingeführt. Dazu stehen die Kinder auf.

Gottes Liebe ist so wunderbar	*Zeile wird dreimal gesungen*
so wunderbar groß.	
So hoch, nichts kann höher sein	*Arme hoch strecken*
So tief, nichts kann tiefer sein	*sich ganz klein machen*
So weit, nichts kann weiter sein	*Arme zur Seite strecken*
So wunderbar groß.	*Arme weit hoch.*
(Melodie: Rock my soul ...)	

Das Wort »Liebe« kann ausgewechselt werden gegen: Güte, Treue, Gnade.

Die Leiterin/der Leiter macht die Bewegungen vor und mit. Bei jedem Singen werden die Bewegungen der »Gefangenen« freier und weiter. Sie machen auch vor den Mauern nicht halt. Sobald die Leiterin beginnt, mit ihren Armen die Mauer (Papierbahn) einzureißen, machen die Kinder das mit Vergnügen auch. Die »Eckpfeiler« sind – wenn sie nicht vorher Bescheid wissen – irritiert oder verärgert, aber das macht nichts.

Wenn die Mauern in Trümmern liegen, setzt sich die Leiterin/der Leiter dazwischen und bittet alle anderen, sich auch zu setzen. Sie/er erzählt den Kindern, etwa mit folgenden Worten: »Ja, so ist das mit Paulus und Silas auch gewesen. ›Sie haben gesungen. Alle haben es gehört. Und dann war es wie ein Erdbeben und die Türen des Gefängnisses sind aufgesprungen und die Mauern sind zerbrochen und sie waren frei. Der Wärter hat große Angst bekommen. Er hat gedacht: ›Jetzt sind alle Gefangenen weggerannt und ich werde bestraft.‹«

So wird die Geschichte in den Trümmern fortgesetzt.

Am Ende können die Kinder die Mauerfetzen mit einer Sonne (bei anderen Liedern muss man sich passende Symbole überlegen) bemalen, sie können aber auch – wenn es Raum und Zeit erlauben – in den Papierfetzen herrlich frei toben, weil der Wärter und natürlich auch alle anderen so überglücklich sind.

Ausblick

Alle Beteiligten hatten viel Spaß bei dieser Darstellung der Geschichte. Sie war schlüssig in der Verbindung von Methode und Inhalt und hat das Geschenk der Freiheit unmittelbar spürbar gemacht. Sie kommt der Freude von Kindern an Bewegung sehr entgegen.

Katja Sember

Geschichten auf dem Rücken erzählt

VORBEMERKUNGEN

Methode:

Zwei Personen, die sich mögen und keine »Berührungsängste« haben, bilden zusammen jeweils eine Gruppe. Eine Person legt sich auf den Boden, stellt sich oder setzt sich vor die andere Person. Die zweite Person stellt nun mit den Fingern oder den Händen die Geschichte auf dem Rücken des anderen dar. Der Rücken ist wie eine Tafel, die Finger sind die Figuren oder die Stifte. Die Geschichte wird zweimal erzählt, so dass jeder einmal die Geschichte auf dem Rücken spürt und einmal gestaltet.

Kinder, die solche Berührungserfahrungen nicht kennen, müssen behutsam herangeführt werden. Suchen Sie sich für den Anfang eher ruhigere Geschichten aus.

Mit dieser Methode können alle bewegten und Weg-Geschichten erzählt werden, z.B. Israel zieht durch das Schilfmeer, die Sturmstillung, das Gleichnis vom Sämann, Pfingsten, Saulus wird Paulus.

Variante:

Alle stellen sich im Kreis auf und schauen auf den Rücken der Person, die vor ihnen steht. Wenn der Rücken zu weit weg ist, gehen alle einen Schritt nach innen! Nach vorne gehen nützt nichts! In diesem Falle muss die Geschichte nur einmal erzählt werden, aber jeder und jede ist mit Spüren und Gestalten gleichzeitig beschäftigt.

Eine Variante, die man eher bei älteren Kindern anwenden kann.

Geeignete Altersgruppe:

Ab 4 Jahren ist dies für Kinder eine schöne Körpererfahrung.

Material und Aufwand:

Wenn man diese Methode im Stehen oder Sitzen durchführt, ist kein Material erforderlich, beim Liegen auf dem Bauch ist eine Decke und ein kleines Kissen für den Kopf notwendig.

Zeitdauer:

Wenn Kinder diese Methode mal etwas gewöhnt sind, dann macht ihnen das sehr viel Spaß und sie entwickeln große Phantasie im Ausdruck der Elemente der Geschichte. Ebenso genießen sie das, was auf ihrem Rücken Gestalt bekommt. Achten Sie gerade deshalb aber darauf, dass die Geschichte nicht zu lang wird und die Spannung der Kinder erhalten bleibt. Setzen Sie die Methode lieber wieder bei einer anderen Geschichte ein.

Beteiligungsmöglichkeiten: Alle sind aktiv und passiv beteiligt.

Beispiel: Die Noahgeschichte (1. Mose 7–9)

Als Beispiel wird hier nur eine Kurzfassung vorgestellt. Beim Erzählen muss die Geschichte breiter ausgeführt werden. Die Bewegungen auf dem Rücken sind in Klammern angegeben.

Ein kleiner Mann stieg auf einen großen Berg *(mit den Fingern den Rücken »herauf krabbeln«)*. Dort setzte er sich hin und sah sich um. Langsam fing es an zu regnen *(abwechselnd mit den Fingerspitzen sacht über den Rücken klopfen)*. Und auf einmal wusste er: Er musste ein Schiff bauen. So baute er ein Schiff. Er hämmerte, *(nicht zu fest auf den Rücken ...)* sägte, klopfte, nahm Maß, fügte zusammen: kleine Hölzer, große Balken und viele, viele Bretter. Schließlich war das Schiff fertig und er strich es mit Pech ein *(über den Rücken von oben nach unten streichen)*.

Er öffnete die Tür und es kamen: zwei Fliegen *(die Tiere bewegen sich über den Rücken)*, zwei Schlangen, zwei Elefanten, zwei Frösche, zwei Störche, zwei Trampeltiere, zwei Rehe, ... und zum Schluss auch Menschen. Alle gingen in den Bauch des großen Schiffes, das der Mann gebaut hatte.

Es regnete immer noch. Der Regen war zunächst zart *(mit den Fingerspitzen langsam auf den Rücken tropfen lassen, dann stärker)*. Aber er wurde stärker. Schließlich regnete es in Strömen. Der Regen platschte herab. Blitze und Donner kamen: ein Gewitter. *(Den Wechsel der Regenarten mit den Fingern nachmachen.)* Das Wasser auf der Erde stieg. Das Schiff schwamm auf dem Wasser. Es schaukelte auf den Wellen. Dann regnete es nur noch ganz wenig. Die Sonne kam heraus *(Hände auflegen und die Wärme spüren lassen)*.

Ein großer Regenbogen erschien am Himmel *(mit den Fingern einen Bogen auf den Rücken zeichnen)*. Der Regen hörte auf. Die Erde war wieder trocken.

Da öffnete der kleine Mann die Tür, und alle Tiere kamen wieder heraus *(die Tiere bewegen sich wieder über den Rücken)*: ... die Rehe, die Trampeltiere, die Störche, die Frösche, die Elefanten, die Schlangen, die Fliegen und auch die Menschen.

Das Leben begann wieder neu.

Rüdiger Maschwitz / Dieter Witt

Erzählen mit Bewegungsspiel

VORBEMERKUNGEN

Methode:

Die Bewegungsmomente und Stimmungen der Geschichte werden direkt in Bewegung und/oder Sprache und/oder Mimik umgesetzt. Die Geschichte wird hautnah miterlebt, weil sich viele Möglichkeiten zur Identifikation anbieten. Der Erzähler macht jeweils Bewegung/Sprache/Mimik vor. Die Kinder wiederholen mit ihm gemeinsam die vorgeschlagene Aktion.

Bei dieser Wiederholung dramatisiert der Erzähler das Geschehen und leitet fließend zum nächsten Moment der Handlung über.

Geeignete Altersgruppe: 4 – 11 Jahre

Material und Aufwand:

Keine, denn alles entsteht durch die Fantasie der Kinder.

Zeitdauer: 10 Minuten und länger

Beteiligungsmöglichkeiten:

Alle können mitmachen. Es ist günstig, wenn alle Kinder den Erzähler und Vormacher gut sehen können.

Beispiel: Die Berufung der ersten Jünger (Lukas 5,1–11)

Als Beispiel wird hier ein Ausschnitt aus einer »Erzählskizze« mit verschiedenen Gestaltungsvorschlägen vorgestellt. Die Erzählung sollte jeder selbst gestalten und ohne Textvorlage darbieten.

Petrus und Andreas steigen in ihr Boot und fahren wie jeden Abend hinaus zum Fischen auf den See.

Die Kinder sitzen auf Stühlen und rudern mit ihren Armen.

In der Nacht beim Fischfang auf dem See.

Die Kinder stellen sich auf ihre Stühle und werfen mit leeren Händen mehrmals Netze aus; nach einiger Zeit ziehen sie die leeren Netze leicht nach oben. Sie lassen die Köpfe hängen.

Petrus und Andreas sind morgens wieder an Land und haben schlechte Laune.

Die Kinder setzen sich wieder auf ihre Stühle und nehmen eine »schlechte Laune Haltung« ein.

Jesus kommt.

Die Kinder schauen interessiert zu ihm hin.

Jesus sagt: Setzt euch doch wieder ins Boot, fahrt hinaus und werft die Netze nochmal aus. Aber Petrus sagt: »Das hat doch eh keinen Zweck!«

Abschätzige Handbewegung

Petrus vertraut Jesus. Zusammen mit Andreas fährt er noch einmal hinaus. Sie fangen viele Fische.

Die Kinder steigen wieder auf ihre Stühle und ziehen die schweren Netze mühsam ins Boot.

Jesus fragt: »Wollt ihr meine Freunde sein, zu mir gehören und mit mir ziehen?« Petrus und Andreas sagen: **»Ja.«**

Alle Kinder rufen: »Ja.«

Erzählen mit Sprechchhor

VORBEMERKUNGEN

Methode:

Erzählen mit Sprechchor ist eine Gestaltungsform, die schon in der Antike für Aufführungen benutzt wurde, um Inhalte zu verstärken und dramaturgisch umzusetzen. Einige biblische Geschichten sind für diese Erzählform gut geeignet, da in ihnen ein chorisches Element angelegt ist. In unserem Beispiel werden die Jünger-Gruppe und die Menschen in Kanaan als Chor angelegt. Sie bekräftigen die Ablehnung und die Bitte um Hilfe. Methodisch ist das Erzählen mit Sprechchor so gestaltet, dass alle – ohne Vorbereitung – mitsprechen können, da sie die Sätze eines »Vorsprechers« nachsprechen.

▶ *Tipp: Im Verlag Junge Gemeinde ist 2003 ein Taschenbuch erschienen, in dem viele – verschiedenartig gestaltete – biblische Erzählungen von Jürgen Koerver gesammelt sind, darunter mehrere Geschichten mit Sprechchor: »Herr Gottreich lädt zum Fest. Biblische und beinahe biblische Geschichten«, 384 Seiten (ISBN 3-7797-0400-5).*
Auch im »Material-Dienst«, der zweimal jährlich vom Rheinischen Verband für Kindergottesdienst herausgegeben wird, finden sich immer wieder Beispiele für diese Erzählform (Bezug: Rheinischer Verband für Kindergottesdienst, Missionsstraße 9B, 42285 Wuppertal).

Geeignete Altersgruppe:

4–10 Jahre; ältere Kinder finden diese Form je nach Inhalt leicht albern, vor allem dann, wenn die Geschichte »blaß« dargeboten wird. Ältere Kinder können sich aber als Sprecher/innen beteiligen.

Material und Aufwand:

Die Erzählerin/der Erzähler bzw. die Vorsprecherin/der Vorsprecher brauchen den Text in ihrer Hand und sollten ihn geübt haben, so dass nur kurze Blicke auf den Text nötig sind. Die Mitspielgruppe sollte im Auge behalten werden, um sie zu motivieren und zum dramaturgischen Gestalten anregen zu können.

Zeitdauer: 15–25 Minuten.

Beteiligungsmöglichkeiten: Alle sind in unterschiedlicher Intensität beteiligt.

Beispiel: **Bleib dran, Leila** (Matthäus 15, 21–28)

Ein Spiel für fünf Sprecher/innen und zwei Sprechchöre. Die Mitarbeiter/innen oder ältere Kinder übernehmen vier Sprechrollen (Leila, Fatima, Jünger, Jesus), die Kinder teilen sich in zwei Gruppen. Eine Gruppe (1. Chor) unterstützt Leila, die andere Gruppe (2. Chor) die Jünger und Jesus. Besonders Leila regt ihre Gruppe zu lautem und deutlichem Wiederholen (Protest) an. Der Erzähler führt nur zum Spiel hin.

1. SZENE

Erzähler: Jesus ist unterwegs. Er kommt in das Gebiet, das sich am Mittelmeer entlang erstreckt. Es ist das alte ehemalige Land der Kananiter. Dort wohnt Leila mit ihrer Familie. Ihre Tochter Lea ist sehr krank. Die Freundin Fatima schaut herein.

Fatima: Hallo Leila, wie fühlt sich Lea?

Leila: Wie immer, träge und fiebrig liegt sie auf der Matte. Seit acht Wochen ändert sich nichts. Kein Arzt kann ihr helfen.

Fatima: Hat sie sich vergiftet? Ist ihr etwas aufs Gemüt geschlagen? War sie zu lange in der stechenden Sonne?

Leila: Vielleicht plagt sie ein böser Geist?

Fatima: Wer könnte nur helfen? – Moment! Vorhin kam eine Gruppe von Männern vorbei. Einer sah aus wie ein Lehrer – ein Rabbi.

Leila: Ein Wunder-Rabbi? Meinst Du wirklich?

Fatima: Leila, es waren jüdische Männer, nicht Männer aus unserem Volk. Vielleicht wollen sie gar nichts mit uns zu tun haben.

Leila: Egal, es geht um mein Kind! Ich werde es versuchen, ich werde alles versuchen, wirklich alles! Ich lasse ihn nicht los, bis er hilft.

Fatima: Leila, aber du weißt doch gar nicht, ob er helfen kann.

Leila: Mein Kind! Mein Kind! Ich werde alles versuchen!

(Fatima tritt zurück.)

2. SZENE

Erzähler: Leila geht in den Ort. Sie sieht einige jüdische Männer. Sie vermu-
              tet den jüdischen Rabbi unter diesen Leuten und versucht, zu ihm
              zu kommen. Aber sie kommt kaum näher. So ruft sie laut.

Leila: Du, du Sohn David, höre mich! *(Pause)*
              Du, du Sohn David, höre mich!

1. Chor: Du, du Sohn David, höre mich! (Pause)

Erzähler: Leila drängt sich näher und näher, aber Jesus schaut sie nicht an. Er
              reagiert nicht auf ihre Rufe.

Leila: Du, du Sohn David, warte auf mich!

1. Chor: Du, du Sohn David, warte auf mich! (Pause)

Leila: Habe Mitleid mit mir!

1. Chor: Habe Mitleid mit mir! (Pause)

Jünger: Los, Frau, verschwinde!

2. Chor: Los, Frau, verschwinde! *(Pause)*

Erzähler: Den Freunden Jesu wird diese Frau immer lästiger. Sie gibt nicht
              nach und schweigt nicht.

Leila: Meine Tochter ist krank. Hilf mir doch!

1. Chor: Meine Tochter ist krank. Hilf mir doch! *(Pause)*

Jünger: Geh, Frau. Du störst uns!

2. Chor: Geh, Frau. Du störst uns!

Leila: Ich bleibe, bis ich Hilfe erfahre!

1. Chor: Ich bleibe, bis ich Hilfe erfahre! *(Pause)*

Erzähler: Endlich wendet sich Jesus der Frau zu. Er kann sie nicht mehr überhören.

Jesus: Ich bin Jude und kann nur meinem Volk Israel helfen.

Leila: Hilf meinem Kind!

1. Chor: Hilf meinem Kind! *(Pause)*

Jesus: Meine Kraft gehört meinem Volk. Ich kann dir meine Kraft nicht geben. Man nimmt auch nicht Kindern das Essen und gibt es den Hunden.

Leila: Aber man gibt den Hunden wenigstens die Reste! Mir reichen schon die Reste. Ein wenig hilft uns schon!

1. Chor: Ein wenig hilft uns schon!

Leila: Ich bin nicht aus deinem Volk, aber ein wenig von deiner Kraft würde mein Kind retten! *(Pause)*

Jesus: Du hast ein großes Vertrauen, Frau!

2. Chor: Du hast ein großes Vertrauen, Frau!

Leila: Hilf!

1. Chor: Hilf!

Jesus: Was du willst, geschehe! *(Pause)*

         (Leila entfernt sich von der Gruppe. Da kommt Fatima ihr entgegen.)

Fatima: Leila, deine Tochter ist aufgestanden. Sie hat kein Fieber mehr. Sie fragt nach dir.

Rüdiger Maschwitz

Erzählen mit einer Handpuppe und »Chor«

VORBEMERKUNGEN

Methode:

Eine Geschichte wird erzählt, bei der eine Handpuppe (Raupe/Schmetterling) zum Einsatz kommt und die Kinder einfache Sätze, die zugleich die Entwicklung der Geschichte markieren, mitsprechen.

Es handelt sich also um eine Mischung aus »Erzählen mit einer Handpuppe« und »Erzählung mit Chor«. Sie zeigt, dass man auch verschiedene in diesem Buch vorgestellte Methoden miteinander kombinieren kann.

Das hier vorgestellte Beispiel ist eine außerbiblische Geschichte, in der die Figur Raupe/Schmetterling zum Sinnbild für eine überraschende Veränderung und Entwicklung wird, die sich durch Einwände nicht beirren lässt.

Die Methode lässt sich bei allen Veränderungs- und Entwicklungsgeschichten anwenden. Denkbar ist z.B. auf vergleichbare Weise eine Umsetzung der Ostergeschichte (altes Leben/Tod und neues Leben).

Geeignete Altersgruppe:

Solche Veränderungsgeschichten sind vor allem gut platziert an den Übergängen Kindergarten – Grundschule (5–7 Jahre) oder Grundschule – weiterführende Schule (10–11 Jahre).

Als Methode zur Begleitung der Ostergeschichte kann sie bei allen Altersgruppen eingesetzt werden.

Material und Aufwand:

Benötigt wird die Handpuppe von Folkmanis »Raupe/Schmetterling« – eine Raupe, die sich durch »Umkrempeln« in einen bunten Schmetterling verwandeln lässt. (Bezug bei: Firma Holzenlotz GbR, Marcel und Jean Pierre Weiß, Vorstadt 1, 95028 Hof, Telefon 09281/8 33 90 33; Internet: www.folkmanispuppen.de; Artikelnummer: 800 6005. Die Figur ist 33 cm und kostet derzeit € 39,90)

Geschickte Menschen können eine solche Handpuppe auch selbst herstellen. Zusätzlich ist es möglich, für jedes Kind eine »Segensraupe« aus Karton anzufertigen (s. »Beteiligungsmöglichkeiten«).

Zeitdauer:

Entsprechend der Dauer der Geschichte. Zeitaufwändig in der Vorbereitung ist das Kopieren und Ausschneiden der »Segensraupen« zum Umhängen.

Beteiligungsmöglichkeiten:

Durch das Mitsprechen der Kernsätze werden die Kinder in den Veränderungsvorgang mit einbezogen. Sie können das, was mit der Raupe geschieht, auf sich selbst beziehen. Dieser Eindruck kann noch verstärkt werden, indem die Kinder abschließend eine »Segensraupe« aus Karton zum Umhängen mitbekommen.

Bastelanleitung:
Die Vorlage (S. 149) wird auf grünen Fotokarton kopiert und ausgeschnitten. Dann wird an der markierten Stelle ein Faden durchgezogen, so dass die Raupe umgehängt werden kann. Das Innere der Raupe kann in der Vorlage auch frei gelassen werden, so dass ein anderer Segensspruch hineingeschrieben werden kann. (Der Vers in der Vorlage ist in Anlehnung an das Lied: »Gott, dein guter Segen« (LJ 382, KG 20) ausgewählt.

Beispiel: Was aus mir noch einmal werden wird ...
(Mutmachgeschichte)

(Gespielt wird mit der oben genannten Folkmanispuppe.)

Es war einmal eine wunderschöne Raupe, die kroch im Garten bald hierhin, bald dahin, bald hierhin und sagte: »Was aus mir noch einmal werden wird.«

Alle: »Was aus mir noch einmal werden wird.«

Und dann kroch sie weiter an das andere Ende des Gartens, kroch hierhin, kroch dahin, kroch hierhin, kroch dahin und sagte: »Was aus mir noch einmal werden wird.«

Alle: »Was aus mir noch einmal werden wird.«

Und sie kam in die Nähe des großen, runden, dicken Kohlkopfs, und der hörte, wie sie gerade wieder sagte: »Was aus mir noch einmal werden wird.«

Alle: »Was aus mir noch einmal werden wird.«

Und da sagte er sehr von oben herab – wie es eben die Art eines Kohlkopfes ist: »Na, was denn!«

Alle: »Na, was denn!«

Aber die kleine Raupe kroch weiter, kroch hierhin, kroch dahin, kroch hierhin und sagte, dass es alle hören konnten: »Was aus mir noch einmal werden wird.«

Alle: »Was aus mir noch einmal werden wird.«

Da kam sie in die Nähe des Stachelbeerstrauchs. Der Stachelbeerstrauch, der hatte das auch gehört, und der sagte den selben Satz wie der Kohlkopf – aber er sagte ihn spitz, wie es die Art eines Stachelbeerstrauchs ist: »Na, was denn!«

Alle: »Na, was denn!«

Aber die kleine Raupe war schon weiter gekrochen, kroch hierhin, kroch dahin und sagte, dass es alle hören konnten: »Was aus mir noch einmal werden wird.«

Alle: »Was aus mir noch einmal werden wird.«

Da kam sie in die Nähe des Radieschens. Und das Radieschen sagte den selben Satz wie der Kohlkopf und der Stachelbeerstrauch auch – aber es sagte den Satz lieb und sanft, wie es die Art eines Radieschens ist: »Na, was denn!«

Alle: »Na, was denn!«

Da kroch die kleine Raupe weiter und sagte zum letzten Mal ganz leise: »Was aus mir noch einmal werden wird.«

Alle: »Was aus mir noch einmal werden wird.«

Dann kroch die kleine Raupe in die Nähe des Gartenzaunes und legte sich ganz still in die Sonne. Nach einer Weile fing sie an, sich ein Bettchen zu machen und sich in das Bettchen einzuwickeln, einzuspinnen, einzuwickeln, einzuspinnen, einzuwickeln, einzuspinnen, bis sie nicht mehr zu sehen war.

Als das der große, runde, dicke Kohlkopf sah, sagte er – sehr von oben herab, wie es seine Art ist: »Nun ist es aus mit ihr!«

Alle: »Nun ist es aus mit ihr!«

Und der Stachelbeerstrauch sah auch, wie sie da lag, stocksteif, still und unbeweglich, wie tot. Und da sagte auch der Stachelbeerstrauch den selben Satz wie der Kohlkopf – aber er sagte ihn spitz, wie es die Art eines Stachelbeerstrauches ist: »Nun ist es aus mit ihr!«

Alle: »Nun ist es aus mit ihr!«

Und auch das Radieschen sah die Raupe dort liegen, eingewickelt, still und unbeweglich, wie tot. Da sagte auch das Radieschen den selben Satz wie die beiden anderen – aber es sagte ihn mild und sanft, wie es die Art eines Radieschens ist: »Nun ist es aus mit ihr!«

Alle: »Nun ist es aus mit ihr!«

Aber es war gar nicht aus mit der Raupe! – Nach ein paar Tagen, da ruckte es und zuckte es, da ruckte es und zuckte es – und heraus kam ein wunderschöner Schmetterling!
Und er flog hin und her, hin und her und sagte: »Kennt ihr mich nicht mehr?«

Alle: »Kennt ihr mich nicht mehr?«

Da musste der große, runde, dicke Kohlkopf nach oben schauen, und er fragte sehr erstaunt: »Wer bist denn du?«

Alle: »Wer bist denn du?«

Und der wunderschöne Schmetterling flog hin und her, hin und her und sagte: »Kennt ihr mich nicht mehr?«

Alle: »Kennt ihr mich nicht mehr?«

Da musste auch der Stachelbeerstrauch nach oben schauen, und er sagte den selben Satz wie der Kohlkopf – aber er sagte ihn spitz, wie es die Art eines Stachelbeerstrauches ist: »Wer bist denn du?«

Alle: »Wer bist denn du?«

Und der wunderschöne Schmetterling flog hin und her, hin und her und sagte: »Kennt ihr mich nicht mehr?«

Alle: »Kennt ihr mich nicht mehr?«

Und das Radieschen sagte den selben Satz wie der Kohlkopf und der Stachelbeerstrauch – aber lieb und sanft und mild, wie es die Art eines Radieschens ist: »Wer bist denn du?«

Alle: »Wer bist denn du?«

Da kam der Schmetterling und setzte sich auf das Radieschen und machte die Flügel auf und zu, auf und zu und sagte ganz leise: »Ich war einmal eine kleine Raupe, und jetzt bin ich verwandelt und ein schöner Schmetterling!«

Aber er hatte es nicht leise genug gesagt, denn der große, runde, dicke Kohlkopf sagte sehr von oben herab: »Warum hast du das denn nicht vorher gesagt!«

Alle: »Warum hast du das denn nicht vorher gesagt!«

Und der Stachelbeerstrauch sagte spitz den selben Satz: »Warum hast du das denn nicht vorher gesagt!«

Alle: »Warum hast du das denn nicht vorher gesagt!«

Nur das Radieschen, das Radieschen sagte nichts, weil es ja schon alles wusste.

(Geschichte: Quelle unbekannt)

Birgit Brügge-Lauterjung / Ulrich Walter

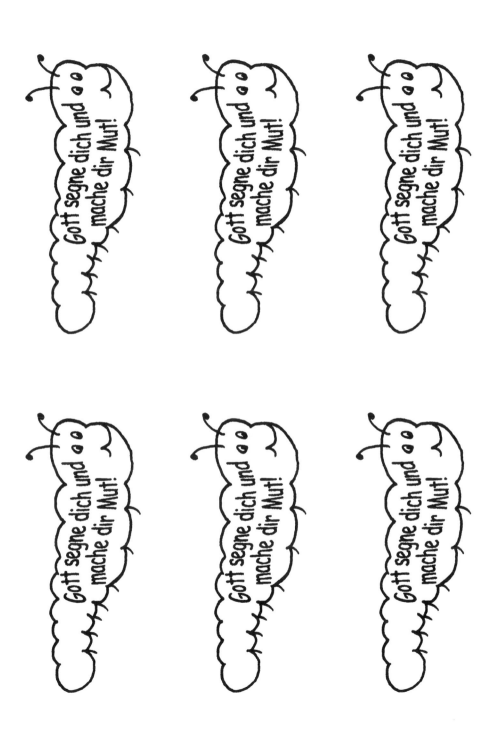

Erzählen mit geschminkten Händen

VORBEMERKUNGEN

Methode:

Eine Person erzählt die Geschichte und viele große und kleine Menschen spielen gleichzeitig mit.

Bevor die Erzählung beginnt, steht Schminke bereit, und jede und jeder wird eingeladen (sich selbst oder gegenseitig), auf die Handinnenfläche z.B. eine Blume oder einen Fisch zu malen.

Geeignete Altersgruppe: ab 4 Jahren

Material und Aufwand:

Papiertücher, Schminke

Aquacolor-Schminke ist vom Preis her erschwinglicher als Fettschminke, die im professionellen Theaterbereich verwendet wird. Auch das Abschminken ist bei Farben auf Wasserbasis leichter. Die Farben leuchten sehr schön. Wegen der Hautverträglichkeit sollte nur gute Schminke verwendet werden.

▶ *Tipp: Eine Palette mit 6 Farben (weiß, grün, schwarz, gelb, blau, rot) und Pinsel kann auch bezogen werden bei: Verlag Der Jugendfreund, Postfach 10 03 55, 70747 Leinfelden-Echterdingen, Best.-Nr. 811, Einzelpreis: € 4,50. Mengenpreise.*

Viele weitere Informationen, Beratung und Verkauf zum Thema »Schminken mit Kindern« bei: Franz Josef Heinrichs, Hegestraße 211, 45966 Gladbeck,

Telefon: 020 43 / 4 77 44, Fax 020 43 / 4 77 33, E-Mail: schminke@heinrichs.net;

Internet: wwww.kinder-schminke.de und www.kryolan-schminke.de.

Zeitdauer:

Das Malen dauert pro Person fünf Minuten, so dass die Dauer von der Anzahl der Personen abhängig ist.

Beteiligungsmöglichkeiten: Diese Methode lebt von der Beteiligung.

Beispiel: Die Blumen auf dem Felde (Matthäus 6,28–30)

Das Erzählen mit geschminkten Händen bietet eine einfache Möglichkeit, einen etwas sperrigen Text in ein Bild mit Erzählung umzusetzen. Die Hände der Kinder werden in den Innenflächen mit Blumen bemalt oder die Arme und die Hände werden als Blume, z.B. als Tulpe, geschminkt.

Die Erzählerin oder der Erzähler beschreibt das Wachstum der Blumen und ihre Schönheit ausführlich. Dazu können alle ihre bemalten Hände nehmen und sie zu einer Faust zusammenlegen. Langsam und behutsam öffnen sich die Hände, und die Blumen werden sichtbar. Zum Schluss bilden alle einen Kreis und halten ihre »Blumen« aufrecht, so dass die Vielfalt und Schönheit deutlich wird. Gut lässt sich diese Geschichte mit ruhiger Musik entfalten.

Alternativ: Wenn der ganze Arm geschminkt ist, werden die Arme hinter den Körper gehalten und können dann zur Erzählung langsam nach vorne kommen und wie eine Blume auf dem Felde hin und her schwanken.

Andrea Hänsel, ergänzt von Peter Hitzelberger

Erzählen mit Tanz

VORBEMERKUNGEN

Methode:

Eine biblische Geschichte wird mit einem Tanz (oft ein Tanz zu einem Lied) verknüpft. Dabei kann der Tanz Elemente der Geschichte herausheben und betonen oder einzelne Abschnitte der Geschichte können zu verschiedenen Teilen des Tanzes erzählt werden: Ein Tanz macht die Dimension der Bewegung in der Geschichte erlebbar. Die Methode ist auch besonders gut geeignet, den Rahmen für eine Erzählreihe zu schaffen. Inhaltlich gelingt diese Verbindung besonders gut bei Weg-Geschichten.

Geeignete Altersgruppe:

Ab 7 Jahren; bei einfachen Tänzen auch bereits ab 5 Jahren möglich.

Material und Aufwand:

Ein Raum, in dem sich die Gruppe bequem im Kreis aufstellen kann (es kann auch ein Oval sein). Schön ist es, wenn die Mitte des Raumes durch eine Kerze, einen Blumenstrauß oder/und mit Tüchern deutlich hervorgehoben ist.

Soll der Tanz mit Gesang begleitet werden, muss das Lied den Tanzenden bereits gut bekannt sein, denn mit dem Liederbuch in der Hand tanzt es sich schlecht. Eine rhythmisch sichere Gitarren-, Klavier- oder Orgelbegleitung ist eine wertvolle Unterstützung. Aber schön ist auch das Tanzen zur Musik von einer CD; das Mitsingen fällt so manchmal sogar leichter.

▶ *Tipp: Der Rheinische Verband für Kindergottesdienst bietet zwei Liederhefte und CD's mit Kreistänzen für eine bewegte Kinderkirche an:*
»Von Sonne bis Frosch 1«
Liederheft € 3,–; CD € 9,50; Liederheft und CD € 11,50
»Von Sonne bis Frosch 2«
Liederheft € 4,90; CD € 11,–; Liederheft und CD € 15,–
Beide zusammen gibt es zum Komplettpreis von € 24,–
Bestellung bei: Rheinischer Verband für Kindergottesdienst, Missionsstraße 9B,
42285 Wuppertal; Telefon 0202 / 28 20 -310; Fax 0202 / 28 20 -330; E-Mail: kigo@ekir.de

Zeitdauer:

Die insgesamt benötigte Zeit hängt davon ab, wie schwer der Tanz zu lernen ist. Weniger als 12–15 Minuten setze ich aber selbst für leichte Tänze nicht an, weil ich den Tanz nicht nur erklären, sondern auch mindestens zweimal tanzen möchte. Mehr als 25 Minuten sollte das Tanzen nicht in Anspruch nehmen, um die Konzentration der Kinder nicht zu überfordern.

Die Erzähleinheiten sollten 10 Minuten nicht überschreiten.

Beteiligungsmöglichkeiten:

Alle können mittanzen – ob leichtfüßig oder schwerfällig, ob im Rollstuhl oder zu Fuß. Tanze ich einen Tanz im Rahmen einer Erzählreihe mehrmals, dann kann ich Vorschläge der Kinder in den Tanz einbauen. Gerne beteilige ich im Vorfeld auch das Vorbereitungsteam und nehme dessen Tanzideen auf. Ein »Vortanzen« z.b. im Gottesdienst finde ich nur dann sinnvoll und stimmig, wenn auch die Gemeinde in den Tanz einbezogen wird.

Beispiel: »Lord of the dance« als Erzählrahmen für die Passionsgeschichte

(Das Lied ist auf der in den Vorbemerkungen empfohlenen CD »Von Sonne bis Frosch 1« des Rheinischen Verbands für Kindergottesdienst eingespielt.)

1. Variante: Der Tanz begleitet durch eine Erzählreihe

Die Idee und der Hintergrund:

Um die Passionsgeschichte wirklich einmal »ganz« zu erzählen und Jesu Kreuzestod nicht auszusparen, wähle ich einen Tanz zu einem Mut machenden Lied als Rahmen. Das Lied »Lord of the dance« (in seiner deutschen Übersetzung) bringt Jesu Leben, Tod und Auferstehung in das Bild eines Tanzes, der gerade kein Totentanz ist. Der Text des Liedes verschweigt Jesu Tod nicht, verharrt dabei aber auch nicht, sondern richtet den Blick auf die Auferstehung.

Der Erzählreihe zur Passion gebe ich die inhaltliche Struktur einer Weggeschichte, deren Stationen Begegnungen Jesu mit Menschen sind.

Ablauf:

1. Gemeinsam mit den Kindern übe ich das Lied (zunächst den Refrain und die erste Strophe).
2. Ich erzähle die erste Geschichte.
3. Ich führe den Tanz ein und stelle die Verbindung zum Lied und der ersten Strophe her.
4. Ich vermittle die Tanzschritte.
5. Gemeinsam wird der Tanz probiert und getanzt.
6. Nun kommt mit jeder Erzähleinheit eine Strophe des Liedes dazu.
7. Zum Abschluss der Erzählreihe wird der Tanz noch einmal ganz getanzt und der Bezug zwischen den Strophen und den gehörten Geschichten (gemeinsam mit den Kindern) verdeutlicht.
8. Wenn sich an die Erzählreihe ein (Familien-) Gottesdienst anschließt, kann ich auch die Gemeinde am Tanz beteiligen.

Erzählschritte:
Den Strophen des Liedes folgend erzähle ich die Passion in fünf Erzählschritten (z.B. eine Geschichte an jedem Sonntag oder jeweils eine Geschichte in jeder Kinderbibelwocheneinheit). Zunächst erzähle ich jeweils den entsprechenden Teil der Geschichte, dann wird die Geschichte im Tanz und in der entsprechenden Strophe des Liedes aufgenommen. Mit jeder neuen Einheit kommt eine neue dazu, die Geschichte bleibt den Kindern also im Zusammenhang vor Augen.

Ist das Lied der Gruppe noch nicht bekannt, dann führe ich es zunächst mit seinem Refrain und der ersten Strophe ein. Auch wer beim Tanzen auf die CD zurückgreifen möchte, sollte das Lied mit den Kindern vorher singen. Oft stimmen die Kinder beim Tanzen spontan in den Gesang auf der CD ein, sobald sie mit dem Tanz sicher vertraut sind.

Für die einzelnen Abschnitte sollte jeder seine eigene Erzählung mit individuellen Schwerpunkten gestalten. Hier meine Vorschläge in Stichworten – das habe ich zu den einzelnen Strophen erzählt:

Zur ersten Strophe: *(Lk 2,8–20)* Jesus wird als Mensch geboren und kommt in einem Stall zur Welt. Einfache Hirten sind es, die als erste Jesus in Bethlehem begegnen. Sie haben sich zu ihm auf den Weg gemacht und erkennen ihn als ihren Herrn. Vielleicht haben die Hirten auch vor Freude zu ihrer Flötenmusik getanzt?

Zur zweiten Strophe: *(Lk 5,1–11 + Lk 6,6–11)* Die ersten Jünger folgen Jesus nach. Nicht alle aber wollen Jesu Worte verstehen und sich ihm anschließen. Viele Menschen, die sich besonders mit den alten Schriften, die von Gott erzählen, auskennen, verstehen Jesu Botschaft nicht oder wollen sie nicht hören. Sie halten Jesu Werke für Gotteslästerung und sie glauben, dass er gegen Gottes Gesetze verstößt. Sie schließen sich nicht an, sie tanzen nicht mit.

Zur dritten Strophe: *(Lk 22, 1–2; 3-5; 47–53ff; Lk 23,26–49; hier bleibe ich knapp, beschönige aber auch nichts)* Die Schriftgelehrten sehen in Jesus eine Gefahr und beschließen, ihn zu töten. Sie zeigen ihn wegen Gotteslästerung an. Er wird geschlagen, gedemütigt und schließlich am Kreuz getötet. Ist der Tanz zu Ende? Nein – die Hoffnung ist nicht gestorben!

Zur vierten Strophe: *(Lk 23,50–56; 24,1–12)* Jesus ist tot, und die Frauen legen ihn in ein Grab. Trauer und Verzweiflung haben von ihnen Besitz ergriffen – ist nun alles vorbei? Nein! Als die Frauen zum Grab zurückkehren, finden sie es leer. Jesus ist nicht mehr bei den Toten, er ist auferstanden, er hat den Tod besiegt, er lebt: Der Tanz geht weiter! Wer glaubte, Jesus ist mit dem Kreuz erledigt, hat sich getäuscht. Petrus kann es kaum glauben, er muss es mit eigenen Augen sehen ...

Zur fünften Strophe: *(Lk 24,13–35)* Zwei Jünger auf dem Weg nach Emmaus. Sie sind verzweifelt. Sie sehen keine Zukunft mehr. Alles scheint vorbei. Ist das Leben sinnlos? Da treffen sie auf einen Wanderer. Er hört von ihrer Trauer, spricht über Jesus, richtet sie auf. Als er am Abend bei einer Rast das Brot bricht, erkennen sie ihn: Es ist der auferstandene Christus. Wir können sicher sein: Jesus Christus ist bei uns. Wir können uns auf den Weg machen, wir sind es nun, die auf seinem Weg weiter gehen und für ihn eintreten. Der Tanz geht weiter ...

Beim Erzählen achte ich darauf, den Bezug zu den einzelnen Strophen sichtbar zu machen. Mancher Bezug liegt sicher nahe, andere Verbindungen können – müssen aber nicht – erzählerisch erschlossen werden. Vorsicht aber vor platten Übertragungen!
Gerade bei der Passionsgeschichte haben die Kinder viele Fragen und sind oft tief berührt. Bevor ich also zum Tanz übergehe, versuche ich, die Fragen und Gefühle der Kinder aufzunehmen. Ohne das Schwere der Passion sozusagen »übertanzen« zu wollen: Es kann gut tun, »bewegt sein« in Bewegung umzusetzen. So lade ich nach der Geschichte ein, die Stühle bzw. Decken an den Rand zu räumen und in den Tanz einzustimmen:

Der Tanz zu »Lord of the dance«:
(Lied und Strophen siehe Seiten 156 und 157)

Zeit:	2:26 Minuten in der CD-Version
Vorspiel:	2 Takte. Auftakt frei.
Aufstellung:	Geschlossener Kreis in V-Fassung. Blick in Tanzrichtung (TR) nach rechts.

Tanzbeschreibung:

A (Strophen)
Takt

1/8 Auftakt	frei
1–2	Mit drei Schritten, beginnend mit dem rechten Fuß, in TR (nach rechts) gehen. Auf einer Zählzeit auf dem rechten Fuß hüpfen, dabei den linken Fuß leicht anheben und nach vorne kicken.
3–4	Mit drei Schritten, nun mit dem freien linken Fuß beginnend, weiter in TR gehen. Danach auf einer Zählzeit auf dem linken Fuß hüpfen und den rechten Fuß leicht anheben und kicken.
5–6	Zur Mitte wenden und Handfassung lösen: Beginnend mit dem rechten Fuß mit vier Schritten eine ganze Rechtsdrehung (also um die rechte Schulter) tanzen; mit dem Blick zur Mitte ankommen.

(weiter Seite 157) ▷

Lord of the Dance

Strophen

1. Ich tanz - te an dem Mor - gen, als die Welt be - gann, ich

tanz - te im gan - zen___ Welt - all___ dann, ich

kam von o - ben und ich tanz - te auf dem Feld, in

Refrain

Beth - le - hem kam ich zur Welt. Tanz, tanz, wo

im - mer du auch bist. Ich bin der Herr des___

Tan - zes für dich, und ich füh - re dich, wo

im - mer du auch bist, ich bin der Herr im___

Tanz für dich.

Text: Sydney Carter;
deutscher Text: Rüdiger Maschwitz
(Rechte für den deutschen Text
beim Autor)
Melodie: Traditional.

2. Ich tanzte für den Schreiber und den Priester hier,
ich tanzte, sie aber tanzten nicht mit mir.
Ich tanzte für die Fischer am See: folgt mir nach, es kann weitergehn.
Tanz, tanz, wo immer du auch bist ...

3. Ich tanzte am Sabbat und heilte einen Mann.
Die Frommen fragten, ob man denn das machen kann.
Sie schlugen mich, peitschten mich, hängten mich hoch
und feierten meinen Kreuzestod.
Tanz, tanz, wo immer du auch bist ...

4. Ich tanzte am Karfreitag und der Himmel war schwarz,
doch tanzte sich's nicht gut mit den Bösen als Last.
Sie begruben meinen Körper und sie dachten: »Alles klar!«,
aber ich bin der Tanz, es geht weiter ja.
Tanz, tanz, wo immer du auch bist ...

5. Sie schlugen mich klein, doch ich sprang hoch herauf.
Ich bin das Leben, darum gebt euch niemals auf.
Ich tanze in dir, so tanz du jetzt für mich, ich bin der Herr,
komm und tanz für mich.
Tanz, tanz, wo immer du auch bist ...

....

7	Rechten Fuß mit Gewicht nach rechts zur Seite stellen. Linken Fuß mit Gewicht neben den rechten stellen (Seitstellschritt rechts).
8	Dreimal klatschen und ein Viertel Pause.

B (REFRAIN)

1–2	Hände in V-Fassung: Mit vier Schritten, beginnend mit dem rechten Fuß, in die Mitte gehen, dabei die Hände auf Schulterhöhe heben.
3	Handfassung lösen: Beginnend mit dem rechten Fuß mit zwei Schritten eine halbe Rechtsdrehung tanzen; mit dem Blick nach außen (aus dem Kreis heraus) ankommen.
4	Dreimal mit erhobenen Händen klatschen und ein Viertel Pause und Hände wieder auf Schulterhöhe fassen.
5–6	Mit vier Schritten, beginnend mit dem rechten Fuß, aus der Mitte nach außen gehen, dabei die Hände wieder zur V-Fassung senken.

(weiter Seite 158) ▷

7	Handfassung lösen: Beginnend mit dem rechten Fuß mit zwei Schritten eine halbe Rechtsdrehung tanzen; mit dem Blick nach innen zur Kreismitte ankommen.
8	Dreimal klatschen und ein Viertel Pause, dann Hände fassen.

C (ZWISCHENSPIEL AUF DER CD)

1	Im Stehen (Hände bleiben gefasst): Hände auf Schulterhöhe heben.
2	Zur Mitte hin verbeugen.
	Von vorne.

Kurzüberblick:(Rechts) gehen-gehen-gehen-kick / (links) gehen-gehen-gehen-kick / (rechts) drehn-drehn-drehn-drehn / rechts seit - links ran / 3x klatschen / vier zur Mitte gehen / zwei nach außen drehen / 3x klatschen / 4 nach außen gehen / zwei zur Mitte drehen / 3x klatschen
Von vorne.

2. Variante: Der Tanz begleitet durch einen Gottesdienst

Nicht nur im Kindergottesdienst, sondern auch im »großen« Sonntagsgottesdienst lässt sich tanzen. Der *»Lord of the dance«* kann dann zum Beispiel im Abschlussgottesdienst einer Kinderbibelwoche oder im Rahmen des Ostergottesdienstes getanzt werden. Lied und Tanz können die Predigt umrahmen oder vielleicht sogar mit kurzen inhaltlichen Impulsen zur Mitte der Gottesdienstgestaltung werden.

Zunächst stelle ich mich so hin, dass mich alle sehen können *(auch meine Füße!)*. Dann bitte ich alle, die mittanzen wollen, aufzustehen. Übrigens: Es ist kein großes Problem, wenn ein bis zwei Menschen in der Bank sitzen bleiben.
Die Melodie wird zunächst nur instrumental gespielt. Ich lade dazu ein, einfach »mitzuswingen«. Dabei nehmen alle ihr Arme über den Kopf und wiegen im Rhythmus mit.
Jetzt erst kommt das Lernen der Melodie des Refrains und der Strophen an die Reihe. Die Bewegungen zum Lied zeige ich Schritt für Schritt, dann machen wir einen »Probetanz« *(Refrain – 1. Strophe – Refrain)*.
Entscheide ich mich dafür, nicht das ganze Lied zu singen und zu tanzen, singe ich stets mindestens zwei Strophen hintereinander: Das Aufstehen – Hinsetzen wird sonst zu unruhig und hektisch.

Tanzbeschreibung für die Gemeinde in den Kirchenbänken

Aufstellung: Die Gemeinde steht in V-Fassung in Reihen in den Bänken (die von Taschen etc. befreit sein müssen).

A (STROPHEN)

1–2 Mit zwei Beistellschritten (seit – ran = ein Beistellschritt) in Richtung Mittelgang tanzen (also für die, die den Mittelgang links neben sich haben: Links seit – rechts ran usw.; die, die den Mittelgang rechts neben sich haben, beginnen mit rechts seit – links ran; ohne Mittelgang: Alle rechts seit – links ran). Beim letzten Beistellen bleibt der herangestellte Fuß unbelastet (»ran ohne Gewicht«), damit die Richtung gewechselt werden kann.

3–4 Mit zwei Beistellschritten in die jeweils andere Richtung, d.h. vom Mittelgang weg; der letzte Beistellschritt ist wieder unbelastet.

5–6 Wieder zurück zum Mittelgang tanzen: Zwei Beistellschritte, diesmal aber auch den letzten Beistellschritt mit Gewicht tanzen.

7 Alle wiegen zum Mittelgang – wiegen zurück.

8 Dreimal klatschen, ein Viertel Pause.

9

B (REFRAIN)

1–3 Alle heben die Hände über den Kopf: Dreimal wiegen nach rechts – wiegen nach links.

4 Mit über den Kopf erhobenen Händen dreimal klatschen, ein Viertel Pause.

5–7 Wie Takt 1–3

8 wie Takt 4, während der Pause Hände zur V-Fassung senken. Von vorne.

Viel Freude beim Tanzen!

Claas Christian Germelmann

Erzählen mit improvisiertem Anspiel

VORBEMERKUNGEN

Methode:

Ein Psalmstück wird im Laufe eines improvisierten Anspiels in einer Geschichte lebendig.

Geeignete Altersgruppe:

ab 9 Jahren *(im Beispiel waren die »Kinder« 11–13 Jahre alt)*

Material und Aufwand:

Je nach Idee eventuell Kleinigkeiten für eine angedeutete Verkleidung oder Requisiten, die das Hineinfinden in eine Rolle erleichtern.

Zeitdauer:

Eine Idee muss gefunden werden, die umsetzbar erscheint. Mit einer Hinführung und einem eventuellen Nachgespräch lassen sich ca. 20 Minuten gut füllen.

Gestaltungsmöglichkeiten:

Die ganze Gruppe kann beteiligt werden. Erforderlich ist eine Atmosphäre, in der die Lust am Improvisieren geweckt und gefördert wird. Kinder, die signalisieren, dass sie nicht aktiv mitspielen wollen, sollten einen ihnen gemäßen Ort der Beteiligung finden können *(Beobachter, »Kulissenschieber«, ...)*.

Beispiel: Du hast meine Klage verwandelt in einen Reigen (Psalm 30)

Eine KiGo-Reihe unter dem Thema »Leid und Trost« wird begleitet von Psalm 30. Am letzten Sonntag der geplanten Reihe sollen die Verse 12 und 13 im Mittelpunkt stehen, nachdem zuvor Situationen der Klage und des Leides aufgegriffen waren.

Die Gruppe der 11-13-Jährigen soll Vers 12: »Du hast meine Klage verwandelt in einen Reigen« spielerisch darstellen und nach Möglichkeit später mit allen anderen Kindern auch etwas tun.

1. SCHRITT: Die Mitarbeiterin/der Mitarbeiter überlegt mit den Kindern, was der Satz »Du hast meine Klage verwandelt in einen Reigen« für sie selber bedeutet. Kann ich mir Situationen vorstellen, in denen ich so einen Satz sage?

An welche Klagesituationen denken wir? Was muss sich ändern, damit daraus ein Tanzen wird? *(Eventuell Worterklärung »Reigen« vorausschicken!)*

2. SCHRITT: Wir denken uns eine Geschichte aus, die eine Klagesituation an den Anfang stellt und mit einem Reigen endet. Ideen werden gespielt. Unsicherheiten, Lachen, Albernsein gehören zu diesem Arbeitsschritt. Das muss die Leitung aushalten und allmählich wieder zur Konzentration führen.

3. SCHRITT: Die Gruppe entscheidet für sich eine Szene und bekommt dazu den Impuls der Mitarbeiterin/des Mitarbeiters: »Später spielen wir das Ganze für alle und vielleicht auch mit allen.«

So etwa sah die Spielgeschichte aus:

Markus ist traurig und verzweifelt. Er hatte Streit mit den Eltern, keiner versteht ihn. Er will nicht allein sein, sucht per Telefon Kontakt mit Freunden. Aber keiner hat Zeit.
Markus fühlt sich völlig verlassen. Ist es Selbstgespräch oder Gebet? »Ich brauche doch Menschen, die mich verstehen. Ich habe das Gefühl, dass ich keine Kraft mehr habe. Wer hilft mir?«
Markus verlässt sein Zimmer, geht aus dem Haus. Da steht Monika, die ihm doch gesagt hatte, dass sie keine Zeit hat. Ihre ursprüngliche Verabredung ist geplatzt, da hat sie sich auf den Weg zu Markus gemacht.
Sie haken sich unter und gehen los, um ein Eis zu essen. Unterwegs treffen sie auf Sven. Die beiden nehmen ihn mit. So treffen sie nach und nach auf alle, die Markus vergeblich angerufen hatte. Es entsteht eine lange Reihe, die schließlich eine Melodie aufnimmt und mit Tanzschritten weiterzieht.
In der Eisdiele beginnt ein Gespräch der Jugendlichen über die Probleme, die Markus zu Hause hat – und nicht nur er.

Bewertung und Ausblick

Die Gruppe schaffte es, erste Unsicherheiten zu überwinden. Dazu war wichtig, dass die eigenen Vorstellungen, Grenzen und Möglichkeiten akzeptiert und ausprobiert wurden. Die Gruppe fand so auch Rollen für jene, die lieber unsichtbar bleiben wollten, z.B. die Telefonklingel. Die offene Form ließ beliebig viele Mitspieler/innen zu. Das Spiel in der Gruppe machte Spaß und brachte den Psalm auf die Ebene der Erfahrungswelt der Kinder. Die Perspektive, das Ganze auch noch einmal mit allen zu spielen, erlaubte Wiederholungen und Vertiefung im Spielablauf, denn man wollte es ja für die anderen verständlich machen.
Nachdem die Geschichte dann vor allen gespielt war, wurden alle Anwesenden in den Tanz mit einbezogen.

Grundvoraussetzung für ein solches Vorgehen ist Offenheit fürs Gespräch und Spielfreude bei der Gruppenleitung und die Bereitschaft, auch scheinbar abwegige und bruchstückhafte erste Ideen der Gruppe ernst zu nehmen und auszuprobieren.

Eigene Ideen der Leitung sollen eher zurückgehalten werden, um die Gruppe wirklich ins spielerische Probieren zu bringen. Das Spiel hat zunächst einmal die Gruppe selbst zum Ziel. Eine Weiterführung mit anderen und für andere sollte nicht fest vorgegeben, sondern allenfalls als Möglichkeit angeboten werden.

Abstrakte Worte lassen sich auf diese Weise in eine Geschichte umsetzen. Der beschriebene Weg ermöglicht den Kindern, ihre eigene Welt zu erspielen.

Katja Sember

Erzählen und Improvisationstheater

VORBEMERKUNGEN

Methode:

Der nachfolgende Vorschlag greift Elemente aus dem »Improvisationstheater« auf. Die Erzählerin/der Erzähler ist in diesem Falle selbst Bestandteil der zu spielenden Geschichte. Sie/er übernimmt die Rolle der Hauptakteurin/des Hauptakteurs und gibt damit zugleich indirekt die Regieanweisung für die anderen Mitspielerinnen und Mitspieler. Diese sucht sie/er sich spontan aus dem Publikum. Die Methode ist gut geeignet, um die Reaktionen und Gefühle der Personen aus der Geschichte nachzuvollziehen und mitzuerleben.

Geeignete Altersgruppe: ab 8 Jahren

Material und Aufwand:

Der Aufwand ist relativ gering. Die Erzählerin/der Erzähler muss allerdings sehr vertraut sein mit der Geschichte und sich sicher darin bewegen können. Das erfordert je nach Geschichte einige Vorbereitungszeit.
An Material wird für das hier vorgestellte Spiel benötigt:
— je einen »Silbergroschen« für jede/n Mitspieler/in
— fünf vorbereitete Uhren aus Pappe, die auf 6.00 Uhr – 9.00 Uhr – 12.00 Uhr – 15.00 Uhr – 17.00 Uhr eingestellt sind
— ein Gong zur Ankündigung des Arbeitsendes.

Zeitdauer:

Die Dauer hängt von der Motivation der Mitspieler/innen ab. Es empfiehlt sich, vorab eine Phase zum Ankommen einzuplanen. Falls nicht auf andere Weise mit der Geschichte weitergearbeitet wird, ist es sinnvoll, über das Erlebte zu reden.

Beteiligungsmöglichkeiten:

Es müssen alle in das Spiel einbezogen werden, denn bloße Zuschauer/innen können schnell als »Störfaktor« empfunden werden.

Beispiel: Die Arbeiter im Weinberg (Matthäus 20,1–16)

(Der Weinbergbesitzer führt in die Geschichte ein und wählt sich dann die Mitspieler/innen aus.)

Wir stehen hier auf dem Marktplatz von ... Es ist 6 Uhr früh.

(Er hängt die entsprechende Pappuhr auf.)

Alle die hier stehen, sind auf Arbeitssuche. Arbeitgeber, die Arbeiter brauchen, gehen auf den Marktplatz und suchen sich geeignete Leute aus. So auch ich. Ich bin nämlich der Besitzer eines großen Weinbergs. Die Trauben sind reif und müssen geerntet werden. Ich suche Arbeiter für meinen Weinberg.

(Der Weinbergbesitzer mischt sich unter die Arbeiter.)

Leute, lasst euch anschauen. Ich brauche kräftige Jungs für meinen Weinberg. Dich kann ich gut gebrauchen und dich. Dich auch! Zeig du mal, ob du genug Kraft hast für die Arbeit in meinem Weinberg! In Ordnung, du bist auch engagiert ...

(Er wählt etwa ein Fünftel der Mitspieler aus und geht mit diesen zu seinem Weinberg.)

Ich zahle einem jeden von euch einen Silbergroschen als Tagelohn. Das reicht gut zum Leben. Dort drüben ist mein Weinberg. Geht jetzt an die Arbeit!

(Der Weinbergbesitzer zeigt, wie die Arbeit abläuft: Bücken und Strecken; die Arbeiter beginnen mit der Arbeit. Nach einer Weile:)

Ich glaube nicht, dass die Arbeiter ausreichen werden. Besser ist's, ich gehe gleich noch einmal zum Marktplatz und suche mir noch ein paar kräftige Leute. 9.00 Uhr ist es jetzt.

(Die entsprechende Uhr wird aufgehängt. Er geht zum Marktplatz.)

He, ihr, ich brauche noch ein paar fleißige Arbeiter! Kommt her, lasst euch ansehen! Na ja, die besten Leute sind schon weg ... Aber du kannst noch kommen und du, du da hinten auch ... Geht in meinen Weinberg und macht euch nützlich. Ich zeige euch, wie ihr arbeiten sollt.

(Der Weinbergbesitzer bringt ungefähr ein weiteres Fünftel der Arbeiter zum Weinberg und führt sie in die Arbeit ein: Bücken und Strecken. Die anderen Arbeiter feuert er an, schneller zu arbeiten.)

Nur keine Müdigkeit vorschützen! Weiter, weiter! Die Trauben fallen nicht von alleine in den Korb ...

(Nach einer Weile:)

Ich habe wohl immer noch nicht genug Arbeiter! Die Ernte ist in diesem Jahr besonders gut. Ich gehe lieber zurück zum Platz und schaue, ob ich noch ein paar brauchbare Arbeiter finde ... Oh, diese Hitze! Wie spät ist es wohl? – Die Sonne steht hoch am Himmel, wird wohl 12.00 Uhr sein.

(Uhr wird aufgehängt. Der Weinbergbesitzer ist wieder auf dem Marktplatz.)

Hängt hier nicht so müde herum! Es gibt noch etwas zu tun für euch! Du da vorne, komm her, ich kann dich gut gebrauchen! Und dich und dich ... Da hinten ist mein Weinberg, los, kommt mit!

(Wiederholung wie beim ersten und zweiten Mal. Nachdem er wieder eine Weile die Arbeiten verfolgt hat:)

Immer noch nicht genug! Das habe ich in meiner langen Weinbergbesitzer-Karriere noch nicht erlebt! So viele Arbeiter schon – und immer noch reichen sie nicht aus für diese Jahrhundertemte! Es bleibt mir wohl nichts anderes übrig, als wieder zum Markt zurückzugehen und nach zusätzlichen Arbeitern Ausschau zu halten.

(Wiederholung wie vorher.)

Jetzt ist es 17.00 Uhr. *(Uhr wird aufgehängt.)* Wenn ich jetzt noch schnell ein paar Arbeiter hole, wird die Ernte heute noch fertig. Schnell zurück zum Marktplatz! Na ja, die besten Leute finde ich jetzt nicht mehr. Kommt alle mit, dann wird die Ernte heute noch eingebracht. Auf zum Weinberg!

(Wiederholung wie bei den anderen Malen. Nach kurzer Zeit ertönt der Gongschlag, der das Ende der Arbeit ankündigt.)

Die Arbeit ist getan! Kommt alle zurück zum Markt. Ich will euch euren Lohn auszahlen. Wie lange hast du gearbeitet? Und du? ...

(Der Weinbergbesitzer geht an allen Arbeitern vorbei und zahlt jedem einen Silbergroschen aus. Die spontane Reaktion der Arbeiter wird nicht auf sich warten lassen ...)

Haben wir nicht einen Silbergroschen als Tagelohn ausgemacht? ... Was ärgert ihr euch also? ... Habt ihr etwas dagegen, dass jeder von mir das bekommt, was er zum Leben braucht?

(An dieser Stelle kann sich an das Spiel übergangslos eine Diskussion anschließen. Die gespielte Rolle und die Bewertung als Zuhörer gehen dabei sicher ineinander über.)

Weitere Geschichten, für die sich diese Methode eignet, sind zum Beispiel: Die salbende Frau (Lukas 7,36ff); die Fußwaschung (Johannes 12).

Birgit Brügge-Lauterjung

Erzählen mit einer Sprechmotette

VORBEMERKUNGEN

Methode:

Die Mitarbeitenden tragen im Wechsel einen Dialog vor. Besonders einprägsam wird es, wenn sie an einigen Stellen gemeinsam einen Refrain sprechen. Im Unterschied etwa zum Nachspielen einer biblischen Geschichte lebt die Sprechmotette ausschließlich von der »Macht der Worte«.

Deshalb sollte das richtige Vortragen vorher im Mitarbeiter/innenkreis gut geübt werden. Selbstverständlich sollten die Sprecher/innen (wie auf der Bühne) vor den Kindern stehen und nicht einfach von ihrem Platz aus sprechen.

Geeignete Altersgruppe:

Ab ca. 3. Schuljahr. Wegen der Anforderungen an den guten Vortrag besonders für ältere Kinder geeignet.

Material und Aufwand: Dialog suchen oder selbst schreiben.

Zeitdauer: Je nach Länge des ausgearbeiteten Dialogs.

Beteiligungsmöglichkeiten:

Die Beteiligung der Kinder ist in der Regel auf eine aktive Zuhörerrolle beschränkt.

Geeignete Geschichten:

— Alle biblischen Geschichten, in denen bereits Dialoge vorkommen, lassen sich leicht als Sprechmotette umformen, z. B.: Jesus im Gespräch mit Jüngern; Apostel im Gespräch miteinander; verschiedene umstehende Leute erleben einen »Auftritt« Jesu, etwa die »Hochzeit zu Kana« oder »Jesus und Zachäus«.

— Zu anderen biblischen Geschichten lassen sich natürlich auch Dialoge schreiben.

— Zu vielen Geschichten des Kindergottesdienstes gibt es sog. »Erzähllieder« (u. a. auch im Evangelischen Gesangbuch zu finden). Da diese oftmals keine besonders eingängigen Melodien haben und meist nur zu der jeweiligen Geschichte einzusetzen sind, werden sie als Lieder nur selten verwendet. Häufig lassen sie sich jedoch ohne großen Aufwand als Sprechmotette umformen.

Ulrike Rau

Erzählen und Mitmachen

VORBEMERKUNGEN

Methode:
Die Zuhörerinnen und Zuhörer sind gleichzeitig Mitmachende der Erzählung. Es gilt folgende Spielregel: Einzelne Sätze der *wörtlichen Rede, Laute und Geräusche, Bewegungen und Gesten* werden von der Mit-Mach-Gruppe gemeinsam mit dem/der Erzähler/in wiederholt.
Durch die Wiederholung werden die Inhalte verstärkt und das Geschehen zusätzlich dramatisiert.
Beim Erzählen und Mitmachen sollte der/die Erzähler/in von allen Kindern gut zu sehen sein und wörtliche Rede und Gesten genau vormachen.
Eine zusätzliche Hilfe ist das Unterstreichen der kursiv gedruckten Wiederholungen.

Geeignete Altersgruppe:
4–12 Jahre; eventuell auch Erwachsenengruppen

Material und Aufwand: Alles geschieht während des Erzählens.

Zeitdauer: 10–15 Minuten

Beteiligungsmöglichkeiten:
Alle Kinder können beim Wiederholen der wörtlichen Rede, Geräusche und Laute, Gesten und Bewegungen mitmachen. (Die Wiederholungen sind im Erzähltext kursiv gedruckt.)
Wer die Kanons »Halleluja, preiset den Herrn« (LJ 389, KG 193, MKL 49) und »Sind zwei, sind drei« (KG 186, MKL 27) nicht singen bzw. tanzen möchte, kann den Text mit den Kindern nur sprechen.
Der Kanon »Halleluja, preiset den Herrn« kann in verschiedenen Sprachen gesungen werden. Eventuell vorher in Singgruppen einteilen und Kanon einüben.

Beispiel: Und da wundern sich alle (Apostelgeschichte 2,1–15)

Was ist das nur für ein Lärm heute in Jerusalem? In den Gassen, auf den Straßen überall Pilger, die in die Stadt strömen zum Pfingstfest.
(Mit den Füssen tappen.)
Viele Pilger begrüßen sich mit: »Schalom! Friede sei mit dir!«
(Eine Hand auf die Brust legen und sich leicht verneigen.)

Ganz anders drinnen in einem Haus mitten in der Stadt. Da sitzen die Freundinnen und Freunde Jesu beieinander und seufzen: »*Aaaaaah!*«
Sie murren: »*Wie soll das nur weitergehen? – Ohne Jesus?*«
Andere sind in ihren Gedanken versunken und meinen nur: »*Ja, ja!*«

Draußen wiederum der Lärm der Menschen, der Pilger von nah und fern, die sich wiedersehen: »*Hallo! Wie geht's dir?*« *(Hände schütteln)*
Juden aus Ägypten und Arabien, von fernen Inseln und sogar aus Rom. Menschen, die an den einen Gott glauben.
Zu Pfingsten erinnern sie sich, wie Gott einst mit den Menschen einen Bund schloss und versprach: »*Ich bin der Herr, dein Gott. Ich bin da!*«

Drinnen bei den Jüngern Stille. *(Finger auf den Mund legen.)*
Doch plötzlich dringt ein Wind in die dunkle Behausung.
   (In die halboffene Handhöhle hineinpfeifen.)
Wind, der erfrischt und belebt. Der ihnen gut tut: »*Ah, wie erfrischend!*«

Es ist so, als ob ihnen Gott neues Leben einhaucht.
   (Atem über die Hand blasen.)
Da bekommen sie neuen Mut und rufen: »*Gott des Lebens!*«
Immer wieder bekennen sie: »*Barmherzig bist du!*«

Und plötzlich leuchtet es über ihren Köpfen, kleine Flammen wie Geistesblitze.
   (Hände züngeln wie Flammen am Kopf.)
Sie springen auf und staunen: »*Oh! Was ist das?*«
Auf einmal sind sie Feuer und Flamme und rufen sich zu: »*Jesus braucht uns!*«
Sie sind fest entschlossen und meinen: »*Seine Botschaft darf nicht sterben!*«

Voll Freude singen sie: »*Halleluja, preiset den Herrn.*« *(1 x singen)*
Allen Menschen wollen sie es weitersagen: »*Jesus ist unser Herr!*«
Allen wollen sie von Jesus erzählen, von seinen großen Taten:
»*Ja! Sagt es allen weiter!*«

Nichts kann sie mehr halten. Sie stürmen hinaus und singen wieder.
Und viele Leute aus anderen Ländern singen mit: »*Halleluja, preiset den Herrn!*«
   (Dreimal in verschiedenen Sprachen singen und durch den Raum gehen.)

Andere aber bleiben stehen und staunen: »*Was soll das?*«
Leute, die begeistert sind, rufen ihnen zu: »*Hört doch, wir verstehen sie!*«
   (Eine Hand ans Ohr.)
Andere spotten: »*Die sind ja betrunken!*« *(Mit Hand abwehren.)*

Da hebt Petrus die Hand, ruft der Menge die freudige Nachricht von Jesus zu:
»Sind zwei, sind drei in meinem Namen eins, bin immer ich dabei!«
  (Hand heben.)

Die gute Nachricht von Jesus, dem Christus, dringt ihnen ins Herz.
Und da wundern sich alle: »Oh!«
  (Augen weit öffnen.)

Sie wollen zu Jesus gehören. Immer wieder jubeln sie, tanzen und singen:
»Sind zwei, sind drei in meinem Namen eins, bin immer ich dabei.
Ich bin dabei! Ich bin dabei!«
  (Dreimal singen, evtl. singen und tanzen.)

Ewald Schulz

Erzählen
mit Puppen

Erzählen mit Puppen

VORBEMERKUNGEN

Methode:

Beim Puppenspiel wird eine Geschichte wie beim »Laienspiel« in Szene gesetzt. Normalerweise mit mehr als zwei Personen. Dabei können Puppen trotz ihrer eingeschränkten Bewegungsmöglichkeiten das dargestellte Geschehen recht eindrücklich vermitteln.

Zum Einsatz kommen im Kindergottesdienst vor allem drei Gruppen von Puppen: Handpuppen, Stabpuppen und Marionetten.

Für dieses Medium eignen sich solche biblischen Geschichten, in denen genügend echte oder »erfundene« Personen vorkommen, möglichst auch ein spannender Handlungsablauf. Dazu wird eine dramatisch aufgebaute Vorlage benötigt. In der Fülle der Angebote sind brauchbare Texte nicht leicht zu finden. Dass Texte auf die Rückseite von Stabpuppen geklebt werden, bei Handpuppen eine Bühne die Texte verdeckt, erleichtert die Arbeit. Auch beim gemeinsamen Spiel ist es wichtig, dass die Darsteller sich in ihre Puppe einfühlen.

Aus Montageschaum lassen sich ungewöhnliche Stabpuppen bauen. Im Gegensatz zu den üblichen Puppen werden diese Figuren von oben geführt, d.h. die Spielfläche ist – wie bei Marionetten – auf dem Boden. Die Geschichte wird außerhalb einer festgelegten Bühne erzählt, was dieser Methode eine besondere Lebendigkeit gibt und zum Mitmachen einlädt. Die Figuren werden so gebaut, dass sie auch alleine stehen können. Während der Erzählung kann also eine Szene wachsen und verändert werden.

Bei Marionetten ist es sogar vorstellbar, dass die einen die Texte lesen und die anderen spielen. Der Einsatz eines Puppen-Ensembles erfordert jedoch einigen Aufwand. Damit ist dieses Medium wohl beschränkt auf Kinderbibeltage, Familiengottesdienste oder andere besondere Feiern.

Geeignete Altersgruppe:

Bei unterschiedlichem Niveau des Verstehens fasziniert Puppenspiel alle Altersstufen bis hin zu den Erwachsenen.

Material und Aufwand:

Um mit Handpuppen oder Marionetten ein Spiel darzubieten, braucht man einen festen Fundus von Figuren. Vielleicht können sie auch im eigenen Kindergarten ausgeliehen werden.

Mit Montageschaum, wertfreiem Material, Wandfarbe, doppelseitigem Klebeband, Knöpfen, Perlen und Holzstäben lassen sich die unterschiedlichsten Figuren bauen. Der Montageschaum ist als Sprayschaum in beige und grün im Baumarkt erhältlich. Wenn er auf eine Plastikfolie gesprüht wird, so verdoppelt er sein Volumen und es entstehen bizarre Formen. Nach zwei Stunden ist das Material gehärtet und nach ein bis zwei Tagen ausgedünstet. Die bizarren Formen laden zum fantasieren ein und es können Tiere, Fabelwesen und Requisiten gestaltet werden. Das Material lässt sich gut mit einem Küchenmesser schneiden und mit gröberem Schmirgelpapier glätten. Mit Wandfarbe oder anderen wasserlöslichen Farben können die Puppen angemalt und mit Haarspray fixiert werden. Zum Schluss sollte der Holzstab (Länge 50-100 cm) mit doppelseitigem Klebeband auf der Rückseite der Figur befestigt werden. Die Länge des Holzstabes richtet sich nach der Größe der Spielerin/des Spielers.

Einfacher ist die Herstellung von Stabpuppen. Wir haben die Umrisse der Personen auf lebensgroße Pappstücke gezeichnet, sie ausgeschnitten und – unter Mitarbeit der Kinder – bemalt. Man kann die Figuren auch aufwändiger gestalten: mit Stoff bekleben, Haare aus Wolle befestigen u.s.w. Auf der Rückseite wird ein entsprechend langer Holzstab oder Besenstiel befestigt.

Die Stabpuppen werden von den Spieler/innen hinter einem Vorhang hochgehalten, so dass für die Zuschauer/innen nur die Figuren zu sehen sind.

Zeitdauer:

Für das Spiel 20 –25 Minuten. Für die Puppen je nach Aufwand der Herstellung. Montageschaumpuppen können in zwei bis drei Stunden von Kindern gebaut werden. Nicht eingerechnet ist die Trockenzeit der Wandfarbe (5 Stunden) und das Herstellen der Montageschaumkugeln (2 Tage vorher).

Für den Bau von richtigen Marionettenfiguren muss man ca. fünf Stunden veranschlagen. Einfache Stabpuppen hat man auch in 30 Minuten hergestellt (ohne Trocknungszeit der Farben).

Beteiligungsmöglichkeiten:

In die Spielhandlung sollten die »Zuschauer« nicht eingebaut werden. Das Kasperletheater liegt zu nah.

Trotzdem kann auf spontane Äußerungen aus dem »Publikum« eingegangen werden. Kinder können aber vor allem für die Darbietung in einem Familiengottesdienst oder während einer Kinderbibelwoche (allein oder gemeinsam mit Mitarbeitenden) Rollen übernehmen.

Stabpuppen bieten dafür besonders gute Voraussetzungen: Sie verdecken die Person und lassen sich auf der Rückseite mit dem Sprechtext bekleben!

Beispiel: Wer ist der Größte? (Markus 9,33 –37)

Bartholomäus: Wo ist eigentlich Jesus?

Judas: *(ironisch)* Du musst wohl weinen, wenn du den Meister nicht siehst, kleiner Bartholomäus!

Bartholomäus: *(beleidigt)* Darf ich denn nicht einmal nach Jesus fragen? Warum musst du gleich spotten, Judas?

Petrus:	Von mir bekommst du eine vernünftige Antwort auf deine Frage. Jesus ist in dem Dorf dahinten von einem Freund eingeladen worden. Bestimmt wollte der ihm Fragen nach Gott stellen.
Johannes:	*(wichtigtuerisch)* Wir sind ja nun schon so lange bei Jesus, dass wir genug über Gott wissen; ihr könnt mich ja fragen, wenn ihr etwas vergessen habt.
Petrus:	*(eingebildet)* Also, wenn einer von uns etwas über Jesus zu sagen hat, dann bin ich es wohl. Ich rede doch am meisten mit ihm. Das wisst ihr alle. Wem von euch fällt denn soviel ein? Und Jesus selbst hat gesagt, wie sehr er mich schätzt.
Judas:	Mein lieber Petrus, du meinst wohl, weil du ein loses Mundwerk hast und immer forsch auftrittst, dass du auch der Klügste in unserer Mitte wärst. Der Klügste in unserer Mitte bin ich wohl.
Bartholomäus:	Ihr habt mich immer verspottet, weil ich so sanft bin. Aber hat Jesus nicht die Sanften und Stillen auf den ersten Platz gestellt?
Maria:	Müsst ihr schon wieder einen Streit beginnen? Jeder will der Größte sein. So ein Streit ist ganz typisch für euch Männer!
Petrus:	*(barsch)* Schweig, Maria! Misch dich da gefälligst nicht ein, wenn wir Männer etwas klarstellen. Kümmert ihr Frauen euch um eure Sachen!
Johanna:	*(bestimmt)* Das könnte euch so passen, dass wir uns nur darum kümmern, euch die Kleider in Ordnung zu halten oder für Lebensmittel zu sorgen. Habt ihr noch nicht gemerkt, dass der Meister uns Jüngerinnen genau so wichtig nimmt wie euch Jünger?
Johannes:	Nun tu nicht so erhaben, Johanna! Ihr Jüngerinnen habt euch oft überlegt, welche der Meister am liebsten hat.
Maria:	*(ärgerlich)* Das ist doch etwas völlig anderes.
Bartholomäus:	Vor lauter Streit merkt ihr gar nicht, dass Jesus kommt. Schalom, Rabbi Jesus.

Jesus:	Schalom. Was ist denn hier los? Worüber habt ihr euch gestritten? *(Pause. Die Jünger/innen schweigen betreten und senken die Köpfe.)* Ihr schweigt? Auch du, Petrus, wagst nicht den Mund aufzutun. Ich will es euch sagen: Ihr habt darüber gestritten, wer von euch der Größte ist. *(Er schaut sich um. Es kommt ein Junge hergelaufen. Jesus geht auf ihn zu.)* Ich will euch eine Antwort geben. Ihr sollt wissen, wer der Größte ist.
Alle:	Wer denn von uns? Ich? ... *(Jesus hat das Kind in die Mitte geholt.)*
Kind:	*(ängstlich)* Lass mich los! Ich wollte euch doch gar nicht ärgern. Ich bin nur dem Micha weggelaufen; der wollte mich verhauen.
Jesus:	Keine Angst, mein Junge. Dir passiert nichts. Ich muss den Männern hier nur etwas erklären. Bleib bitte einen Augenblick hier ruhig stehen. Schaut euch dieses Kind an, meine Freunde. Ihr haltet nichts von den Kindern. Aber dieses Kind ist der Größte.
Kind:	*(verwundert)* Ich bin doch gar nicht groß.
Jesus:	Das ist es ja eben.

Hermann Saenger und Andrea Hänsel

Erzählen mit einer Puppe

VORBEMERKUNGEN

Methode:

Meine Hand hält einen König, eine Handpuppe vom Puppentheater unseres Kindergartens. Seine Krone ging verloren, aber sein Gewand ist prächtig.

Nun beginnt er zu erzählen, bewegt dazu die Arme, neigt auch einmal den Kopf. Natürlich rede ich, aber das Geheimnis des Puppenspiels besteht darin, dass die Puppe in meiner Hand ihr eigenes Leben entfaltet. Dazu schlüpfe ich in die Rolle des Königs hinein, identifiziere mich mit ihm.

Es handelt sich um eine Form des perspektivischen Erzählens; dabei verleiht die Figur in meiner Hand dem Erzähler einen »Anhalts-Punkt«. Die Puppe lenkt die Augen der Zuhörer von mir weg auf sich. Sie nimmt mir meine Rolle ab, entlastet mich, macht mich gelassener und sicherer. Zum perspektivischen Erzählen gehört, dass ich mir den genauen Handlungsablauf überlege: Was hat diese Person selbst erlebt? Auch die besondere Sicht der Person oder des Tieres in meiner Hand ist zu bedenken. Ein Frosch sieht das Geschehen anders als ein Rabe. Wichtig ist, dass ich selbst meine Puppe und das Spiel mit ihr ernst nehme. Bei jungen Erzählern besteht die Gefahr, dass sie mit ihrer Puppe herumalbern; dann werden auch die Zuhörer ihre Darbietung für einen Blödsinn halten. Wer Haltung und Wirkung seines Spiels kontrollieren möchte, macht am besten eine Probe vor dem Spiegel.

Geeignete Altersgruppe:

Im Vorschulalter kann die Puppe viele Geschichten erschließen helfen. Aber auch 8–80-Jährige können sich von einer solchen Darbietung faszinieren lassen.

Material und Aufwand:

Für den Anfang sollte eine Tierhandpuppe gewählt werden. Bei biblischen Geschichten haben sich Esel, Hund und Rabe am besten bewährt.

Effektiv ist es, wenn sich Maul oder Schnabel mit der eingeführten Hand beim Sprechen bewegen lassen. Für diese Puppen gibt es einen großen Markt von den Steiff-Tieren bis zu den Eigenproduktionen künstlerischer Talente. Für Personen kenne ich nur die Kasperlepuppen und selbstgestrickte Handpuppen.

Zeitdauer:

20 Minuten sollten nur überschritten werden, wenn spannend erzählt wird.

Beteiligungsmöglichkeiten:

Ich kläre Sachfragen im einleitenden Gespräch – das kann auch meine Puppe. Das Genre der Erzählung duldet keine Unterbrechung. Auf spontane Zwischenrufe wird meine Puppe aber eingehen. Auch gibt es ein Nachgespräch.

Ein Beispiel: Daniel in der Löwengrube (Daniel 6)

(Bei kleinen Gruppen im Sitzen, bei großem Publikum stehend mühe ich mich um die aufrechte Haltung meiner Puppe. Ich zeige vorher ein Tontäfelchen und bespreche mit den Kindern, wie man damals geschrieben hat. Dann beginnt die Puppe, d.h. der König, zu erzählen:)

Dass ich ein König bin, seht ihr ja alle an meinem prächtigen Gewand. Aber meinen Namen erratet ihr nicht. Nein, ich bin nicht David und auch nicht Herodes. Darius heiße ich und regiere über viele Länder, das Reich der Meder und Perser. Das ist so groß, dass ich es gar nicht allein regieren kann. Mehr als 100 Beamte habe ich eingesetzt, die mir beim Regieren helfen. Drei Aufseher müssen auf sie aufpassen. Einer von den dreien heißt Daniel; auf den kann ich mich am meisten verlassen. Er ist freilich ein Jude und glaubt an seinen eigenen Gott. Ich überlege mir, ob ich ihn zum Chef über alle ernennen soll. Die anderen haben das gemerkt und sind neidisch auf Daniel. Leider habe ich das nicht wahrgenommen; deshalb haben sie mich hereingelegt. Jedenfalls wäre es ihnen beinahe gelungen, wenn nicht dieser Gott des Daniel ...

Aber ich erzähle euch lieber die ganze Geschichte:

Eines Tages stürmten 20 oder 30 von diesen Beamten in meinen Palast. Sie kamen direkt in den Thronsaal, in dem ich saß. Sie warfen sich vor mir auf die Knie und drückten das Gesicht auf die Erde. Sie wussten genau, was sich beim König gehört. »Der König möge ewig leben!«, riefen sie. »Was wollt ihr denn?«, fragte ich sie. »Wir haben eine Idee. Wir möchten dich, ehrwürdiger König, bitten, ein neues Gesetz zu erlassen.« »Wie soll es lauten?«, fragte ich. Da zog einer ein Tontäfelchen hervor, das mit lauter Schriftzeichen bedeckt war. Ein Schreiber las mir das Gesetz vor: »30 Tage lang darf niemand etwas bitten in meinem ganzen Reich, weder von einem Menschen noch von Gott, nur von mir, dem König Darius. Wer es dennoch tut, wird in die Löwengrube geworfen.«

Das Gesetz gefiel mir; es schmeichelte mir. Ohne weiter nachzudenken, drückte ich deshalb mein Siegel auf das Täfelchen. Nun konnte niemand mehr das Gesetz umstoßen. So ist es bei den Medern und Persern. So rasch wie sie gekommen waren, verabschiedeten sich die Beamten wieder.

Es dauerte allerdings keine Woche, da kamen sie wieder in meinen Palast. Sie warfen sich vor mir nieder, verschluckten fast den Gruß und stießen hervor: »Hat der König nicht ein Gesetz erlassen, dass 30 Tage lang niemand etwas bitten darf, außer von dir, großer König?« »Ja, so ist es!«, bestätigte ich. »Wir haben einen erwischt, der gegen das Gesetz verstoßen hat. Er soll in die Löwengrube geworfen werden!«

Ich fragte, wer es war. »Der Jude Daniel!«, erhielt ich zur Antwort. »Wir haben an seinem Haus gelauert. Dreimal am Tag, morgens, mittags und abends, hat er ein Fenster aufgemacht nach Süden hin, dort, wo er seine Heimatstadt Jerusalem sucht. Dann hat er mit lauter Stimme zu seinem Gott gebetet. Viele Bitten haben wir gehört.«

Da erst merkte ich, dass sie mich mit dem Gesetz hereingelegt hatten. Sie wollten Daniel umbringen. Doch jetzt war es zu spät, auch ich konnte das Gesetz nicht mehr umstoßen. Ich ließ Daniel rufen. Der stritt nicht ab, dass er gebetet hatte. »Was mein Gott von mir fordert, ist mir wichtiger als das Gebot meines Königs, auch wenn ich deshalb den Löwen vorgeworfen werde.«

So musste ich das Urteil sprechen. Es wurde sofort vollstreckt. Ich begleitete die Soldaten, die es ausführten. Die Löwen unten in der Grube brüllten gefährlich. »Sie haben seit Tagen nichts mehr zu fressen bekommen«, sagte ein Wärter. Ich stammelte nur: »Dein Gott möge dich schützen, Daniel.« Er antwortete: »Mach dir keine Sorge um mich. Ich bin in der Hand meines Gottes, ganz gleich, was mir da unten passiert.«

Dann ließen sie Daniel an Stricken hinunter. Unten geschah nichts. Die Löwen knurrten noch ein wenig, doch sie bewegten sich nicht von der Stelle. Ich ging weg und gab Befehl, die Grube streng zu bewachen.

In dieser Nacht konnte ich keinen Schlaf finden. Immer wieder musste ich an Daniel denken und daran, dass mich die Beamten hereingelegt hatten. Meinen tüchtigsten Mann hatte ich vor die Löwen werfen lassen.

Noch bevor die Sonne aufging, stand ich auf und begab mich zur Löwengrube. Ich hatte Angst. Die Wächter sprangen auf und warfen sich vor mir nieder.

Ich trat an den Rand der Grube und rief hinunter: »Daniel, lebst du noch?«

Da hörte ich seine Stimme: »Ich habe eine gute Nacht verbracht, ehrwürdiger König. Mein Gott hat den Löwen den Rachen verschlossen. Sie haben mir kein Haar gekrümmt.« Sofort befahl ich, Daniel mit einem Seil vorsichtig aus der Grube zu ziehen. Dann ließ ich alle verhaften, die Daniel umbringen wollten, und befahl, sie an seiner Stelle in die Grube zu werfen. Sie wurden sofort von den Löwen zerrissen.

Da habe ich begriffen, was für ein großer Gott das ist, dem Daniel dient. Ich erließ ein neues Gesetz und drückte mein Siegel darunter: Niemand in meinem Reich darf über den Gott des Daniel Böses reden.

Hermann Saenger

Erzählen mit zwei Puppen

VORBEMERKUNGEN

Methode:

Auch für den Dialog mit zwei Handpuppen gilt, was S. 176 zur Methode des Erzählens mit *einer* Puppe geschrieben wurde. Die Besonderheit ist, dass sich hier zwei Personen miteinander abstimmen müssen. Denn ein Dialog wird nur spannend, wenn sich das Profil der Partner deutlich voneinander abhebt. Das gelingt leicht, wenn sich beide durch ihren Informationsstand unterscheiden. (Beispiele: Ein Reporter fragt den Apostel Paulus nach seinen Erlebnissen in Philippi. Oder ein Esel und ein Rabe unterhalten sich über die Geburt Jesu.)

Wenn zwei Partner die gleiche Position besetzen (Beispiel: Die beiden Raben als Außenstehende in dem nachfolgenden Dialog oder zwei Jünger Jesu, die als Insider der Geschichte über die Heilung des epileptischen Knaben sprechen), dann muss der Unterschied durch verschiedene Charaktere oder Anliegen hergestellt werden. Für den Anfang sollten sich zwei Spieler an vorgegebene Texte halten, mit denen sie frei umgehen. Für eigene Entwicklungen wird ein Zweierteam einen Weg zwischen Spontaneität und schriftlicher Fixierung suchen müssen. Zeit für Proben ist einzukalkulieren. Für Kinderbibeltage oder Kinderbibelwochen lohnt sich der Aufwand in jedem Fall.

Denkbar ist auch, dass ein »Puppenspieler« für viele Geschichten die Rolle des neugierigen Außenseiters übernimmt, dem eine Person aus der Geschichte Rede und Antwort stehen muss, d.h. es unterhält sich der Erzähler mit *einer* Puppe (s. Beispiel Seite 177–178).

Geeignete Altersgruppe: 4–12 Jahre

Material und Aufwand:

Mindestens zwei Handpuppen müssen vorhanden sein oder besorgt werden. Eine Bühne ist nicht erforderlich; einfache Kulissen können die Wirkung des Spiels verstärken.

Zeitdauer:

15–20 Minuten sollte man nur bei einem spannenden Dialog überschreiten.

Beteiligungsmöglichkeiten:

Sie würde während des Dialoges zum »Kasperle-Effekt« führen und ist deshalb nur als Hinführung oder beim Nachgespräch sinnvoll.

▷ ▷ ▷

Beispiel: Ein weihnachtliches Spiel (Lukas 2)

(Eine weihnachtliche Rabengeschichte von Matthias Bergfeld: Und der Hunger trieb sie zum Stall, die 1995 in »Den Menschen finden« vom Diakonischen Werk veröffentlicht wurde, musste für das folgende Stück nur in Dialogform gebracht werden. Nennen wir die beiden Raben einfach Nikolaus und Jizchak.)

1. Szene: Begegnung in der Wüste

Nikolaus: Wisst ihr, was es heisst, in der Wüste zu leben? Steine gibt es da und Sand. Nachts frierst du wie verrückt, und am Tag kannst du es vor Hitze nicht aushalten. Aber ich brauche hin und wieder meine Ruhe. Wenn ich mich lange genug in Jerusalem getummelt habe oder in Jericho mit Freunden zusammen war, dann brauche ich wieder die Einsamkeit. Hier in der Wüste Juda findest du zwar kaum etwas zu fressen, aber du wirst von Menschen oder Tieren wenig gestört. Heute freilich habe ich kein bisschen Ruhe gefunden. Den ganzen Tag kamen Leute von Jericho herauf. Was haben die bloß? Ob das wohl mein Freund Jizchak weiß, der dort gerade geflogen kommt?

Jizchak: Rülps. – Entschuldige, bitte.

Nikolaus: Du hast wohl zu viel zu fressen bekommen?

Jizchak: Das kannst du wohl sagen. Ich war in Bethlehem. Die ganze Stadt ist voller Menschen. Die schimpfen alle auf den Kaiser, der sie zu ihrem Geburtsort schickt, um sie zu zählen. Aber wenn sie auch schimpfen, sie sind alle gekommen und haben sich die Taschen voll Lebensmittel gesteckt. Da fällt manches für unsereinen ab.

Nikolaus: Jetzt endlich weiß ich, warum so viele Menschen von Jericho den Berg heraufgekommen sind. Du hast mir Appetit gemacht; ich habe den ganzen Tag nichts zu fressen gefunden. Ich spüre einen riesigen Hunger. Sieh doch, da kommt noch jemand den Berg herauf. Dabei geht die Sonne gleich unter.

Jizchak: Ja, jetzt kann ich's erkennen. Ein Mann und eine Frau. Sie haben einen Esel bei sich. Komm, wir fliegen zu ihnen hinüber. Vielleicht findest du noch was.

Nikolaus:	Siehst du das Brot, das aus seiner Tasche schaut? Vielleicht kann ich ihm das stehlen? – Doch er schaut misstrauisch zu uns herauf. Hörst du, sie reden miteinander.
Jizchak:	»Maria, die Vögel werden lästig. Wenn ich sie nur vertreiben könnte!«, sagt er zu ihr. – Hihihi.
Nikolaus:	Hör nur, wie sie antwortet: »Lass sie nur, Josef! Ich freue mich, dass wir bald in Bethlehem sind. Ob wir wohl viele Bekannte treffen?« Die Frau gefällt mir. Warum ist sie bloß so schrecklich dick?
Jizchak:	Dass du das nicht weißt! Die trägt doch ein Baby in ihrem Bauch, das muss bald geboren werden.
Nikolaus:	Ach, da sind ja schon die Lichter von Bethlehem. Jetzt bin ich neugierig geworden. Ich möchte erleben, wie es ihnen ergeht. Und vielleicht erwische ich doch noch das Brot aus Josefs Tasche.

2. Szene: In Bethlehem

Nikolaus:	Wo sind die beiden bloß? In dem Menschengewühl hier in Bethlehem habe ich sie ganz aus den Augen verloren. Kannst du sie irgendwo entdecken, Jizchak?
Jizchak:	Zum Glück habe ich mich an die vielen Menschen in den letzten Tagen gewöhnt. Außerdem kenne ich mich in Bethlehem gut aus. Schau, dort drüben vor der Herberge zum Goldenen Stern sind sie mit ihrem Esel angekommen.
Nikolaus:	Komm, wir fliegen sofort hinüber. Siehst du den Stall gegenüber dem Haus? Auf dem Dach ist ein guter Platz.
Jizchak:	Weil du's bist, bin ich mitgekommen. Schau dir den Wirt an, der gerade aus seiner Tür kommt. Der weiß offenbar gleich, was die beiden wollen.
Nikolaus:	Hör, was er sagt: »Ihr sucht bestimmt ein Zimmer. Tut mir schrecklich leid, aber mein Haus ist voll besetzt.«

Jizchak:	Schau, Josef sieht ganz verzweifelt aus. Er erwidert etwas: »Es muss ja kein Zimmer sein; wenn wir nur ein kleines Plätzchen für uns bekommen. Schau bitte meine Frau an. Wir brauchen den Platz ganz dringend.«
Nikolaus:	Der Wirt schlägt die Tür nicht zu. Er streckt seinen Arm aus. Er zeigt auf unseren Schuppen: »Na, ich bin kein Unmensch. Wenn ihr mit dem Schuppen da zufrieden seid ...«
Jizchak:	Schau, sie gehen in unseren Stall. Sie sind also zufrieden. Ich denke, wir können schlafen. Ich bin wirklich rabenmüde. Tut mir leid um dich, wenn dein Magen noch knurrt.

3. Szene: Die Nacht im Stall

Nikolaus:	Was ist denn das für ein Lärm? Ich muss wohl eingeschlafen sein. Der Krach da draußen hat mich geweckt. Da sind ja Leute vor unserem Schuppen – vier oder fünf – ich kann ihre Gesichter erkennen im Licht ihrer Öllampen. Sie flüstern: »Da brennt noch ein Licht im Stall. Ich glaube, ein Baby schreit. Ob das der Messias ist, von dem der Engel erzählt hat, der König, der allen Menschen Gutes bringen wird?« – »Klar doch, ein Engel lügt nicht.« Ich verstehe nichts mehr! Wer ist der Messias? Ich muss Jizchak fragen, der ist doch so klug. Jizchak!
Jizchak:	Wer schreit denn da und weckt mich aus meinem tiefen Schlaf? Was ist denn los hier?
Nikolaus:	Da unten im Stall ist der Messias geboren. Weißt du, was das bedeutet?
Jizchak:	Rede keinen Blödsinn. Mit heiligen Sachen darfst du nicht deinen Spott treiben. Wenn Gott den Messias schickt, dann kommt er in einem Palast an oder im Tempel.
Nikolaus:	Da haben sie gerade die Türe aufgemacht. Jetzt fliege ich hin und schaue nach.
Jizchak:	Der arme Nikolaus spinnt. Der Hunger muss ihm auf den Geist geschlagen sein. Der Messias in dem Schuppen da unten. Dass ich nicht lache!

Nikolaus:	*(kommt mit einem Stück Brot im Schnabel)* Ich hab's erwischt! Endlich habe ich dem Josef das Stück Brot aus der Tasche gezogen!
Jizchak:	Ich dachte, du hättest den Messias gesucht.
Nikolaus:	Den habe ich auch gefunden. Da liegt ein Baby auf dem Heu in einer Krippe. Und alle bewundern es. Die Hirten knien davor, sie sagen immer wieder, Gott habe ein Wunder vollbracht. In der Krippe liege der Messias. Die Engel hätten ihnen das gesagt. Ich finde das nicht schlecht mit dem Messias. So konnte ich unbemerkt das Brot aus der Tasche holen.
Jizchak:	O Nikolaus, da soll der Messias geboren sein und dir fällt nichts Besseres ein, als seinen Eltern das Brot zu stehlen. Ich glaube, wir beide müssen noch viel nachdenken über den Messias, den Christus.
Nikolaus:	Das will ich ja tun. Aber wenn er allen Menschen Gutes bringen soll, warum kann er nicht mir armem, hungrigen Raben zu einem Stück Brot verhelfen?

Hermann Saenger

Erzählen mit einer Sprechhandpuppe und einem Erzähler

VORBEMERKUNGEN

Die Methode:

Eine Person erzählt vor der Gruppe die Geschichte, während eine zweite Person mit einer Solopuppe spielt. Diese Puppe tritt als Anwalt der Kinder auf, d.h. sie unterbricht die Erzählung mit Fragen (z.B. wenn sie etwas nicht versteht oder ihr etwas unklar ist), mit Bemerkungen (die z.B. eigene Erfahrungen oder Erfahrungen der Kinder mit einbringen) oder nimmt Reaktionen der Kinder auf (Gelächter, Unruhe).

Die Solopuppe muss eine kleine Biographie haben, d.h. ich muss mir vorher überlegen: Wie heißt sie? Wie alt ist sie? Hat sie Geschwister? Woher kommt sie? usw. Denn die Kinder fragen durchaus danach.

Während die Puppe spricht, muss sie sich ein wenig bewegen, damit den Kindern klar ist, dass die Puppe redet. Entweder muss sich der Mund bewegen (vorher üben!) oder, wenn sie keinen beweglichen Mund hat, die ganze Puppe. Der Puppenspieler oder die Puppenspielerin kann dabei ruhig zu sehen sein. Wichtig ist, dass er/sie, während die Puppe spricht, seinen/ihren Blick auf die Puppe richtet und nicht die Kinder anschaut.

Geeignete Altersgruppe:

Ab 3 Jahren. Für die Jüngeren kann so eine Puppe mitunter unheimlich sein, denn sie ist »lebendig«. Man sollte ihnen gegenüber mit der Puppe deshalb nicht zu aufdringlich werden. Sie brauchen Zeit, um sich mit ihr vertraut zu machen. Auf die 12 – 14-Jährigen übt so eine Puppe eine Mischung aus Faszination und »Das ist albern!« aus. Wo letzteres überwiegt, verzichtet man auf den Einsatz der Puppe (Ausnahme: die Gruppe ist altersgemischt, Kleine und Große).

Material und Aufwand:

Eine Puppe wird benötigt. Die Erzählerin/der Erzähler und die Puppenspielerin/der Puppenspieler sollten vorher zusammen üben.

Außerdem muss die Puppenspielerin/der Puppenspieler vorher mit der Puppe üben (z.B. die Mundbewegungen). Ein Sprechrabe oder eine »Kinderfigur« sind gut geeignet.

Zeitdauer: nicht länger als 15 Minuten

Beteiligungsmöglichkeiten:

Die Puppe als Anwalt der Kinder motiviert die Kinder eventuell dazu, selbst Fragen zu stellen oder in ein kurzes Gespräch mit der Puppe und/oder der Erzählerin/dem Erzähler zu kommen.

Beispiel: Elia und das Gottesurteil auf dem Karmel
(1. Könige 18)

Puppe: Schön, wenn Gott mich versorgt und ich ihm vertrauen kann. Das habe ich gestern gemerkt. Von diesem Gott möchte ich auch anderen erzählen. Doch, wenn ich das anderen erzähle, dann glauben die mir nicht unbedingt. Die lachen mich aus. Da stehe ich dann ganz alleine. Und dann habe ich gar keinen Mut mehr, von Gott zu erzählen.

Erzähler/in: Weißt du, das ist Elia auch so gegangen.

Puppe: Echt?

Erzähler/in: Ja. Er stand ganz allein vor allen anderen. Aber Gott hat ihm Mut gemacht.

Puppe: Und dann hat er sich getraut?

Erzähler/in: Ja. Weißt du, das war damals, als es so lange nicht geregnet hat. Das ganze Land war ausgetrocknet.

Puppe: Wie eine Wüste?

Erzähler/in: Genau.

Puppe: Dann gab's ja gar nichts mehr zu trinken oder zu essen!

Erzähler/in: Richtig. Deshalb wollten dann viele von Gott nichts mehr wissen. Sie haben gesagt: »Der sorgt ja nicht für uns. Der gibt uns keinen Regen.« Und dann haben sie sich einen anderen gesucht, Baal. Sie dachten: »Der wird uns gute Ernten schicken, Getreide, Gemüse, Wein, Obst.« Da haben sie alle nur noch zu diesem Baal gebetet und für Gott hat sich keiner mehr interessiert.

Puppe: Hm. Und da ist dann Elia aufgetaucht?

Erzähler/in: Ja, er wollte die Menschen an Gott erinnern. Sie sollten Gott nicht vergessen. Und weil er gemerkt hat, dass Gott ihn nicht im Stich lässt, dass er für ihn sorgt und zu ihm hält, darum war er so mutig, zu all den anderen Menschen hinzugehen. Das waren viele. 400 Propheten, die immer zu Baal beteten, und das ganze Volk.

Elia dachte: »Ich muss Gott um ein Zeichen bitten, sonst glauben sie mir nicht.« Deshalb hat er einen Altar gebaut, oben auf dem Berg. Er hat viel Holz auf den Altar gelegt. Und dann hat er allen gesagt: »Wir wollen sehen, wer das Holz auf dem Altar in Brand setzt, mein Gott oder euer Baal. – Fangt ihr an, zu eurem Baal zu rufen, denn ihr seid ja viel mehr als ich.« Und da haben alle 400 Propheten und das ganze Volk immerzu gerufen: »Baal, Baal, höre uns!« Aber nichts ist passiert. Schließlich hat Elia gebetet: »Gott, hilf mir! Gib uns ein Zeichen.« Und – ich weiß nicht wie – das Holz auf dem Altar fing an zu brennen.

Puppe:	Da hat Gott ja richtig zu Elia gehalten. Er hat ihm sogar das Feuer angezündet. Klasse!
Erzähler/in:	Ja, und kurze Zeit danach begann es endlich zu regnen.
Puppe:	Weißt du, am meisten beeindruckt mich, dass Elia so mutig war. – Allein gegen alle! Elia ist sicher so mutig gewesen, weil er Gott vertraut hat. – Was ist denn dann aus denen geworden, die gegen Elia waren? Hat er sie überzeugt?
Erzähler/in:	Tja, da war Elia auf einmal gar nicht mehr mutig. Er hatte Angst, dass sie ihm noch mal gefährlich werden könnten. Elia wollte das jetzt ein für allemal erledigen.
Puppe:	Und wie?
Erzähler/in:	Er hat das Volk aufgehetzt gegen die Propheten. Sie sollten die Propheten festhalten, und Elia hat sie getötet.
Puppe:	Was? Das ist aber schlimm, was Elia da getan hat! Hat er vielleicht gedacht, Gott fände das gut?
Erzähler/in:	In dem Moment wohl schon. Erst viel später hat Elia gemerkt, dass Gott ganz anders ist und dass ihm dieses Töten nicht gefallen hat.

Christiane Zimmermann-Fröb

Erzählen mit einfach herzustellenden Puppen

VORBEMERKUNGEN

Methode:

Mehrere Personen erzählen und spielen mit spitzen Papiertüten, die auf die Hand gesteckt sind, eine Geschichte. Die Methode wirkt durch ihre Einfachheit und Wandlungsfähigkeit.

Jede Mitspielerin und jeder Mitspieler hat zwei Spitztüten aus Papier, die mit Ölmalkreiden oder anderen leuchtenden Farben gestaltet sind. Durch das Zusammenspiel bekommen die Papiertüten ihre besondere Wirkung. Das wird noch verstärkt, wenn die Spieler/innen vor einem dezenten einfarbigen Hintergrund stehen und dunkle, möglichst einheitlich wirkende Kleidung tragen.

Da mehrere Personen mitspielen oder erzählen, sollte das Stück einige Male geprobt werden. Anfänger können nur mitspielen und geübte Erzählerinnen und Erzähler können die Sprechanteile übernehmen.

Die Papiertüten lassen viele Gestaltungsmöglichkeiten (mit Wolle, Knöpfen, »wertfreiem« Material usw.) zu, so dass je nach Altersgruppe entsprechende Figuren gestaltet werden können. Da sie sehr einfach zu bauen sind, können auch die jüngeren Kinder sie in kurzer Zeit (20 Minuten) fertigstellen. Mit geübten Menschen lässt sich in der Geschichte eine Figur mit wenigen Handgriffen gestalten und verändern. Der Text kann entweder von einer Erzählerin oder einem Erzähler gesprochen werden oder von den Mitspieler/innen selber kommen. Je nach Können, Mut und Anlass eignen sich die jeweiligen Formen.

Geeignete Altersgruppe: 4 – 99 Jahre

Material und Aufwand:

Spitztüten aus Papier sind auf Wochenmärkten zu bekommen oder man stellt sie sich selbst her (s. unten und Skizzen S. 188 oben).

Jaxonkreiden, Knöpfe, Wolle, ... (der Phantasie sind in der Gestaltung keine Grenzen gesetzt).

Eigene Herstellung von Papiertüten:

Dazu schneidet man sich ein quadratisches Stück Packpapier zurecht. Zwei Seiten werden aufeinander gefaltet (um eine Mittellinie zu erhalten). Das Papier wieder aufklappen. Zwei benachbarte Ecken werden zu dieser Mittellinie hin gefaltet. Die umgefalteten Ecken mit einem Klebestreifen befestigen. Die Seiten nach unten hin etwas abschrägen. Die Vorderseite bemalen oder bekleben.

In »Fließbandarbeit« lassen sich so für eine Geschichte auch mal die Heere von David und Goliath herstellen.

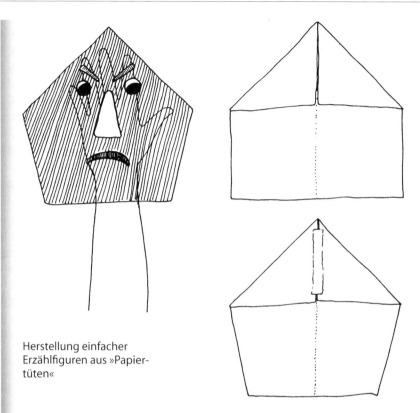

Herstellung einfacher
Erzählfiguren aus »Papiertüten«

Zeitdauer: 10–15 Minuten zur Darbietung der Erzählung

Beteiligungsmöglichkeiten:
Sind nicht eingeplant. Wenn die Erzählerin oder der Erzähler allerdings geübt ist, kann sie/er die Wortbeiträge der Kinder aufgreifen oder konkrete Fragen an das Publikum stellen.

Variationsmöglichkeiten:
Aus den Papiertüten lassen sich in kurzer Zeit Vögel, Fische und andere Tierfiguren herstellen, so dass viele Geschichten als Mitmachgeschichten umgesetzt werden können.

Beispiel: Die Jonageschichte

(In Anlehnung an die Geschichte »Jona« aus dem Buch: »Ein Licht auf unserem Weg. Geschichten zu jüdischen Festtagen«. Herausgegeben vom Rheinischen Verband für Kindergottesdienst. 1995, S. 40.)

Erzähl- und Spieltext	*Regie- und Bühnenanweisungen*

Einige Personen stehen in einer Runde dicht beieinander. Einige schimpfen. Alle sind aufgeregt. Die Spieler/innen tragen einheitliche, schwarze, schlichte Kleidung.

Jona:
Heute Morgen, ganz früh, als ich noch im Bett lag, da kam das Wort Gottes zu mir:»Jona!«, sagte er zu mir:»Steh auf und gehe in die große Stadt Ninive. Sage den Menschen dort, dass ich ihre Schlechtigkeit nicht länger mit ansehen kann. Warne sie und sage ihnen, dass sie damit aufhören sollen.« Das ist heute Morgen passiert – und nun stehe ich hier und brauche euren Rat.

Wenn Jona nachdenkt oder redet, sollten die anderen Spieler/innen in der Runde ihre Unruhe etwas dämpfen.

Stimmen aus der Runde:
Ich glaube nicht, dass Gott das gesagt hat. –
Warum soll Jona sich um Ungläubige kümmern? – Lügner!
Und wenn es doch wahr ist?

Die Unruhe bricht wieder los.

Jona:
Warum soll ich in diese gottlose Stadt Ninive gehen? Als ob Gott nicht alle Hände voll zu tun hätte mit dem eigenen Volk? Was soll ich nur tun: gehen oder hierbleiben?

Jona setzt sich nachdenklich auf den Boden. Er weiß auch nicht weiter. Er hat die Stimme doch wirklich gehört. Trotzdem nagen die Zweifel auch an ihm.

Stimmen aus der Runde:
Dieser Auftrag kann nicht von Gott sein. –
Jona, deine Aufgabe besteht darin, deinem Volk zu helfen und nicht wegzugehen. –

Jona:
Aber wenn der Auftrag von Gott kommt, so sollte ich doch besser gehen.
Was soll ich nur machen? – Jetzt habe ich eine rettende Idee!
Ich muss fliehen!
Ich brauche ein Schiff!

Jona steht auf und geht in sich versunken – mit hängenden Schultern – weg. Jona weiß nicht, wie er sich entscheiden soll.
Die Runde löst sich auf. Die Spieler/innen gehen in den Hintergrund und stellen sich dicht nebeneinander. Sie werden später das Schiff, den Fisch und die Stadt Ninive mit den Papiertüten darstellen. Deshalb sollten die jeweiligen Tüten schon bereitliegen.

Jona findet ein Schiff, steigt ein und sie fahren los. Plötzlich beginnt ein Sturm, der so heftig ist, dass das Schiff auseinanderzubrechen droht.

Das Schiff wird von mehreren Spieler/innen in der Art dargestellt, dass sie eine Seite der Spitztüten mit braunen Kreiden angemalt haben, so dass der Eindruck von Schiffsplanken entsteht. Halten die Spieler/innen die Tüten waagerecht und dicht zusammen, so wirkt der Anblick wie ein Teil des Schiffes.
Durch gemeinsame Bewegungen lassen sich Wellen und ein aufkommender Sturm gut inszenieren.

Jona:
Ich bin mit euch gefahren, weil ich auf der Flucht vor Gott bin. Wenn ihr mich über Bord werft, so wird sich der Sturm wieder beruhigen und euch wird nichts geschehen.

Jona erscheint alleine, da die Dialoge mit den Schiffern in dieser Erzählung eine zweitrangige Bedeutung haben.

Die Rückseite der Tüten ist bläulich und schuppenähnlich gestaltet. Wenn Jona sagt, dass die Schiffer ihn aus dem Boot werfen sollen, beruhigt sich der Sturm (d.h. die Schiffsbewegungen) und die Spieler/innen steigen

über Jona und drehen ihre Tüten um. Die Tüten werden waagerecht und dicht zusammengehalten. Das Publikum sieht nun die Schuppen eines großen Fisches. Der Fisch sollte abstrakt und ohne Auge und Mund dargestellt werden, damit die Szene nicht zu kitschig wirkt.
Durch sanfte Wellenbewegungen kann man den Eindruck des schwimmenden Fisches verstärken.

Jona soll nicht sterben und deshalb verschlingt ihn ein großer Fisch.

Jona:
Herr, rette mich aus diesem unheimlichen Bauch des Fisches!

Jona betet zu Gott. Da spuckt ihn der Fisch an Land. Etwas verhalten hört man das Gebet von Jona. Die Wellenbewegungen werden immer sanfter und hören schließlich ganz auf.
Jona steht auf. Die Spieler/innen nehmen ihre Tüten weg und treten einen Schritt zurück. Sie stellen sich nebeneinander hin, so dass sie gleich die Stadt Ninive darstellen können.

Zum zweiten Mal wendet sich Gott an Jona und gibt ihm den Auftrag, nach Ninive zu gehen.

Jona:
Also gut, ich gehe in diese riesengroße Stadt und werde dort ausrufen, was du mir aufgetragen hast.
Drei Tage muss man laufen, um Ninive zu durchqueren. Aber ich finde, dass ein Tag ausreicht.

Jona führt ein Selbstgespräch.

Jona etwas trotzig.

Im Hintergrund sieht man die Stadt Ninive, die durch senkrecht stehende Spitztüten dargestellt wird. Mit den Kreiden wird ein Eindruck einer Stadt gemalt.

Jona:
Kehrt um! Ihr steckt in einer Sackgasse. Kehrt um, ändert euch, ehe es

Jona geht in die Stadt hinein und ruft zur Umkehr.

zu spät ist! Ihr habt noch vierzig Tage Zeit dazu.

Bewohner von Ninive:
Uns droht der Untergang. Wir müssen umkehren! – Was können wir tun, um dem Gericht Gottes zu entgehen? – Wir müssen fasten und beten. – Wir müssen von unserem Überfluss den Armen geben!

Jona:
Ach Gott, wie kann es sein, dass du Erbarmen mit der Stadt hast?
Gut, sie haben sich geändert und haben aufgehört, Unrecht zu tun. Aber reicht das aus, eine Drohung nicht wahr zu machen? Weil ich geahnt habe, dass du so handeln wirst, bin ich geflohen.
Warum ich zornig bin? Ich drohe einer Stadt das Schlimmste an und nichts passiert. Und jetzt habe ich mich lächerlich gemacht. Ich kann kaum wieder in meine Heimat zurückkehren. Ich mag so nicht mehr leben.

Du bist voller Güte und Erbarmen, du hast Geduld mit den Menschen und deine Liebe kennt keine Grenzen. Du lässt dich immer wieder umstimmen und machst deine Drohungen nicht wahr.

Andrea Hänsel

Die Unruhe, die durch die Stadt geht, kann in der Art dargestellt werden, dass die Spieler/innen flüstern und tuscheln, so dass das Publikum einige Wortfetzen aufschnappen kann. Nach einiger Zeit wird es ruhig in der Stadt.

Inzwischen hat sich Jona der Stadt gegenüber hingesetzt. Er wartet darauf, dass Ninive untergeht, aber nichts passiert. Die Menschen haben sich geändert und Gott hat Erbarmen mit ihnen.
Jona führt ein Selbstgespräch.

Als er erkennt, dass nichts passieren wird, wird er wütend.

Man sieht, dass Jona in sich geht und nachdenkt. Er wird ruhiger.

Jona steht auf und geht ab, damit das Ende des Spiels deutlich wird.
Die Spieler/innen mit der Stadt bleiben stehen.

Erzählen mit einer einfachen Marionettenfigur

VORBEMERKUNGEN

Methode:

Eine einfache Marionette (Schaf) wird vorbereitet und zusammen mit einem Spiellied zum Erzählen eingesetzt. Jedes Kind bekommt nachher die kleine Marionette oder stellt sie sich selbst her.

Der ausgeführte Vorschlag basiert auf einer Anregung von Waltraud Hörsch aus dem Buch von Alma Grüsshaber, »Vom Mitmachen und Mutmachen. Kindergottesdienst mit 4–7-Jährigen«, Verlag Junge Gemeinde, Leinfelden-Echterdingen, 4. Auflage 2000.

Geeignete Altersgruppe:

Kindergartenalter und Grundschule.
Für den Marionettenbau: Grundschule und älter. Aber auch sehr geeignet als Partnerarbeit von Großen und Kleinen.

Material und Aufwand:

Für die Schafmarionette ist folgendes Material zu besorgen:

— Heller Filz für den Körper und Rohwolle o.ä. zum Bekleben.
— Vier Holzkugeln (Ø ca. 2 cm) als Füße (Man kann sich auch Scheiben von Flaschenkorken schneiden.)
— Rundholzstücke (Ø ca. 3,5 cm) als Kopf (4 cm lang) und Körper (8 cm lang) (Man kann dafür eventuell auch einen abgesägten Besenstiel nehmen oder: zwei Korken als Körper und einen als Kopf.)
— Zum Umhängen der Marionette verwendet man einen dicken Wollfaden oder eine Schnur, ca. 1 m lang.
— Alleskleber

Werkzeug:

— Nadel, Schere, Filzstift
— eine Säge für das Holz oder ein scharfes Messer für den Korken

Bastelanleitung (die Vorlage ist um 1/3 verkleinert – s. Seite 194):

Die Vorlage kopieren und ausschneiden. Mit dieser Schablone die Figur auf Filz zeichnen und ausschneiden. Den Wollfaden an den gekennzeichneten Stellen (x) durchziehen und verknoten.

Holz/Korken-Teile für den Körper der Länge nach befestigen. Das Rundholz/der Korken für den Kopf wird hochkant festgeklebt. Dabei darauf achten, dass die Fadenknoten gut mitverklebt werden. Filzkörper mit Rohwolle bekleben. Augen und Mund aufmalen.

Vorlage für Schafmarionette

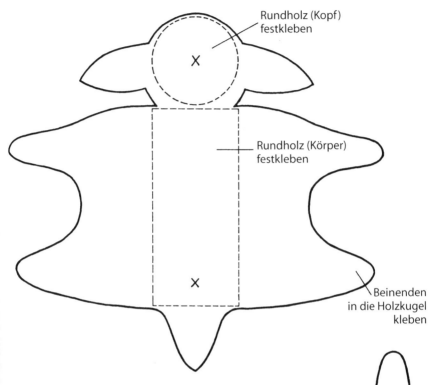

Rundholz (Kopf)
festkleben

Rundholz (Körper)
festkleben

Beinenden
in die Holzkugel
kleben

Wenn man für alle Kinder eine Marionette bereithalten will, muss ein Mitarbeiter/innenkreis sich in »Fließbandarbeit« organisieren, dann geht es schnell. Sonst braucht man für eine komplette Marionette ca. 15 – 20 Minuten.

Ähnlich einfach ist, eine Menschenmarionette zu bauen. Für die nachfolgende Geschichte als Beispiel eine **Hirten-Marionette:**

Material und Werkzeug:
— Das Schnittmuster auf die gewünschte Größe bringen
   (ca. 10 – 15 cm);
— Filz;
— Je zwei Holzkugeln (möglichst mit großer Bohrung!) für Hände und Füße;
— Schnur für Führungsband (Länge hängt ab von den Spielkindern, s. Zeichnung);
— Holzscheibe oder feste Pappscheibe als Kopf;
— Kleber.
— Schere, Tacker

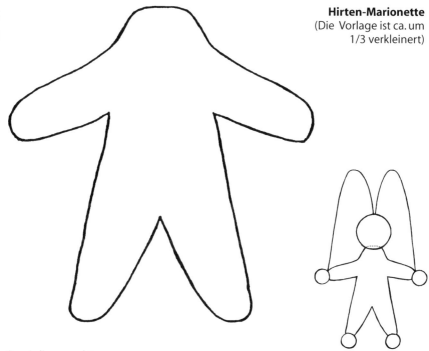

So wird's gemacht:

Mit Hilfe des Schnittmusters wird der Körper aus Filz ausgeschnitten. Der Halsansatz wird an die Kopfscheibe getackert. Die jeweiligen Filzenden werden mit Kleber in die Fuß- und Handkugeln gedrückt. Wenn das stabil ist, wird der Führungsfaden mit seinen Enden an beiden Handgelenken verknotet und evtl. noch verklebt. Dann wird er zur Hälfte genommen und oben an der Kopfscheibe angetackert. Wer will, kann die Figur noch mit Haaren und weiteren Feinheiten ausgestalten.

Das Führen der Figur:

Kleine Kinder führen die Figur mit beiden Händen, indem sie in jede Schlaufe greifen. Größere Kinder nehmen einen Stock/Ast und wickeln jede Schlaufe einmal darum. So führen sie die Figur an einer Hand. Durch den weichen Filzkörper wirkt diese Figur immer lebendig in ihren Bewegungen. Durch die einfache Handhabung gibt es kein Verheddern der Fäden.

Zeitdauer: ca. 15 –20 Minuten (ohne Basteln)

Beteiligungsmöglichkeiten:

Die Geschichte vom verlorenen Schaf wird so erzählt, dass das Schaf, das auf »Entdeckertour« geht, die Identifikationsfigur für die Kinder wird. Durch das Nachspielen der Kinder mit der Marionette und das Basteln mit den Kindern kann die Geschichte vertieft werden.

Beispiel: Die Erzählung vom wiedergefundenen Schaf
(Lukas 15,1–6)

(Zu dieser Geschichte gibt es in dem Buch »Vom Mitmachen und Mutmachen« S. 104 auch ein Lied von Rolf Krenzer und Gertrud Lorenz: »Ein Mann hat hundert Schafe«. Dieses Lied kann man gut einbeziehen.
Ebenso kann das Lied »Das wiedergefundene Schaf« von Rüdiger Gerstein – hier abgedruckt Seite 210 – verwendet werden.)

Eine Herde von Schafen lebt zusammen. Der Hirte leitet sie. Sie wissen, dass er sie zu gutem Wasser und saftigen Weideflächen führt. Darum müssen sie sich nicht besonders nach Futter umsehen. Sie müssen nicht suchen, denn sie haben ja alles, was sie brauchen.
Aber ein Schaf hebt öfter den Kopf.
(Von jetzt an wird die Schafmarionette ins Spiel gebracht und entsprechend bewegt.)
Es schaut in die Ferne. Das Schaf trottet jetzt nicht einfach mehr mit. Es wagt etwas, weil es neugierig ist und die Welt entdecken will. Es traut sich, ganz allein fortzugehen. Es sagt: »Ich will selber herausfinden, wo das gute Gras und das frische Wasser ist.« Wenn es zurückschaut, sieht es den Hirten in der Ferne. Aber irgendwann blickt es zurück und sieht den Hirten gar nicht mehr. Es blickt nach rechts und links.
Aber soweit es auch schaut – da ist kein Hirte. »Und überhaupt«, denkt das Schaf, »aus welcher Richtung bin ich denn hierher gekommen?«
Jetzt ist das Schaf eigentlich gar nicht mehr neugierig auf etwas Neues. »Ich möchte so gerne wieder Vertrautes sehen und hören, die Stimme des Hirten, das Blöken der anderen Schafe«, sagt es traurig. »Aber wo ist mein Hirte, wo die Herde, wo mein zu Hause?«
Unsicher und ängstlich läuft das Schaf hin und her. Es blökt und von den Bergen klingt ein Echo zurück. Oder sind es die anderen Schafe? Unser verirrtes Schaf rennt los, aber statt bei der Herde landet es in einem dichten Dorngestrüpp. Es kann nicht vor und nicht zurück. Es würde ja zu gerne die anderen Schafe und den Hirten weitersuchen, aber es geht nichts mehr. Das arme, einsame Schaf kommt nicht los, die Dornen stechen ihm durchs Fell. Alles, was es noch tun kann, ist blöken.
(Marionette liegt abseits, die Erzählung geht weiter.)
Ohne dass das Schaf etwas davon ahnt, macht sich der Hirte auf den Weg. Er hat gemerkt, dass ein Schaf aus seiner großen Herde fehlt. Wir würden meinen: die Schafe sehen doch alle gleich aus. Aber ein guter Hirte kennt jedes ganz genau. Dieser aufmerksame Hirte spürt die Lücke. Er erschrickt und sagt: »Dieses Schaf ist sicher dorthin gegangen, wo es immer hingeschaut hat, in die Weite. Und es ist so weit gegangen, dass es mich aus dem Blick verloren hat. Jetzt muss ich mich beeilen. Das Schaf ist allein, es ist in Not, denn sonst wäre es längst umgekehrt.«

Der Hirte blickt auf die 99 Schafe. Er sieht, dass sie gut versorgt sind und sicher. »Sie werden keine Entdeckertouren unternehmen, wenn ich eine Weile nicht zwischen ihnen bin. Die 99 haben gute Weide und frisches Wasser. Ihnen kann nichts passieren.«

Und so geht der Hirte los. Er findet das festhängende Schaf. Er schimpft nicht. Er schlägt nicht. Er reißt es nicht hart aus den Dornen.

(Ich handle entsprechend der folgenden Sätze mit der Marionette.)

Nein, ganz behutsam biegt er die dornigen Äste zur Seite. Seine starken Hände schiebt er unter den Bauch des Schafes und hebt es behutsam hoch. Er trägt es auf seinen Armen. Und unterwegs streichelt er es immer wieder und spricht freundlich mit ihm.

Als sie bei der Herde ankommen, hat sich das Schaf schon ein bisschen erholt. Es kann wieder auf eigenen Beinen stehen. Es läuft erleichtert mitten in die Herde hinein.

(Das Schaf läuft zu einem der Kinder.)

Der Hirte blickt ihm hinterher. Und dann ruft er die anderen Hirten aus der Nachbarschaft zusammen. Er sagt: »Ich bin so froh, dass ich das Schaf wiedergefunden habe. Ich mache ein Fest. Ihr sollt euch auch freuen.«

Sie wundern sich alle darüber, dass der Hirte soviel Aufhebens um ein einziges Schaf macht. Aber dann feiern sie das Fest gerne mit, denn mit so einem guten Hirten muss man doch einfach mitfeiern!

Immer wieder erzählen die Menschen die Geschichte von dem verlorenen Schaf und dem Fest.

(Die Kinder können selbst erzählen. Das Lied wird gesungen und jeweils ein Kind spielt dazu mit der Marionette. Am kommenden Sonntag wird die Marionette mit allen gebastelt und die Geschichte mit dem Lied noch einmal aufgenommen.
Es ist wahrscheinlich, dass die Kinder die gesamte Geschichte dann noch einmal selber spielen wollen und können.)

Brigitte Messerschmidt

Erzählen mit einfachen Fingerpuppen

VORBEMERKUNGEN

Methode:

Es gibt zwei Möglichkeiten, das Erzählen mit Fingerpuppen zu einer Mitspiel-Erzählung zu machen. Bei der ersten Möglichkeit werden zuerst alle Figuren genannt, die man für die Geschichte braucht. Diese Figuren werden dann mit den Kindern aus Streichholzschachteln gebastelt. Bitte darauf achten, dass jedes Kind eine eigene Puppe basteln kann, d. h. Geschichten auswählen, in denen viele Figuren mitspielen oder in denen man gut Figuren ergänzen kann (z. B. viele Neugierige, Fischer, Kranke usw.). Wenn die Fingerpuppen gebastelt und die Rollen verteilt sind, erzählt eine Person die Geschichte. Die Kinder spielen mit ihren Puppen mit. Da sie die Geschichte noch nicht kennen, geht das nur »pantomimisch«. Es sei denn, man erzählt mit deutlichen Regieanweisungen, z. B. Erzähler/in: »Da ruft Jesus den Zachäus her.« – Kind mit der Jesus-Puppe: »Zachäus, komm her!«
Eine zweite Möglichkeit ist es, die Geschichte zuerst zu erzählen, anschließend mit den Kindern die Puppen zu bauen, und die Geschichte dann noch einmal von den Kindern mit ihren Puppen spielen zu lassen. Dabei erzählen die Kinder die Geschichte selber nach.

Geeignete Altersgruppe: 4 –10 Jahre

Material und Aufwand:

Man benötigt für jedes Kind die Hülse einer Streichholzschachtel (d.h. Streichhölzer und Schubfach bitte vorher entfernen). Außerdem einfarbiges Papier (weiß oder ein sehr helles braun), Scheren, Stifte, Alleskleber, Wollreste, Stoffreste.
Die Streichholzschachtel wird rundherum mit dem einfarbigen Papier beklebt. Nun kann ein Gesicht aufgemalt werden.
Aus der Wolle werden Haare hergestellt. Dazu viel Wolle gleichmäßig um die Hand wickeln, (nicht zu fest!). Dann diesen dicken Wollring von der Hand ziehen und an einer Stelle mit einem Stück Wollfaden zusammenbinden (das gibt den Scheitel). Jetzt den Wollring an der gegenüberliegenden Seite aufschneiden. Diese Perücke auf den oberen Rand der Streichholzschachtel kleben, entweder außen einen

Kleberand auftragen oder innen und dann die Perücke ein wenig in die Schachtel drücken. Die Haare verteilen und in die gewünschte Länge schneiden oder Zöpfe flechten. Wer will, kann diese fertige Puppe über zwei bis drei Finger stülpen und nun mit ihr spielen.

Man kann die Puppe auch noch anziehen. Dazu einfach ein Stück Stoff, das die ganze Hand verdeckt, über die betreffenden Finger stülpen, und dann die Streichholzschachtel darüber stecken. Schon hat die Puppe ein Kleid. Wer will, kann in den Stoff links und rechts noch ein kleines Loch für den Daumen und den Ringfinger oder den kleinen Finger schneiden. Wenn man die Finger hindurchsteckt, hat die Puppe sogar Arme.

Weitere Alternativen:

Einfache Fingerpuppen kann man statt aus Streichholzschachteln auf ähnliche Weise auch aus leeren Klopapierrollen herstellen (vgl. Brigitte Messerschmidt/Dieter Witt, Hrsg., »Wie ein Netz voller Fische. Ein bunter Kreativmarkt mit Vorschlägen zum Basteln, Gestalten und Erzählen«, Verlag Junge Gemeinde 2003, S. 44f.).

Es genügt aber auch, aus Pappe einen Kreis auszuschneiden, auf den dann ein Gesicht aufgemalt wird. Man kann die Figur dann noch mit Wollhaaren bekleben. Auf der Rückseite wird ein Gummiband festgeklipst. Über den Zeigefinger wird ein aufgefaltetes Taschentuch als »Körper« gestülpt und darauf der Pappkopf gesteckt. Der Daumen und der Mittelfinger bilden die Arme.

Zeitdauer:

Das Herstellen der Puppen braucht Zeit, denn es ist wichtig, dass jedes Kind seine Puppe fertigstellen kann! Je nach Alter der Kinder sind 15 bis 25 Minuten für das Basteln anzusetzen. Dann kommt noch die Zeit für das Erzählen der Geschichte hinzu, und eventuell für das Nachspielen durch die Kinder.

Beteiligungmöglichkeiten:

Die Kinder werden durch das Gestalten ihrer Figuren, das Mitspielen oder das Nachspielen intensiv in die Geschichte einbezogen. Um die Kinder mitspielen zu lassen, muss die Geschichte in ihrem Handlungsablauf sehr deutlich sein, Regieanweisungen müssen miterzählt werden, außerdem müssen die verschiedenen Orte festgelegt sein (z. B. da ist die Stadt, das Haus, der See usw.).

Beispiel: Das große Gastmahl (Lukas 14,16–24)

Für die Geschichte, die ich euch erzählen möchte, brauchen wir einen Mann, der ein Fest machen will und viele dazu einlädt. Einen Diener, der die Gäste abholen will. Einen Mann, der gerade einen Acker gekauft hat. Einen anderen, der gerade zwei Ochsen gekauft hat, und einen, der gerade geheiratet hat. Dazu viele Bettler, Kranke, Landstreicher; außerdem vielleicht noch einige Diener, die alles für das Fest vorbereiten.

(Die Rollen werden verteilt. Die Kinder bauen ihre Puppen. Falls mehrere Kinder dieselbe Rolle wollen, muss man schauen, ob man die Geschichte nicht entsprechend abändern kann,

z.B. Gastgeber und Gastgeberin, Bräutigam und Braut, zwei Diener, die losziehen, um alle einzuladen u.ä. Wenn die Puppen fertig sind, beginnt die Erzählung der Geschichte.)

Ich erzähle euch jetzt die Geschichte, und ihr spielt mit euren Puppen mit. Beim Erzählen hört ihr, was die Puppen machen oder sagen. Tut oder sagt das dann bitte. Bevor wir anfangen, sagt noch einmal jede/r, welche Figur ihre/seine Puppe spielt. (Die Kinder nennen noch einmal »ihre« Rollen.) Und jetzt legen wir noch fest, wo was ist. Hier ist das Haus, in dem das Fest sein soll. Da wohnt der Mann, der ... Hier sitzen die Bettler in der Stadt, hier die auf der Landstraße.

(In Klammern gesetzt, finden sich im ersten Teil der Geschichte mögliche Texte, die die Kinder sprechen können. Später stehen an den Stellen, an denen die Kinder etwas sagen könnten, nur noch Klammern. Falls von den Kindern nichts kommt, muss der/die Erzähler/in den Text selbst ergänzen.)

Und nun beginnt die Geschichte:
Da ist ein Mann. Er will ein großes Fest machen. *(Der Mann tritt auf.)*
Er ruft seine Diener. *(»Diener, kommt mal alle her.« – Die Diener kommen.)*
Er erzählt seinen Dienern, was er machen will. *(»Ich will ein Fest feiern.«)*
Und er sagt seinen Dienern, was sie für das Fest vorbereiten müssen: putzen, kochen, den Tisch decken, das Haus schmücken ... *(»Putzt mal das Haus, damit alles sauber ist. Ihr müsst das Essen kochen und den Tisch decken. Schmückt das Haus.«)*
Und während der Mann es sich gemütlich macht, fangen die Diener an zu putzen, zu kochen, den Tisch zu decken, das Haus zu schmücken. Sie teilen sich auf, wer was macht. *(»Du putzt.« – »Ich koche schon mal.« – »Hilfst du mir beim Schmücken?« – »Ja, ist gut!«)*
Als alles fertig ist, rufen sie ihren Herrn und sagen ihm das. *(»Herr, wir sind mit allem fertig.«)*
Der Herr lobt seine Diener. *(...)*

Dann schickt er einen Diener los, um die Gäste abzuholen. Der Diener soll ihnen sagen, dass alles fertig ist und sie mitkommen können zum Fest. *(...)*
Der Diener macht sich auf den Weg zum ersten Gast. Er klopft an die Tür. Ein älterer Mann macht ihm auf. Der Diener sagt ihm, was sein Herr ihm aufgetragen hat. *(...)*
Aber der Mann will nicht mitkommen. Er hat keine Zeit. *(...)*
Er hat gerade ein Feld gekauft, das muss er sich erst einmal ansehen. *(...)*
Der Diener bittet noch einmal. *(...)*
Aber der Mann lehnt ab. *(...)*

Da geht der Diener zum nächsten eingeladenen Gast. Er klopft an die Tür. Diesmal öffnet ihm ein Geschäftsmann. Wieder sagt der Diener, was ihm sein Herr aufgetragen hat. *(...)*

Aber auch dieser Mann will nicht kommen. Er hat keine Zeit. (...)
Er hat doch gerade zwei neue Ochsen für sein Gespann gekauft. Die muss er sich erstmal ansehen. (...)
Der Diener bittet noch einmal. (...)
Aber der Mann lehnt ab. (...)

Da geht der Diener zum letzten Gast, einem jüngeren Mann. Er klopft an die Tür, der Mann macht ihm nach langem Warten auf. Wieder sagt der Diener, was ihm sein Herr aufgetragen hat. (...)
Doch auch der letzte Gast hat keine Zeit. (...)
Er hat gerade geheiratet und kann seine Frau nicht gleich allein lassen. (...)
Der Diener bittet noch einmal. (...)
Aber der Mann lehnt ab. (...)

Da geht der Diener traurig nach Hause. Als der Herr ihn sieht, fragt er, wo denn die Gäste sind. (...)
Da erzählt der Diener, was ihm passiert ist. (...)
Als der Herr das hört, wird er wütend und traurig zugleich. Er ist enttäuscht über diese Gäste. (...)
Doch dann hat er eine Idee. Ihm fallen die vielen Bettler ein, die in der Stadt wohnen. Die soll der Diener jetzt einladen. (...)

Der Diener macht sich auf den Weg zu den Bettlern in der Stadt. Er erzählt ihnen von dem Fest, und dass sie eingeladen sind. (...)
Die Bettler können das gar nicht glauben. (...)
Aber der Diener bittet sie immer wieder, mit ihm zu kommen. (...)
Schließlich gehen sie mit. Als sie zum Haus des Herrn kommen, begrüßt dieser jeden einzeln und freut sich, dass so viele gekommen sind. (...)
Dann setzen sich alle hin. Aber es ist immer noch Platz im Haus. Es könnten noch mehr Gäste kommen. Da sagt der Herr seinem Diener, dass er auch die Kranken und Landstreicher draußen vor der Stadt einladen soll. (...)

Und der Diener geht vor die Stadt zu den Landstreichern und den Kranken. Er erzählt ihnen von dem Fest, und dass sie eingeladen sind. (...)
Die Landstreicher und die Kranken können das gar nicht glauben. (...)
Aber der Diener bittet sie immer wieder, mit ihm zu kommen. (...)
Schließlich gehen sie mit. Als sie zum Haus des Herrn kommen, begrüßt der jeden einzeln und freut sich, dass sie da sind. (...)
Und alle miteinander feiern ein schönes Fest.

Christiane Zimmermann-Fröb, ergänzt von Peter Hitzelberger

Erzählen mit Stellfiguren

VORBEMERKUNGEN

Methode:

Eine Geschichte wird möglichst sparsam erzählt. Während der Erzählung werden die Figuren auf einer vorbereiteten Landschaft in ihren Positionen verändert: Dabei »spielt« man nicht mit den Puppen, d.h. nicht jeder einzelne Schritt wird gegangen, sondern nur die Körperhaltung und die Position der Figuren wird jeweils verändert. Dadurch werden sehr eindrücklich die Gefühle der Personen, von denen erzählt wird, dargestellt.

Während die Figuren verändert werden, soll möglichst nicht erzählt werden: Die Erzählung geschieht in das für alle gut sichtbare Bild hinein.

Wenn die Geschichte an mehreren Orten spielt bzw. von verschiedenen Gruppen erzählt wird, ist es sinnvoll, den Ort bzw. die Gruppe oder die Person, von der gerade erzählt wird, mit einem kleinen Scheinwerfer (einer kräftigen Taschenlampe) anzustrahlen.

Geeignete Altersgruppe: 5 – 10 Jahre

Material und Zeitaufwand:

Das Bauen dieser Figuren ist sehr aufwändig und braucht in der Regel einen ganzen Tag. Die genaue Beschreibung würde hier zu weit führen. (Anleitungen dazu in: »Stell dir vor. Eine kleine Anleitung zur Herstellung und Verwendung von biegbaren Stellfiguren«, herausgegeben vom Rheinischen Verband für Kindergottesdienst.)

Für die Landschaft, in der die Figuren auftreten sollen, kann man alles nehmen, was sich in einer Gemeinde und deren Umgebung finden lässt: Tücher, Bausteine, Naturmaterialien.

Sind alle Materialien vorhanden, dauert die Erarbeitung einer Geschichte und das Üben des Erzählens mit den Figuren etwa 60 Minuten.

Zeitdauer: 15–20 Minuten für das Erzählen der Geschichte selbst

Beteiligungsmöglichkeiten:

Die Kinder können das Material (evtl. von draußen) zusammensuchen und die Landschaft mitgestalten. Sie können auch selbst die Positionen der Figuren verändern oder sogar Teile selbst erzählen.

Beispiel: Die Heilung der gekrümmten Frau (Lukas 13,10–13)

Vorausgehen sollten einführende Körperübungen mit den Kindern: zunächst aufrecht durch den Raum gehen, einander bewusst wahrnehmen, danach immer mehr Last aufgelegt bekommen, die niederdrückt, bis eine/einer kommt und die Kinder wieder aufrichtet.
Eine Landschaft aus Tüchern, Steinen und Naturmaterialien ist vorher aufgebaut worden. Die Stellfigur »Hannah« ist ganz nach unten gebeugt. Sie ist umgeben von anderen Figuren, die ihr zu nahe kommen und sie »behindern«.

Obwohl Hannah noch nicht so alt ist, bewegt sie sich nur mühsam und vorsichtig durch die Strassen.
Sie geht ganz gebeugt. Seit Jahren schon kann Hannah sich nicht mehr aufrichten. Es ist, als trage sie ständig eine viel zu schwere Last mit sich herum.
Lange hat sie keinem mehr in die Augen sehen können und kennt auch nicht die Gesichter ihrer Nachbarn, nur die Füße und ihre Stimmen.
Da sind viele kleine Füße, über deren Näherkommen sie immer erschrickt, weil sie um sie herum tanzen und sie verhöhnen: »Streck dich doch, Hannah, und geh wie ein Mensch oder bist du doch ein Tier, dann geh bei Fuß, oder du kommst an die Leine.«
Oder die Stimme eines »Freundes«, an dessen Gesicht sie sich noch gut erinnern kann, damals aus der Zeit, als auch sie noch stolz und aufrecht gehen konnte. Dieser Mensch, der ihr heute auf den Rücken geklopft hat und »Schau mir in die Augen, Kleines« sagte und sich dabei vor Lachen schüttelte, weil er das für einen ganz grandiosen Witz hielt und alle anderen lachten mit.

Heute am Sabbat geht es wie ein Lauffeuer durch den Ort. »Jesus und seine Freunde« sind auf dem Weg in das Dorf und alle laufen so schnell sie können hinauf zur Synagoge, um möglichst als erste bei Jesus zu sein, von dem sie alle schon so viel gehört haben.
Hannah geht hinter den Menschen her.
(Die Stellfigur »Hannah« wird auf einen mit kleinen Steinchen begrenzten Weg gesetzt.)
Den Weg zur Synagoge kennt sie gut, Stein für Stein, denn schon oft ist sie ihn gegangen, immer hinter den anderen her, ganz allein, weil keiner etwas mit ihr zu tun haben wollte. Das Getuschle der anderen hat sie wohl gehört: »Wer weiß, was sie getan hat, dass Gott sie derartig bestraft!«, haben sie gesagt.
Aber auch sie erreicht heute endlich die Synagoge, wo sie, Gott sei Dank, keiner wahrnimmt. So bleibt sie wenigstens heute von dem Spott der Anderen verschont.
Alle drängeln sich um die »Berühmtheit«.
(Jesus-Figur einsetzen. Weitere Stellfiguren nach vorne setzten, die sich drängeln und recken, um Jesus zu sehen.)

Hinter der drängelnden Menge steht Hannah und sieht vor sich die vielen Füße. Verstehen kann sie allerdings kein Wort von Jesus, weil alle laut durcheinander schreien.

Doch plötzlich sieht sie unbekannte Füße vor sich stehen. Sie kann auch eine Stimme wahrnehmen, die zu ihr – ja wirklich zu ihr – spricht: »Sei frei von deiner Krankheit, Hannah!« Und sie spürt, wie ihr der Rücken gestärkt wird und sie aufgerichtet wird.

(Jesus-Figur zu Hannah stellen und die Figur »Hannah« aufrichten.)

Da steht sie nun – aufgerichtet und befreit. Ihr neuer Weg beginnt.

(Hannah-Figur auf den Weg – in »Schrittstellung« aus der Synagoge heraus – stellen.)

Der Vorsteher der Synagoge aber ärgert sich und schimpft laut darüber, weil Jesus es wagt, an einem Sabbat Hannah zu heilen.

(Diese Stellfigur in Schimpfhaltung stellen.)

Ulrike Buhren

Erzählen mit Musik und Klang

Erzählen mit Liedern

VORBEMERKUNG

Methode:

Manche biblische Geschichte kann mit einem Lied erzählt werden. Häufig greift man dabei auf eine bekannte Melodie zurück, z.B. »Geh aus mein Herz ...« (EG 503, LJ 294) oder auf einen eingängigen Schlager, zu dem man selbst einen Text erfindet. In diesem Falle können alle sofort mitsingen.

Hier stellen wir ein Lied vor, das einen etwas abstrakteren Text in Worte fasst und ihn mit Bewegung und Melodie gelungen umsetzt.

Geeignete Altersgruppe:

Generell eignen sich Erzähllieder für alle Altersgruppen, letztlich hängt es aber vom Text-, Rhythmus- und Melodieniveau ab, in welchem Alter Kinder noch gerne mitsingen.

Material und Aufwand:

Ein Begleitinstrument ist nötig, ein Melodieinstrument hilfreich.

Zeitdauer:

Je nach Liedlänge, es können auch lange Lieder miteinander gesungen werden.

Beteiligungsmöglichkeiten: Alle singen und machen mit.

1. Beispiel: Jedes Teil ist wichtig (1. Korinther 12)

Strophe

1. Einst schrieb Pau - lus ei - nen Brief __ nach Ko - rinth, dort

lief es schief. Denn schon da - mals in Ko - rinth in der Ge -

mein - de wa - ren lei - der auch nicht al - le Chris - ten

Freun - de. Man - cher nahm sich furcht - bar wich - tig, war da -

zu noch un - ein - sich - tig. (Da fiel Pau - lus et - was ein:)

Refrain

Je - des Teil ist wich - tig, a - ber kei - nes schafft's al - lein,

ein Teil kann al - lein oh - ne die an - de - ren nicht sein, doch wenn

*Ar - me, Bei - ne, Fü - ße, Hän - de, Au - gen, Oh - ren, Mund,

Text und Melodie: Rüdiger Gerstein
Rechte beim Autor

2. Stellt euch doch nur einmal vor,
stellt euch vor, ihr wärt nur Ohr!
Ja, dann könntet ihr zwar hören, doch nicht sehen,
könntet lauschen, aber leider nichts verstehen,
und es wäre wirklich dumm,
lieft ihr ohne Nase rum.
Nein, das hätte keinen Sinn!

Refrain: Jedes Teil ist wichtig ...

3. Gibt der Mund mal mächtig an,
was er alles Tolles kann:
»Ich kann sprechen, ich kann pfeifen, ich kann singen,
ich kann essen, ich kann schmecken, ich kann trinken.«
Fehlt ihm trotzdem der Verstand,
er hat weder Herz noch Hand.
Das hat weder Hand noch Fuß!

Refrain: Jedes Teil ist wichtig ...

4. Jedes Teil, ob groß, ob klein,
meint das wichtigste zu sein:
»Ohne mich gäb's keinen Atem«, sagt die Lunge.
»Ohne mich könnt ihr nicht schlucken«, sagt die Zunge.
»Ohne uns könnt ihr nicht seh'n!«
»Ohne uns nicht geh'n und steh'n!«
Na, wer hat das wohl gesagt?

Refrain: Jedes Teil ist wichtig ...

5. Und die Hände schreien: »Hier!
Wer ist so geschickt wie wir?«
»Doch wir Arme, wir alleine können tragen!«
»Ich alleine kann verdauen!«, ruft der Magen.
Und so weiter und so fort
melden alle sich zu Wort.
Jeder will der Größte sein!

Refrain: Jedes Teil ist wichtig ...

6. Nun schrieb Paulus der Gemeinde
in Korinth: Ihr lieben Freunde!
Wie im Körper alle Teile wichtig sind,
ist auch jeder bei euch wichtig in Korinth.
Auch die kleinste Fähigkeit
wird gebraucht zu ihrer Zeit.
Und das gilt doch auch für uns:

Refrain: Jedes Teil ist wichtig ...

Das Lied swingt und lädt zum Mitmachen ein. Wenn ein Körperteil im Lied erwähnt wird, dann wird von allen auf das entsprechende Teil gezeigt.

▷ ▷ ▷

2. Beispiel: Das wiedergefundene Schaf (Lukas 15,1–6)

Text und Melodie: Rüdiger Gerstein. Rechte beim Autor

Dieses Erzähllied eignet sich gut zur Erweiterung der »Erzählung mit einer einfachen Marionettenfigur« (s. S. 193 ff.). Darüber hinaus ist die ganze biblische Textstelle schlicht und einfach aus der Sicht des Hirten erzählt. Auch im Lied kann also perspektivisch erzählt werden.

Rüdiger Gerstein

Erzählen mit einfachen (Orff-) Instrumenten

VORBEMERKUNGEN

Methode:

Die Erzählung einer biblischen Geschichte wird mit Orff-Instrumenten oder einfachen selbst gebauten Instrumenten untermalt.

Bevor mit der Erzählung der Geschichte begonnen wird, werden die Instrumente in die Mitte gelegt. Die Kinder dürfen sie ausprobieren. Vorher sollte man jedoch ein gemeinsames Zeichen (z.B.: Mitarbeiter/in schlägt die Triangel an) vereinbaren, bei dem die Kinder die Instrumente ausklingen lassen.

In einem zweiten Schritt werden die Kinder gebeten, Instrumente für bestimmte Dinge oder Stimmungen, die in der Geschichte vorkommen, herauszusuchen (z.B.: Klänge, die Freude, Angst, Ärger oder Trauer ausdrücken; Geräusche für Wind, Regen und Donner). Sogar den Personen, die in der Geschichte auftreten, kann je ein bestimmtes Instrument beigegeben werden. Diese ziehen sich dann durch die Geschichte und erklingen als Leitmotiv immer dann, wenn der Name der jeweiligen Person genannt wird.

Bei der anschließenden »Rollenverteilung« erhält jedes Kind sein Instrument und macht sich nochmals mit seinen Klängen vertraut (s. o.). Sodann wird dem Kind das Stichwort genannt, bei dem es mit dem Instrument zum Einsatz kommt, also der Name der Person, die Situationen bzw. Stimmungen.

Wichtig ist, dass die Erzählerin/der Erzähler Pausen macht, in denen die Kinder ihre Instrumente spielen können. Alle vereinbarten Stichwörter und Situationen müssen auch vorkommen, damit die Kinder beteiligt werden.

Geeignete Altersgruppe: ab 5 Jahren

Material und Aufwand:

Instrumente besorgen und bereitlegen. Bei Musikschulen, Kindergärten, Grundschulen sind sie manchmal auszuleihen. Kirchenmusiker/innen können oft einen guten Tipp geben. Mit den Kindern selbst Instrumente zu basteln, ist schön, aber aufwändig und eher für längere Veranstaltungen und Familienangebote geeignet.

▶ *Tipp: Bei der Beratungsstelle für Gestaltung von Gottesdiensten und anderen Gemeindeveranstaltungen (Solmsstraße 2, 60486 Frankfurt/Main) sind zwei von Bernd Schlaudt verfasste Materialhefte mit Anleitungen zum Bau von Instrumenten erschienen: Heft 59: »...So spielt die Kindergottesdienstband« und Heft 73 »Instrumente bauen und Musik machen«.*
Eine Bauanleitung für einen Regenmacher finden Sie S. 221.

▷ ▷ ▷

Zeitdauer:

Mindestens 15 Minuten für die Erzählung. Außerdem etwa 10 Minuten für die Einführung der Instrumente.

Beteiligungsmöglichkeiten:

Jedes Kind bekommt ein Instrument in die Hand und trägt damit zur Verklanglichung der Geschichte bei.

Beispiel: Auszug aus Ägypten und Rettung am Schilfmeer (2. Mose 12–15 i.A.)

(Die möglichen Klangeinsätze von Personen, Stimmungen und Geräuschen sind in der Erzählung kursiv gesetzt.)

Plötzlich sind alle Häuser der Ägypter hell erleuchtet. *Großer Lärm (alle Instrumente)* dringt auf die Straßen und Gassen. Wenn man genauer hinhört, dann merkt man: Hier sind *dumpfe Klänge und ein lautes Jammern* zu hören. Ganz viele Menschen weinen und auch Tiere scheinen zu *klagen*.

Da kommt ein *Bote des Pharao zu Mose* und meldet: »Komm sofort mit, der Pharao will dich sprechen!« Sofort steht Mose auf und folgt dem *Boten.* Sie eilen durch die Straßen, bis sie endlich vor dem Palast des Pharao stehen. Auch aus dem Palast vernehmen sie *dumpfe Klänge und lautes Jammern.*

Sie steigen eine lange Treppe zum Thronsaal hinauf. Die zwei großen Tore öffnen sich, und *Mose* steht dem *Pharao* direkt gegenüber. *Fanfaren* werden geblasen, als der *Pharao* sich erhebt. Es ist, als klängen sie heute nicht strahlend hell, sondern *dumpf und klagend.*

Pharaos Stimme zittert, als er *Mose* anspricht: »Sag, Mose, kannst du mir erklären, warum man heute Nacht aus allen Häusern in meinem Land *Jammern und Klagen* hört?«

Da kommt *ein Bote* hereingestürzt und meldet: »Pharao! Dein Sohn, der Thronfolger! Er stirbt!« Der *Pharao* wird kreidebleich. Er sieht den *Mose* an und sagt mit bebender Stimme: »Du hast gesagt, dass dein Gott euch bewahrt und eure Freiheit fordert. Du hast gesagt, dass unsere Erstgeborenen nicht leben werden, wenn wir euch nicht freigeben. Ist das nun wahr geworden? – Mose, ich habe darüber gelacht, als du das gesagt hast. Und nun ist es wahr geworden! Dein Gott ist stark. Ich werde ihm nicht länger widerstehen. Zieht los! Du und dein Volk, verlasst mein Land! Schnell! Ehe noch mehr Unheil über uns kommt! Nie mehr will ich euch sehen!«

Mose ist erschrocken über den Tod der Erstgeborenen und auch über Pharaos Befehl, in die Freiheit zu ziehen.

Da öffnen sich die grossen Türen des Thronsaals und *Mose* hastet hinaus. Er läuft zu den Häusern der Israeliten. Er ruft in jedes Haus: »Der Pharao lässt uns

ziehen! Wir verlassen Ägypten. Wir sind keine Sklaven mehr! Beim Osttor der Stadt treffen wir uns und ziehen fort!«
Alle *Israeliten* greifen zu ihren wenigen Habseligkeiten. Sie sind vorbereitet. Sie verlassen ihre Häuser, die Familien, die Alten, die Jungen – alle kommen zum Osttor. Dann stellen sie sich reisefertig auf: Vorn gehen *Mose* und die *stärksten Männer*, in der Mitte *die Frauen, Kinder und Alten,* am Rand und hinten wieder *starke Männer.*
Nun ziehen sie los. Zunächst gehen sie sehr schnell. Sie wollen möglichst rasch zur Grenze kommen, fort aus Ägypten. Dann wird der lange Zug langsamer. Es geht bergauf. Und sie haben die ganze Nacht nicht geschlafen. Die Beine werden müde. *Kinder weinen*, wenn ihnen Sand in die Augen weht. Die *Erwachsenen* werden langsamer, denn der Wind in der Wüste ist hart.
Viele Stunden sind sie nun schon unterwegs.
Unterdessen geht der *Pharao* in seinem Palast unruhig auf und ab. Er denkt: »Jetzt fehlen mir die billigen Arbeiter. Wer soll dafür sorgen, dass meine großen Pläne für die neuen Gebäude Wirklichkeit werden? Es war voreilig von mir, die Sklaven frei zu lassen. Die Leute werden sich nach den Klagetagen schon wieder beruhigen. Und die Arbeit muss getan werden.« Er ruft seine *obersten Heerführer* zusammen. Im Nu betreten diese den Thronsaal. Der *Pharao* befiehlt ihnen: »Versammlt das ganze ägyptische Heer am Osttor der Stadt. Alles *Fußvolk* und alle Reiter. Nehmt die Spur der *Sklaven* auf und jagt ihnen nach. Nehmt sie gefangen und bringt sie zurück. Sie sollen in meinen Steinbrüchen arbeiten und für meinen Palastneubau die Ziegel brennen!« Die Türen des Thronsaales öffnen sich und die *Anführer der Soldaten* stürmen hinaus.
Durch alle Straßen und Gassen schallen *Trompetenklänge*, mit denen die Soldaten gerufen werden. Am Osttor der Stadt stellen sie sich in Reih und Glied auf. Die *Reiter* führen den Zug an. Im Gleichschritt marschieren die Fußsoldaten hinterher. Mächtig und stark sieht der Soldatenzug aus, als er die Stadt verlässt.
Die *Israeliten* sind immer noch bei glühender Hitze und Wüstenwind unterwegs. Endlich machen sie Rast. Vor ihnen liegt das Schilfmeer. Sie backen Brot über dem offenen Feuer, sie kochen Tee, viele schlafen auf einer einfachen Matte ein. Da sehen die ersten eine *Staubwolke* in der Ferne aufwirbeln. Die Staubwolke kommt näher. Sie erkennen *Pferde*. Sie erkennen *Soldaten*. Sie erschrecken furchtbar.
»Die Ägypter verfolgen uns! Mose, was hast du mit uns gemacht? Jetzt werden wir in der Wüste sterben! Warum hast du uns nicht in Ruhe Sklaven in Ägypten sein lassen?« Da sagt *Mose:* »Wir ziehen weiter. Gott leitet uns. Er will, dass sein Volk frei ist. Er wird es tun.« »Weiterziehen? Wohin denn? Hinter uns nähern sich die Ägypter, vor uns liegt das Meer mit hohen Wellen!« Noch haben die *Israeliten* ihre Angst nicht ausgesprochen, da hebt *Mose* seinen Stock und streckt ihn dem Wasser entgegen. Sie sehen und hören: Die *Wasserwellen* verändern sich. Sie drängen zu beiden Seiten weg. Sie teilen sich. Sie werden ruhig. Der

Boden des Meeres wird sichtbar. Vorsichtig geht *Mose* einen ersten Schritt auf den feuchten Boden hinaus, dann noch einen Schritt und noch einen. Der Boden trägt. Die *anderen* folgen ihm langsam auf diesem besonderen Weg. Ganz still sind sie, *die Männer und die Frauen, die Kinder und die Alten*. Staunend und fast wie im Traum gehen sie auf dem Weg durch das *Meer* hindurch. Und es bedroht sie nichts mehr.

Das ganze *Volk Israel* erreicht das andere Ufer. Auf trockenem Land schlagen sie ihr Nachtlager auf. Sie hören das *Rauschen der Wellen*, die wieder aufeinander treffen. Das Meer hat sich geschlossen. Niemand sieht mehr etwas von dem Weg, auf dem sie gegangen sind. Kein Ägypter ist mehr zu sehen oder zu hören. Der Weg war ein Weg für Sklaven in die Freiheit, aber kein Weg für Verfolger, die Sklaven haben wollen.

Leise klingt durch die Dunkelheit eine *Trommel*. Mirjam schlägt einen Tanzrhythmus. Und sie tanzt durch das ganze Lager. Andere schließen sich an, *die Kinder, die Erwachsenen, die Alten und die Jungen* – sie tanzen und singen, denn Gott hat sie befreit.

»Ich lobe meinen Gott, der aus der Tiefe mich ruft« (LJ 560, KG 112)

Ideen zum Einsatz bestimmter Instrumente bei dieser Erzählung:

● Das Laufen der Menschen lässt sich gut mit Klanghölzern gestalten. Aus Besenstiel-Stücken oder besser mit trockenen Aststücken aus dem Wald kann man sie leicht selbst herstellen. Sie sind immer wieder einsetzbar, auch bei Liedern. Ältere Kinder können sie selbst zurecht schnitzen oder bemalen.

● Noch einfacher lässt sich das Laufen natürlich durch körpereigene »Instrumente« zum Ausdruck bringen. Es lohnt sich, die Unterschiedlichkeit zu finden zwischen der Bewegung der Israeliten und der Ägypter. Auch die Schritte einzelner Personen lassen sich deutlich unterscheiden.

● Geräusche zu Wind und Wasser können gut mit dem Regenmacher erzeugt werden. Die Reden des Mose lassen sich mit besonderen Klängen unterstreichen, z.B. Glockenspiel o. ä.

● Für den Pharao kann ein machtvoller Ton eingesetzt werden, z. B. ein Trommelwirbel.

● Der Tanz der Mirjam und das Lied können von allen mit allen Instrumenten begleitet werden.

● Der Kontrast zum Tanz der Befreiten ist die Totenklage der Ägypter zu Beginn der Erzählung. Klänge, die mit dem Mund erzeugt werden, können diese Klage aufnehmen, aber auch schleifende, reibende Klänge z. B. auf Trommeln, jammernde Töne einer Flöte oder auf Gitarrensaiten, die gezogen werden, sind vorstellbar.

● Auch Pausen sind Klänge. Sie können an manchen Stellen der Erzählung besonders eindrucksvoll sein.

Ulrike Rau

Erzählen mit Liedversen

VORBEMERKUNGEN

Methode:
Durch kleine Liedverse wird die Aufmerksamkeit der Kinder beim Hören einer Geschichte wachgehalten. Die Verse geben einen wichtigen Inhalt oder ein Ziel der zu erzählenden Geschichte wieder. Sie können eine wünschenswerte »Moral« oder ein wiederkehrendes Motiv der Geschichte enthalten. Sie werden jeweils nach kleinen Erzählabschnitten von allen gesungen. Die Liedverse können:
— dem Gesangbuch entnommen sein,
— auf eine Gesangbuchmelodie neu getextet werden,
— getextet und komponiert werden,
— außerdem bietet sich die Melodie und Methode an, ein ganzes Erzähllied mit Refrain zu texten und zu komponieren.

Geeignete Altersgruppe: 8–11 Jahre und Mitarbeiter/innenkreis

Material und Aufwand:
Papier, evtl. Notenpapier, Schreibzeug; für Computerfreaks: Notenschreibprogramm

Zeitdauer:
Für das Texten und Komponieren einer Melodie braucht man Mitarbeitende, die ein Instrument beherrschen, Gitarre oder Klavier, und auch gerne singen. Hierfür muss insgesamt mindestens eine 3/4 Stunde angesetzt werden.
Für ein ganzes Erzähllied braucht man – je nach Länge und Kreativität – etwa 2–3 Stunden.

Beteiligungsmöglichkeiten:
Die Liedverse oder ein Refrain können von allen Kindern mitgesungen werden.

Beispiel: Der sinkende Petrus (Matthäus 14,22–33)

Ich erzähle die Geschichte, zwischen den einzelnen Erzählteilen wird jeweils das Lied »Fürchte dich nicht« (LJ 522) gesungen:

Menschen kommen zu Jesus an den See Genezareth. Sie kommen von weit her. Sie hören ihm zu. Und Jesus erzählt ihnen von der Liebe Gottes: »Wer liebt, braucht keine Angst zu haben. Er weiß, Gott ist ihm nah!« So gebannt lauschen die Menschen seinen Worten, dass sie nicht merken, dass es Abend wird. Da gibt er allen zu essen und schickt sie nach Hause.

LJ 522,1

Auch die Jünger bittet er, über den See Genezareth in ihre Unterkunft zu fahren. Jesus aber geht auf den Berg, um allein zu sein. Dort in der Einsamkeit betet er zu Gott, seinem Vater.
Die Jünger aber fahren mit dem Boot über den See dem anderen Ufer entgegen. Es wird dunkel und Wolken ziehen auf. Es wird doch keinen Sturm geben?

LJ 522,1

Der Wind nimmt zu. Er fegt über das Wasser und treibt die Wogen vor sich her. Das Boot wird hin und her geworfen, es kann den Kurs nicht halten. Wellen schlagen in das Boot. Da greift die Angst nach den Jüngern. Sie fühlen sich hilflos und verloren.

LJ 522,1

Da plötzlich ist ihnen, als ob eine Gestalt über das Wasser schreitet. Sie kommt direkt auf die Jünger zu. Sie schreien auf vor Angst. Ein Gespenst! Ein Geist! Da ruft eine Stimme nach ihnen: »Fürchtet euch nicht! Habt keine Angst!«

LJ 522,1

Es ist Jesus. Er kommt über das Wasser zu den Jüngern. Als Petrus das sieht, wirft er alle Ängste über Bord. »Herr, wenn du es bist, dann habe ich keine Angst mehr. Dann gehe ich selber über das Wasser, wenn du es mir befiehlst!« Da sagt Jesus zu ihm: »Komm her!« Und Petrus steigt aus dem Boot und geht auf dem Wasser auf Jesus zu. Aber dann spürt er, wie die Wellen schaukeln und der Wind bläst. Er wird unsicher und beginnt zu sinken. »Hilf mir, Jesus!«, schreit er.

LJ 522,1

Da streckt Jesus sogleich seine Hand aus und ergreift ihn und hält ihn fest. »Warum hast du gezweifelt? Hast du kein Vertrauen? Ich habe euch doch gesagt, dass ich euch nahe bin. Ihr wisst doch, dass Gott keinen sinken lässt!« Und er steigt mit Petrus ins Boot. Da legt sich der Wind und die Wellen werden wieder ruhig. Die Jünger aber schauen voll Ehrfurcht auf Jesus und sagen: »Wahrhaftig, du bist Gottes Sohn!«

LJ 522,1

Varianten zu diesem Vorschlag:

1. Der Liedvers in Lied LJ 522,1 wird für die Geschichte etwas abgeändert:

> Fürchte dich nicht, gefangen in deiner Angst.
> Ich bin bei dir.
> Fürchte dich nicht, gefangen in deiner Angst.
> Ich helfe dir.

2. Für den Kehrvers wird ein eigener Text gedichtet und eine Melodie dazu erfunden:

3. An Stelle der Erzählung tritt das Erzähllied (Noten s. nächste Seite oben). Der Refrain (s. 2. Beispiel) wird nach jedem Liedvers immer von allen gesungen.

So entstanden in einer Arbeitsgruppe mit 14–16-jährigen Mitarbeiter/innen im Kindergottesdienst auf einer Tagung in Meisenheim folgende Verse:

1. Es kommen viele Leut zum See
   Genezareth. Und von der Höh
   spricht Jesus zu den Menschen da.
   Er predigt: Gott ist euch heut nah.

2. Die Menschen haben manche Not.
   Er teilt mit ihnen Fisch und Brot.
   Am Abend schickt er sie dann heim.
   Er will mit Gott alleine sein.

1. Es kom-men vie-le Leut zum See Ge-ne-za-reth. Und
von der Höh' spricht Je-sus zu den Men-schen da. Er
pre-digt: Gott ist euch heut nah!

3. Und auch die Jünger von der Höh
   schickt er voraus über den See.
   »Fahrt schon ein Stück für euch allein!
   Bald werd ich wieder bei euch sein!«

4. Die Jünger fahren gleich hinaus.
   Da ziehen Wolken auf. Graus!
   Die Wellen türmen sich hoch auf
   und Blitze suchen ihren Lauf.

5. Das Boot schwankt hin und schaukelt her.
   Der See verwandelt sich zum Meer.
   Die Wellen schlagen in den Kahn,
   gleich fängt das Boot zu sinken an.

6. Die Jünger schreien in den Wind,
   weil sie wohl bald verloren sind.
   Sie rufen, beten auch zu Gott:
   »Errette uns! Wir sind in Not!«

7. Doch schaut! – Was kommt von ferne her?
   Da wandelt einer übers Meer.
   Wer kann das sein? Ein Geist? O Schreck!
   »Wir sind verloren. Geh doch weg!«

8. Doch es ist Jesus. »Schaut doch her!
   Ich bin es, euer lieber Herr!
   Habt keine Angst! Fürchtet euch nicht!
   Seht ihr denn nicht, wer zu euch spricht?«

9. Der Petrus, der denkt da bei sich:
   »Was Jesus kann, das kann auch ich!«
   und ruft: »Sag nur: ›Komm zu mir her!‹
   Dann gehe ich auch übers Meer.«

10. So wagt er sich aufs Wasser raus.
    Der Sturm bläst sein Vertrauen aus.
    Er sinkt. Und als er untergeht,
    um Hilfe er zu Jesus fleht.

11. Da reicht ihm Jesus seine Hand
    und zieht ihn zu des Bootes Rand.
    Er zieht ihn raus aus aller Not
    und setzt ihn sicher in das Boot.

12. Da legt der Sturm sich. Es wird still.
    Und Jesus spricht: »Das, was ich will,
    ist, dass ihr immer mir vertraut
    und stets auf Gottes Hilfe baut!«

Und nun viel Spaß beim Texten und Komponieren und Kreativ-Sein.

Wolfgang Struß

Erzählen mit dem Regenmacher

VORBEMERKUNGEN

Methode:

Mit dem Regenmacher lassen sich vielfältige Geräusche erzeugen, die geeignet sind, eine Erzählung zu unterstützen. Es wird möglichst frei erzählt, um sich auf den Einsatz mit dem Regenmacher zu konzentrieren.

Geräusche mit dem Regenmacher:
Der Regenmacher wird normalerweise an beiden Enden gefasst. Mit unterschiedlichen Bewegungen werden verschiedene Regengeräusche wie Rauschen, Rieseln, Rascheln usw. erzeugt.

Mögliche Bewegungen:
— Aus der Waagerechten in die Senkrechte kippen mit unterschiedlicher Geschwindigkeit.
— Mit den Fingern in der Waagerechten rollen.
— In kurzer Folge vor und zurück drehen.
— Schütteln und manches mehr.
Die Geräusche sollen zum Inhalt der Erzählung passen. Deshalb vorher ausprobieren, welche Bewegung mit dem Regenmacher welches Geräusch verursacht.
Die Geräusche untermalen ganze Erzählteile oder einzelne Sätze, oder sie erklingen erst nach dem jeweiligen Erzählabschnitt. Sie heben die unterschiedlichen Stimmungen einer Geschichte hervor und verstärken die Spannung bei den Zuhörern.
Sind mehrere Regenmacher beteiligt, wird in der Regel erst erzählt und dann der Regenmacher bewegt, damit die Worte noch zu hören sind (s. »Beteiligungsmöglichkeiten«).

Geeignete Altersgruppe:

Ab 3 Jahren zum Geräuschemachen.
Ab 5 Jahren zum Bauen des Regenmachers, auch für Familiengruppen gut geeignet.

Material und Aufwand:

Ein Regenmacher ist teuer, wenn man ihn kauft, aber leicht preiswert herzustellen. Der Regenmacher ist immer wieder verwendbar, so dass sich das Bauen lohnt.

Bauanleitung für den Regenmacher:
Es werden benötigt:
— Ein Papprohr, mindesten 60 cm lang und 6 cm Durchmesser (z. B. Rollenverpackung für den Postversand oder Teilstücke einer Teppichröhre). Fragen Sie in einem Teppichmarkt nach entsprechenden Röhren.

— Ein Hammer (ca. 220 g) und etwa 100 Nägel, die nur wenig kürzer sind als der Rohr-durchmesser.
— Eine Rolle Tesakreppband
— Splitt (fein) oder Granulat (grob) zum Füllen.

So wird der Regenmacher gebaut:

Eine Spirallinie (oftmals auf dem Papprohr vor-gegeben), die mehrfach um das Rohr führt, wird von oben bis unten auf das Rohr gemalt. Abstand 5-10 cm. Auf dieser Linie werden die Nägel im Ab-stand von ca. 2 cm eingeschlagen. Die Nägelköpfe werden mit Tesakreppband überklebt, damit sich die Nägel nicht lösen. Sind die Deckel der Versandröhre aus Plastik, werden die Innenseiten mit Tesakrepp, Stoff oder anderem Material be-geklebt, damit Splitt oder Granulat keine harten Geräusche verursachen.

An einer Seite wird das Rohr mit dem abgepols-terten Plastikdeckel verschlossen und verklebt. Ist kein fertiger Deckel vorhanden, wird eine Pappe zugeschnitten, rundum eingeschnitten und auf die Röhrenöffnung gesetzt. Oder die Öffnung wird mehrmals mit Tesakrepp fest verklebt. Das genügt auch.

Feinen Splitt oder grobes Granulat einfüllen. Die Öffnung zuhalten und durch Drehen des Rohres Geräuschart und -dauer testen. Füllmaterial hinzugeben oder ausschütten. Wenn der Geräuscheffekt zufriedenstellend ist, wird die zweite Öffnung endgültig verschlossen und verklebt.

Wer möchte, kann den Regenmacher mit Pack- oder Geschenkpapier bekleben oder mit Stoffresten und Perlen verzieren.

Zeitdauer:

10 – 15 Minuten für die Erzählung mit dem Regenmacher
30 – 60 Minuten für den Bau eines Regenmachers

Beteiligungsmöglichkeiten:

Wenn jedes Kind einen Regenmacher in die Hand bekommt, können sich alle an der Geschichte beteiligen.

Zunächst haben die Kinder Zeit, das Instrument auszuprobieren. Danach beginnt die Erzählung. Die Kinder nehmen die Bewegungen der Erzählperson auf und gestalten die Geräusche mit.

Achtung! Jetzt ist nicht nur ein Regenmacher, sondern es sind gleich mehrere Regen-macher im Einsatz. Die Geräusche wirken auf die Kinder so faszinierend, dass sie die Worte kaum mehr hören. Deshalb sollten hier die Regenmacher nur zwischen den Er-zählabschnitten eingesetzt werden. Eine deutliche Verabredung für Geräuschbeginn und -ende ist ratsam.

▷ ▷ ▷

Beispiel: Der sinkende Petrus (Matthäus 14, 22–33)

(Dieses Beispiel ist so einfach aufgeschrieben, dass nur die Erzählperson den Regenmacher bewegt.)

Unten am See Genezareth verstaut Petrus gerade einen Beutel mit Feigen in seinem Boot. Dann schaut er über den See bis zum Horizont, wo er die Berge am anderen Ufer erkennen kann. Es ist heiß und sehr feucht. Petrus schwitzt am ganzen Körper. Verträumt blickt er über das Wasser und hört dabei die Wellen sanft gegen die Bootswand plätschern.

(Regenmacher aus der Waagerechten vorsichtig in die Senkrechte bewegen.)

Musik in seinen Ohren. »Wären wir doch schon unterwegs«, seufzt er. Petrus ist gern auf dem Wasser. Schließlich war er früher einmal Fischer und fast täglich zum Fang hinaus auf den See gefahren.

(Geräusche beenden.)

Dann gibt er sich einen Ruck und springt aus dem Boot ans Ufer. Er winkt die anderen Jünger zu sich: »Lasst uns losfahren, Freunde! Bald wird es dunkel.« Da fragen zwei andere Jünger verwundert: »Wollen wir nicht auf Jesus warten? Vielleicht kommt er bald herunter?« Sie sehen alle nach oben auf den naheliegenden Berg. »Er will später nachkommen. Das hat er versprochen«, beruhigt sie Petrus. »Ihr wisst doch, wie erschöpft Jesus ist. Er will auf dem Berg mit Gott allein sein. Also kommt!« Damit lässt er die anderen stehen, dreht sich um, macht die Bootsleine vom Holzpflock los und wirft sie ins Boot. Die anderen folgen ihm.

Alle packen an und heben das Boot ins Wasser. Und schon gleitet es vom flachen Seeufer weg.

(Regenmacher kurz hin und her schütteln.)

Die Jünger springen und hüpfen, spritzen sich nass, lachen und albern miteinander. Das kühle Wasser tut gut und erfrischt.

(Geräusche beenden.)

Erst allmählich wird es tiefer. Das Wasser reicht ihnen jetzt bis zu den Knien. »Einsteigen!«, ruft Petrus. Alle schwingen sich ins Boot. Sie setzen die Segel. Die Fahrt beginnt. Der Wind treibt sie zügig voran, hinaus auf den See.

(Regenmacher rhythmisch aus der Senkrechten in die Waagerechte bewegen, immer schwungvoller werden.)

Plötzlich aber dreht sich der Wind und bläst ihnen voll ins Gesicht. Schon wird der Wind stärker und stärker. Sie kommen kaum vorwärts. Die Wellen schlagen immer heftiger gegen das Boot. »Segel einziehen!«, schreit einer. Mehrere Jünger stehen auf und raffen schnell die Segel zusammen. Der Himmel hat sich verdunkelt. Das gegenüberliegende Ufer ist nicht mehr zu sehen. Der Wind entwickelt sich zum Sturm. Wasser stürzt mit jedem Wellenschlag ins Boot. »Schöpft Wasser!«, brüllt wieder jemand. »Sonst kentern wir!« Alle kramen nach ihrem Trinkgefäß und schöpfen Wasser aus dem Boot. »Ich kann das Ruder nicht mehr

halten!«, schreit Petrus. Zwei Jünger taumeln zu ihm und lösen ihn ab. Bald sind alle völlig ausgepumpt und ohne Kraft. Sie klammern sich nur noch an Mast und Bootswand fest und starren in die dunkle See hinaus. Der Sturm tobt weiter. Das Boot treibt wie eine kleine Nussschale im aufgewühlten See herum.
(Geräusche beenden.)
Plötzlich schreien sie auf: »Ein Gespenst! Ein Seeungeheuer! Ein Geist!« Sie jammern: »Jetzt ist es aus mit uns. Wir sind verloren. Jetzt gehen wir unter. Die Tiefe des Wassers verschluckt uns!« Irgendetwas wandelt da über den See. Wie ein Licht kommt es näher und näher. Auf einmal hören sie Jesu Stimme: »Ich bin es. Ich komme zu euch. Fürchtet euch doch nicht!« Aber die Angst bleibt: »Das ist unmöglich! Jesus geht über den See? Er kommt zu uns? Wirklich?« Sie können es nicht glauben. Petrus wagt es, aufzustehen. »Jesus! Bist du es?«, ruft er hinüber. »Wenn du es bist, mein Herr, dann befiehl mir, dass ich zu dir auf das Wasser komme.«
»Komm nur zu mir!«, hört Petrus Jesus rufen. Und siehe da, Petrus steigt aus dem Boot. Die anderen trauen ihren Augen nicht.
(Regenmacher vor und zurück drehen, stärker werden.)
Das Wasser trägt ihn, Jesus entgegen. Der Wind peitscht ihm ins Gesicht. Aber er schreitet mutig auf Jesus zu. Doch da türmt sich eine hohe Welle vor ihm auf. Unaufhaltsam rollt sie auf ihn zu. Als Petrus das sieht, erschrickt er und wankt. Dann erfasst ihn die Welle. Aller Lärm um ihn verstummt.
(Regenmacher still.)
Seine Ohren hören nur noch den Schrei seines Herzens:
(Regenmacher ganz vorsichtig nach vorne drehen.)
»Wer ist da, der mir hilft? Wenn ich allein bin, traurig bin? Wenn mich andere bedrohen, mich verspotten und auslachen? Wenn mir das Wasser bis zum Hals steht? Wer ist da, der mir hilft? Mein Gott, ich will leben!«
(Geräusche beenden.)
Da fühlt er eine Hand. Er greift zu. Mitten in der Tiefe des Wassers spürt er: »Ich bin getragen. Gott ist bei mir.« Jesus zieht Petrus hoch und begleitet ihn zum Boot. »Warum vertraust du mir so wenig, Petrus?« Der Sturm legt sich sofort, als beide ins Boot steigen. Da fallen die Freunde Jesu vor ihm nieder, reißen die Arme hoch und jubeln: »Du bist unser Retter. Du bist wirklich Gottes Sohn!«
(Regenmacher wie beim ersten Mal aus der Waagrechten in die Senkrechte bewegen.)
Gemeinsam mit Jesus setzen sie die Segel neu. Das Boot gleitet dahin im frischen Wind. Auf zum anderen Ufer.
(Geräusche klingen langsam aus.)

Ewald Schulz

Erzählen mit Klängen

VORBEMERKUNGEN

Methode:

Wenn ich eine Geschichte erzählt bekomme, dann höre ich in meiner Fantasie auch die Klänge dazu. (Schritte, Meeresrauschen ...) Ich kann das bewusst machen und diese Töne tatsächlich erzeugen. Wenn Mitarbeiter/innen dies vorbereiten und dann eine Erzählung und entsprechende Geräusche zusammen vortragen, entwickeln sie so etwas wie ein Life-Hörspiel für die Kinder. Für einen Familiengottesdienst kann das sehr interessant sein.

Eine Gruppe im Kindergottesdienst kann ich insgesamt aktiv werden lassen, indem sie die Geräusche suchen und später ausführen, während ich erzähle. Ein Beispiel dazu wird hier vorgestellt. Das ist nicht zum Vorführen vor anderen gedacht, denn dann wäre die Gruppe in einer Probensituation mit dem Ziel, etwas möglichst gut aufzuführen. Ich möchte aber durch die Methode die Kinder befähigen, in die Geschichte hineinzuhorchen und selbst einen Zugang zu finden.

Geeignete Altersgruppe:

Sicher ab fünf Jahren geeignet, wenn ich meine Erwartungen dem jeweiligen Alter anpasse. Gut geeignet für altersgemischte Gruppen, weil die Erzählung in ihrer knappen und elementarisierten Form bei dieser Methode auch für Große ansprechend ist.

Material und Aufwand:

Es ist notwendig, die Erzählung aufgeschrieben zu haben, um eine Wiederholung zu ermöglichen. Die Erzählung muss auf diese Methode hin strukturiert und bedacht sein. Das braucht einige Zeit.

Es ist nicht notwendig, ein besonderes Instrumentarium zu haben. Jeder Raum und der menschliche Körper haben eine Menge Möglichkeiten, Klänge zu finden, zu verstärken usw. In dem Beispiel wird eine Gitarre mit einbezogen (Gotteswort-Klang), ein ganz ähnlicher Effekt könnte aber auch von einem Kind eingebracht werden, das eine kleine Melodie summt.

Wichtig ist in der Vorbereitung, dass die Verantwortlichen eine Idee für jeden Klang haben, damit sie notfalls den Kindern auf die Sprünge helfen können. Die Kinder entdecken aber so gern und so viele Töne, dass sie letztlich auch entscheiden können und wollen, welche in die Geschichte hineingenommen werden sollen.

Zeitdauer:

Es lohnt sich, für die Hinführung und das Suchen der Töne genügend Zeit einzuplanen. Die Erzählung braucht Ruhe und gute Pausen. Je nach Menge der zu findenden Töne und je nach Länge der Erzählung wird die Gruppe unterschiedlich lange Zeit brauchen. 30 Minuten würde ich für das ausgeführte Beispiel einplanen.

Beteiligungsmöglichkeiten:
In der ausgeführten Form wird die ganze Gruppe beteiligt (ca. 10 Kinder). Das Alter oder die Schulbildung spielen eine sehr untergeordnete Rolle beim Mitmachen. Aufeinander achten, hören und reagieren sind gefragt.

Beispiel: Die Rolle Gottes kann man niemals streichen
(nach Jeremia 36,20 ff.)

Die Erzählung entstand auf der Grundlage von Entwürfen von Jürgen Koerver und Eberhard Dieterich in einer Tagung für erwachsene Kindergottesdienstmitarbeiter/innen.
Die Klänge entdeckten z.T. Erwachsene in jener Tagung und z.T. Kinder in meiner Gemeinde in Hamminkeln.

Hinführung für die Kinder:
Heute brauchen wir ein paar besondere Töne. Die können wir hier in der Kirche suchen oder ihr könnt sie mit eurem Körper machen. Probiert einfach etwas aus.
Also: Wir brauchen einen **Ton für einen König**. Der ist mächtig und nicht gerade freundlich.

(Die Kinder finden verschiedene Geräusche, sie einigen sich auf eines, z.B. einen dumpfen Trommelschlag, ein Faustschlag auf einen Stuhl o.ä.)

Wir brauchen **Schritte von verschiedenen Leuten.**

(Trappelgeräusche mit den Füßen, oder mit der Hand auf kleinen Trommeln u.ä.).

Wir probieren verschiedene Schritte: Schnelles Laufen. Wie gehen Leute, wenn sie dem König gegenübertreten? Und jetzt geht mal einer allein weg *(leiser werdend).* Und kommt wieder *(lauter werdend).*

Wir brauchen ein **Geräusch von brennendem Feuer** wie in einem Kamin.

(Die Kinder fanden Cellophanpapier von Bonbons. Wenn dieses vor dem Mikro geknittert wird, ist das ein tolles Feuergeräusch.)

Und dann brauchen wir ein **ganz gemeines Geräusch**. Da wird Papier abgerissen. Und das ist ganz schlimm.

(Als die Kinder Papier zerrissen, merkten wir, dass das zu harmlos klang. Wir forderten sie auf, ein Geräusch zu suchen, das weh tut. Sie entdeckten: Mit einem Metallschlüssel über das Metallgitter des Heizungsschachtes im Boden ratschen. Erwachsene fanden ein Geräusch mit einer Küchenreibe und einem Schneebesen.)

Und schließlich brauchen wir einen ganz **schönen Klang,** der immer dann ertönt, wenn Gottes Wort gelesen wird.

(Die Kinder entschieden sich für die Gitarre, die einfach leise gezupft wurde, ohne feste Melodie.)

Nun wird verabredet, wer für welche Geräusche zuständig ist. Dabei können auch mehrere dasselbe Geräusch übernehmen, eventuell abwechselnd.
Erst jetzt wird die Erzählung vorgelesen und sofort auch mit den Tönen begleitet, so dass es ein gemeinsames Erzählen wird. Die Kinder achten auf ihren Einsatz. Die Erzählerin/der Erzähler muss ihr/sein Tempo darauf abstimmen. Die Pausen sind ganz wichtig. Die Erzählerin/der Erzähler »dirigiert« mit Blicken und Zunicken, soweit nötig. Regieanweisungen werden kaum nötig sein.
Die Erfahrung war bei uns: Die Erzählform war so dicht, dass die Kinder unbedingt eine Wiederholung haben wollten. Zum Teil wechselten sie untereinander die Geräusche. Aber wichtig war, dass die Erzählung ihren Wortlaut behielt.

Erzählung (nach Jeremia 36, 20ff)	**Mögliche Töne**
Der König sitzt in seinem Wintergarten.	*Königston*
Er hat es sich bequem gemacht.	
In einer Eisenschale brennt ein kleines Feuer, das ihm Wärme gibt.	*Feuerknistern, leise.*
Da hört er Schritte.	*Mehrere Schritte leise beginnend,*
Seine obersten Mitarbeiter kommen.	*lauter werdend. Erst rasch laufend,*
Sie verbeugen sich.	*dann eher »ehrfürchtig«.*
Der König sagt ärgerlich:	*Königston*
»Ihr wisst doch, dass ich nicht gestört werden will! Warum kommt ihr?«	
Delaja, der Älteste von ihnen, sagt:	
»Wir müssen dir etwas Wichtiges mitteilen. Im Tempel wurde eine Schriftrolle vorgelesen.	*Eventuell ein kurzer Gotteswort-Klang.*
Wir haben sie uns angehört. Sie ist so wichtig, dass du, König, sie hören sollst.«	
Der König befiehlt:	*Königston*
»Gebt die Schriftrolle her!«	
Delaja sagt: »Wir haben sie nicht dabei.«	

Der König zeigt auf Judi, den Jüngsten und befiehlt: »Hol die Schriftrolle her, Judi, sofort!«

Königston

Einzelne Schritte gehen eilig weg, werden leise.

Judi geht.
Die Schriftrolle ist in der Halle der Schreiber aufbewahrt. Judi holt sie und kommt schnell zurück zum König.

Die Schritte kommen rasch näher und werden wieder lauter.

Der König befiehlt weiter:
»Judi, jetzt lies vor. Lies, was dieser Jeremia schreiben ließ.«

Königston

Und Judi liest:
»So spricht der Herr, der Gott Israels! Bessert euer Leben und euer Tun, so will ich bei euch wohnen an diesem Ort. Verlasst euch nicht auf Lügenworte.
Handelt recht miteinander. Seid freundlich zu den Fremden, zu den Witwen und Waisen. Und übt keine Gewalt. Vergießt kein unschuldiges Blut.«

Gotteswort-Klänge begleiten das Lesen.

Der König schreit »Halt!«

Königston

Erschrocken hört Judi auf zu lesen.
Der König greift nach der Schriftrolle.
Er reißt den Abschnitt ab, den Judi vorgelesen hat.

Gemeines Geräusch (s. »Hinführung für die Kinder« S. 225)

Der König wirft das Stück ins Feuer.

Feuerknistern

Judi liest vor.

Gotteswort-Klang

Der König reißt wieder ein Stück ab

Gemeines Geräusch

und wirft es ins Feuer.

Feuerknistern

Judi liest vor.	*Gotteswort-Klang*
Der König reißt ab	*Gemeines Geräusch*
und wirft ins Feuer.	*Feuerknistern*
Judi liest vor.	*Gotteswort-Klang*
Der König reißt ab	*Gemeines Geräusch*
und wirft ins Feuer.	*Feuerknistern*

So geht das, bis die ganze Schriftrolle
verbrannt ist.
Denn kein Wort von dem, was Judi
vorliest, soll gelten.
Der König denkt: Das Gotteswort gibt   *Königston*
es nicht mehr.
Gott hat zu schweigen, meint der   *Königston*
König.

Doch Gott schweigt nicht.
Jeremia und Baruch, der Schreiber,   *Gotteswort-Klang begleitet das Er-*
nehmen noch einmal Pergament und   *zählen bis zum Schluss. Geht darüber*
Feder.   *hinaus und verklingt ganz allmählich.*
Kein Wort von Gott wird je verloren
gehen.
Jeremia diktiert und Baruch schreibt
auf.

»Verlasst euch nicht auf Lügenworte.
Hört, was Gott von euch will. Geseg-
net ist der Mensch, der sich auf den
Herrn verlässt. Er ist wie ein Baum,
der am Wasser gepflanzt ist. O Land,
Land, höre des Herrn Wort.
Die Rolle Gottes kann man niemals
streichen!«

Erweiterung für Große:

Nachdem die Geschichte wie oben erarbeitet wurde, wird ein weiterer Durchgang nur mit den Klängen gespielt. Die Gruppe erzählt ausschließlich mit Geräuschen. Es gibt keine Regieanweisungen o.ä. Das erfordert eine hohe Konzentration, sehr gutes Aufeinander-Hören und Erinnern der Wort-Geschichte.

Wichtig ist bei diesem Schritt, dass man dieses Spiel nicht zu ernst nimmt, denn sonst kann es leicht passieren, dass die Kinder sich ständig Patzer vorwerfen. Wenn aber das Spielerische erhalten bleibt, wird die biblische Geschichte noch einmal deutlich vertieft und vergegenwärtigt.

Brigitte Messerschmidt

Erzählen mit einem Rap

VORBEMERKUNGEN

Methode:

Einer oder mehrere erzählen eine biblische Geschichte als Rap: In rhythmisch gesprochenen Versen, unterlegt mit einem Beat (also einem Rhythmus von Band / CD / vom Keyboard o.a.).

Dafür haben sich die Rapper/innen zunächst mit der Geschichte auseinandergesetzt und für sich die Kernaussage gefunden, die sie übermitteln wollen. Die Geschichte wird dann in Versen aufgeschrieben: Man sucht sich einen Beat aus, mit dem man erzählen möchte. Nachdem man sich ein wenig in ihn hineingehört hat, überlegt man sich eine Versform (Wie viele Silben pro Vers/Zeile werden gebraucht? Sollen sich die einzelnen Versenden reimen oder nicht?). In diese Form bringt man nun die Geschichte. Manchmal ist ein Refrain sinnvoll, der dann auch von mehreren gesprochen werden kann.

Auf diese Weise kann man witzig und pointiert eine Geschichte erzählen. Man kann aber auch die Geschichte zunächst »pur« erzählen und dann die Zuhörenden dazu einladen, einen Rap zu dieser Geschichte selbst zu schreiben, so dass alle zusammen noch einmal die gerappte Geschichte erzählen.

Geeignete Altersgruppe: 10 – 15 Jahre

Material und Zeitaufwand:

Einen Rap zu erstellen und zu üben braucht Zeit: Mindestens 60 Minuten. Es gibt auch fertige Raps zu biblischen Geschichten.

(Bitte beim Rheinischen Verband für Kindergottesdienst nachfragen. Adresse s. Seite 232.)

Als Material benötigt man eine Quelle für die Beats, im Regelfall einen CD-Spieler und eine CD mit Beats *(z.B. Beat-Attac, Rheinischer Verband für Kindergottesdienst).*

Wenn man die Darbietung perfektionieren möchte, braucht man noch eine Aktivbox mit separatem Mikrofon.

Zeitdauer: 5 – 10 Minuten

Beteiligungsmöglichkeiten:

Die Zuhörenden können klatschen oder schnipsen, zum Refrain mitrappen, eventuell noch einen eigenen Rap schreiben.

1. Beispiel: Die Geschichte von Elia (1. Könige 17–19)

Refrain:
Elia - wir vertrau'n auf Gott.
Elia - raus aus dem Trott.
Elia - wir werfen nie die Hoffnung weg.
Elia - auch wenn jeder denkt, es hat keinen Zweck.

1. STROPHE:
Elia, das ist ein Prophet,
dem es zu Hause dreckig geht.
Er hat dem König dort gesagt
und das noch völlig ungefragt:
»Du denkst, dass Baal dir Regen schenkt,
dass Baal dein ganzes Leben lenkt,
und betest, Baal möge dich segnen?
Nun pass mal auf: Es soll nicht regnen,
es kommt nun große Trockenheit
für eine furchtbar lange Zeit!«
Und König Ahab, das ist klar,
darauf ganz furchtbar wütend war!

Refrain

2. STROPHE:
Elia war nun in Gefahr,
weil er ein Feind vom König war.
Und auch der schönen Königin
stand nur nach seinem Tod der Sinn.
Und darum lief Elia fort
an einen ganz einsamen Ort.
Doch ohne Wasser, ohne Brot,
da wär er bald in großer Not,
darum, weil Gott Elia kannte,
ihn gar seinen Propheten nannte,
schickt Gott ihm Wasser und zwei Raben,
die täglich ihm zu essen gaben.

Refrain

▷ ▷ ▷

3. STROPHE:
Danach Elia geht geschwind
zu einer Witwe und ihrem Kind.
Die war'n schon lange nicht mehr satt,
weil's lange nicht geregnet hat.
Sie hingen mächtig in den Seilen
und konnten trotzdem mit ihm teilen.
Elia zog bei ihnen ein
und Gott blieb auch bei diesen drein:
Er gab nun allen drei zu essen,
hat auch den Kleinen nie vergessen,
denn als der Junge sterbenskrank,
macht Gott ihn gesund: Ihm sei Dank!

*(So wird in insgesamt 14 Strophen die ganze Elia-Geschichte erzählt, vgl. dazu
die CD »Elia – Gott ist da«, Rheinischer Verband für Kindergottesdienst, Missionsstraße 9B, 42285 Wuppertal, Tel. 0202/28 20-310; Fax 0202/28 20-330;
E-Mail: kigo@ekir.de*

Heidrun Viehweg

2. Beispiel: Sturmstillung (Markus 4,35–41)

Am Abend hatte Jesus 'ne Idee:
»Lasst uns fahren über den See.«
Seine Fans, die gingen nach Haus,
Jesus und die Jünger fuhren raus.

»Seht, es entsteht ein großer Sturm,
die Wellen werden höher als ein Turm.
Die Wellen werden größer, der Wind wird immer mehr,
wir fürchten uns so sehr, wir fürchten uns so sehr!«

Jesus schlief fest in seinen Kissen,
er schien nichts von ihrer Not zu wissen.
»Doch oh, oh weh, welch große Not,
da kommt Wasser in unser Boot.«
»Wie kann man nur schlafen in solcher Nacht,
hey Jesus, hey Mann, hey aufgewacht!«
»Wie kann man nur schlafen in solcher Nacht,
hey Jesus, hey Mann, hey aufgewacht!«

»Was seid ihr so ängstlich, was seid ihr so dumm,
ich fahr doch mit euch auf dem Meer herum.
Coolness ist das Gebot der Stunde.
Ich rede mal mit dem Meer 'ne Runde:
Komm doch wieder zur Ruhe, Meer,
erschreck die Jungs nicht so sehr!«

Und kaum dass Jesus sein Machtwort sprach,
wurde das Meer brav, wurde das Meer brav.
Es war die Erleichterung groß,
da legte Jesus mit 'ner Standpauke los:
»So 'n Sturm kann uns nicht aus der Ruhe bringen,
wenn wir uns auf unseren Glauben besinnen.
Warum habt ihr Angst, vertraut auf Gott,
er hilft euch immer in aller Not!«

Doch die Furcht bei den Jüngern blieb:
»Wie hat Jesus das Meer besiegt?«

(Dieser Rap ist bei einer Erzählwerkstatt entstanden und wurde von Ellen Voigt und Sigrid Jagdmann aufgeschrieben.)

Weiterführende Literatur

Zum Erzählen

Susanne Brandt, Klaus-Uwe Nommensen, Kinder erleben Jesus, Biblische Geschichten erzählen, spielen, erfahren, Claudius Verlag

Eberhard Dieterich, Erzähl doch wieder!, Verlag Junge Gemeinde (im Handel vergriffen)

Nico ter Linden, Es wird erzählt, Gütersloher Verlagshaus (verschiedene Taschenbücher)

Brigitte Messerschmidt, Dieter Witt (Hg.), Wie ein Netz voller Fische, Ein bunter Kreativmarkt mit Vorschlägen zum Basteln, Gestalten und Erzählen, Verlag Junge Gemeinde

Hanne Stäudel, Kinder entdecken sich in der Bibel, Eine neue Methode lebensnah zu erzählen, Claudius Verlag

Ulrich Walter, Gottes Spuren suchen, Kinder mit biblischen Geschichten durch das Jahr begleiten, Gütersloher Verlagshaus

Jochem Westhof, Erzähl mir was, Verlag Ernst Kaufmann

Erzählen mit Gegenständen

Bernhard Hopf, Susanne Raab, Lieber Gott, wir sind hier, Kindergottesdienste mit allen Sinnen, Matthias Grünewald Verlag

Birgitt Johanning, Kerstin Othmer-Haake, Wir feiern Gott in unserer Mitte, Bodenbilder, Gestaltungsideen und liturgische Bausteine für Gottesdienste mit Kindern, Verlag Junge Gemeinde *(Dazu gibt es eine Kreativtasche mit Legematerial für den Kindergottesdienst, siehe S. 18)*

Doris Kruger, Brigitte Wieland, Das Fest des Lebens, Mit Kindern Gottesdienst feiern, Verlag Junge Gemeinde

Norbert Thelen, Wir erleben die Bibel, Kindergottesdienste im Kreis, Matthias Grünewald Verlag

Jochem Westhof (Hg.), Willkommen in der Familienkirche, Kindergottesdienste mit Eltern zu biblischen Themen, Symbolen und Festen, Gütersloher Verlagshaus

Zur sog. »Kett-Methode«: Quartalszeitschrift »Religionspädagogische Praxis«, RPA-Verlag

Erzählen mit Symbolen und Zeichenhandlungen

Elsbeth Bihler, Symbole des Lebens – Symbole des Glaubens, Werkbuch für Religionsunterricht und Katechese, Bd. I – III, Lahn Verlag

Gerda und Rüdiger Maschwitz, Gemeinsam Stille entdecken, Kösel-Verlag

Dietrich Steinwede, Ingrid Ryssel (Hg.), Symbole spielen und erzählen, Kinder begleiten in Schule, Gemeinde und Familien, Gütersloher Verlagshaus

Symbole, Folge I und II, Religionspädagogisches Seminar der Diözese Regensburg

Symbole spielen, Materialheft 75, Beratungsstelle für Gestaltung von Gottesdiensten

Erzählen mit Bildern

Bibel-Geschichtenbalken, KIMMIK-Praxis Heft 32, Arbeitsstelle Kindergottesdienst

Foliencollagen für Overheadprojektor in vier Kollektionen (Altes Testament, Neues Testament, Menschen und Tiere, Gegenstände und Landschaften), Born Verlag

Kees de Kort, Bibelbilderbuch 1 – 5, Deutsche Bibelgesellschaft

Neue Bilderbücher für den Kigo, Bilderbücher zu Themen des Kirchenjahres und des Kinderalltags (Stand 2000), KIMMIK-Praxis Heft 29, Arbeitsstelle Kindergottesdienst

Reinhard Veit, Ulrich Walter, Du siehst mich, Bilder zum Plan für den Kindergottesdienst, Verlag Junge Gemeinde

Jürgen und Ruth Wüst, Arbeiten mit Kunst in Kindergarten und Grundschule, Calwer Verlag

Erzählen mit darstellendem Spiel, Chor und Bewegung

Bei Noah regnet's, bei Frau Holle schneit's, Kreative Rückengeschichten für kleine und große Leute, Rheinischer Verband für Kindergottesdienst

Peter Böhlemann, Simon und die schöne Anna, Mitmach- und Mutmachgeschichten aus der Bibel, Verlag Junge Gemeinde

Jürgen Koerver, Die verlorene Drachme, Verlag Junge Gemeinde (im Handel vergriffen)

Jürgen Koerver, Herr Gottreich lädt zum Fest, Verlag Junge Gemeinde

Marlis Ott, Bewegte Botschaft, Verlag am Eschbach

Renate und Karl-Hermann Schneider, Von Noach bis Paulus, Biblische Rollenspiele für Kinder im Grundschulalter, Bonifatius

Erzählen mit Puppen

Marlies Bachmann, Jürgen Koerver, Rüdiger Maschwitz, Ich bin Petrus, wer bist du?, Mit Puppen spielen, erzählen, feiern, Verlag Junge Gemeinde (im Handel vergriffen)

Ulrike Buhren, Brigitte Messerschmidt, Stell dir vor ..., Eine kleine Anleitung zur Herstellung und Verwendung von biegbaren Stellfiguren in der Kirche mit Kindern, Rheinischer Verband für Kindergottesdienst

Gertrud Brehm, Lioba Hein (Hg.), Glauben ins Spiel bringen, Werkstattbuch Erzählfiguren, Schwabenverlag

Winfried Dalferth, Und er rührte sie an ..., Mit biblischen Erzählfiguren Glauben gestalten, erfahren und feiern, Verlag Junge Gemeinde

Andrea Hänsel, Mit Puppen spielen und erzählen, Ein Büchlein mit Bauanleitungen, Spieltips, Übungen und mehr ..., Rheinischer Verband für Kindergottesdienst

Außerdem verweisen wir zum Thema »Mit Egli-Figuren erzählen« auf verschiedene Veröffentlichungen in der Reihe KIMMIK-Praxis der Arbeitsstelle Kindergottesdienst:
Heft 21: Ich will von Gott erzählen – Verschiedene biblische Geschichten
Heft 23: Am Anfang ... – Schöpfungsgeschichten der Völker
Heft 26: Gott hat Großes vor mit mir! – Geschichten um Maria (vor allem Weihnachten)
Heft 27: Micha erlebt Ostern (Passions- und Ostergeschichten)

Erzählen mit Musik und Klang

Bibelhits, 100 Kinderlieder zum Alten und Neuen Testament, Kontakte Musikverlag (dazu gibt es ein CD-Paket mit 4 CD's)

CD: Beat-Attack, Rheinischer Verband für Kindergottesdienst

Siegfried Macht, Kleine Leute – große Töne, Verlag Junge Gemeinde

Siegfried Macht, Mit Mirjam tanzen, mit David singen, Ein spielerischer Gang durch das Alte Testament, Verlag Junge Gemeinde

Bernd Schlaudt, Instrumente bauen und Musik machen, Materialheft 73, Beratungsstelle für Gestaltung von Gottesdiensten

Bernd Schlaudt, ... So spielt die Kindergottesdienstband, Materialheft 59, Beratungsstelle für Gestaltung von Gottesdiensten

Von Sonne bis Frosch, Kreistänze für eine bewegte Kirche mit Kindern (dazu gibt es eine gleichnamige CD), Rheinischer Verband für Kindergottesdienst

Von Sonne bis Frosch 2, Kreistänze für eine bewegte Kirche mit Kindern (dazu gibt es ebenfalls eine CD), Rheinischer Verband für Kindergottesdienst

Adressen und Bezugsquellen für genanntes Material

Aus der Literaturliste

Arbeitsstelle Kindergottesdienst
im Haus kirchlicher Dienste der
Ev.-luth. Landeskirche Hannover
Archivstraße 3
30169 Hannover

Telefon 0511/1241-406
Telefax 0511/1241-991
E-Mail: KiGo@kirchliche-dienste.de
Internet: www.kirchliche-dienste.de

Beratungsstelle für Gestaltung
von Gottesdiensten
Solmsstraße 2
60486 Frankfurt/Main

Telefon 069/6302-252
Telefax 069/5302-250
E-Mail: birgit.mueller@ekhn.de

Rheinischer Verband für Kindergottesdienst
Missionsstraße 9B
42285 Wuppertal

Telefon 0202/2820-310
Telefax 0202/2820-330
E-Mail: kigo@ekir.de
Internet: www.kindergottesdienst.org

Für verschiedenes Material

Bildbetrachtungen/Folienbilder:

Materialstelle für Gottesdienste
Postfach 710137
90238 Nürnberg

Religionspädagogisches Seminar
der Diözese Regensburg
Niedermünstergasse 2
93047 Regensburg

Handpuppen:

Folkmanis
Firma Holzenlotz GbR
Marcel und Jean Pierre Weiß
Vorstadt 1
95028 Hof

Telefon 09281/8339033
Internet: www.folkmanispuppen.de

Holzkegelfiguren:

Verlag Junge Gemeinde
Max-Eyth-Straße 13
70771 Leinfelden-Echterdingen

Telefon 0711/99078-0
Telefax 0711/99078-25
E-Mail: vertrieb@junge-gemeinde.de
Internet: www.junge-gemeinde.de

Holz-Raute, -Mond, -Stern für Teelichter:

Rheinischer Verband für Kindergottesdienst
Missionsstraße 9B
42285 Wuppertal

Telefon 0202/2820-310
Telefax 0202/2820-330
E-Mail: kigo@ekir.de
Internet: www.kindergottesdienst.org

Legematerial und Tücher:

RPA Verlag
Gaußstraße 8
84030 Landshut

Telefon 0871/73237
Telefax 0871/73996
E-Mail: RPAVerlag@web.de
Internet: www.rpa-verlag.de

Verlag Junge Gemeinde
Max-Eyth-Straße 13
70771 Leinfelden-Echterdingen

Telefon 0711/9 90 78-0
Telefax 0711/9 90 78-25
E-Mail: vertrieb@junge-gemeinde.de
Internet: www.junge-gemeinde.de

Schminken mit Kindern:

Franz Josef Heinrichs
Hegestraße 211
45966 Gladbeck

Telefon 02043/4 77 44
Telefax 02043/4 77 33
E-Mail: schminke@heinrichs.net
Internet: www.kinder-schminke.de
          www.kryolan-schminke.de

Verlag Der Jugendfreund
Max-Eyth-Straße 13
70771 Leinfelden-Echterdingen

Telefon 0711/97 87 87-0
Telfeax 0711/97 87 87-6
E-Mail: auslieferung@jugendfreund.de
Internet: www.jugendfreund.de

Verschiedenes Bastel- und Werkmaterial:

ALS-Verlag GmbH
Sparte Werkmaterialien
Voltastraße 3
63128 Dietzenbach

Telefon 06074/8 21 60
Telefax 06074/2 73 22
E-Mail: info@als-verlag.de
Internet: www.als-verlag.de

Diehl Werkmaterial
Postfach 10 08 36
73708 Esslingen

Telefon 0711/93 08 08-0
Telefax 0711/36 61 10
E-Mail: info@diehl-Werkmaterial.de
Internet: www.Diehl-Werkmaterial.de

Labbé Verlag und Versand
Kolpingstraße 4
50126 Bergheim

Telefon 02271/4 94 90
Telefax 02271/49 49 49
E-Mail: Labbe@labbe.de
Internet: www.labbe.de

Bibelstellenregister